中国哲学常识

胡适 著

典藏本

人民文学出版社

图书在版编目（CIP）数据

中国哲学常识：典藏本／胡适著 .－－北京：人民文学出版社，2024
ISBN 978-7-02-018414-9

Ⅰ．①中… Ⅱ．①胡… Ⅲ．①哲学－基本知识－中国 Ⅳ．① B2

中国国家版本馆 CIP 数据核字 (2024) 第 003507 号

责任编辑　付如初
装帧设计　刘　远
责任印制　张　娜

出版发行　人民文学出版社
社　　址　北京市朝内大街166号
邮政编码　100705

印　　刷　河北新华第一印刷有限责任公司
经　　销　全国新华书店等

字　　数　295千字
开　　本　880毫米×1230毫米　1/32
印　　张　15　插页3
印　　数　1—5000
版　　次　2024年4月北京第1版
印　　次　2024年4月第1次印刷

书　　号　978-7-02-018414-9
定　　价　69.00元

目 录

引　言

《霍光传》不可不读

人都是依据常识而生活的，包括文化常识。

"观乎人文，以化成天下。"文化常识是社会交往的共识，在人际交流中传递和流行。它看上去没有那么重要，多一点少一点似乎也不影响生活。但是看过张岱讲过的这个故事，大家可能就不会这么想了。

一个僧人和一个文士在夜航船中相遇。甫一登船，文士就开始高谈阔论，包括僧人在内的乘客都肃然起敬，僧人更是蜷足侧卧，不敢伸脚，害怕不小心挤到了这位学问了得的才子。不过，他听文士侃侃而谈了一阵子，插话问道："澹台灭明是一个人还是两个人？"

文士回答："两个人。"

僧人又问："尧舜是一个人还是两个人？"

文士回答："当然是一个人了。"

僧人笑了，说："那还是让小僧伸伸脚吧。"

尧舜是上古两位圣明君主唐尧和虞舜的并称，"孟子道性善，言必称尧舜"，可见尧舜是读书人极熟悉的典型；澹台灭明是孔子的一位著名弟子，复姓澹台，名灭明，字子羽。"以貌取人，失之子羽"，说的就是他。身为一名文士，居然不知道这些本应耳熟能详的家门常识，难怪会被人嘲笑了。

文化常识不仅是夜航船上的谈资，更是人们互动和交流的共识和准则，是社会文化习俗的一部分。有人比喻说：这类常识犹如眼镜，没有它，一片模糊；透过它，世界才变得清晰。平时我们不会去关注自己所戴的眼镜，而只聚焦于眼镜中所呈现的事实，殊不知，事实之所以成为事实，离不开作为眼镜的常识所构成的判断。就如瓦托夫斯基所说，它是"一种文化的共同财产，是有关每个人在日常生活的一般基本活动方面应当懂得的事情的一套可靠的指望"[1]。

在今天这个理论泛滥的时代，理论和范式层出不穷，信息传播的便利（或者说多样化），更加使那些没有太大价值但却能迎合

---

1 ［美］瓦托夫斯基：《科学思想的概念基础——科学哲学导论》，范岱年等译，北京：求实出版社，1982年，第85页。

大众的新花样，获得空前的欢迎和普及。

然而正因如此，常识才更突显出它的重要性。只有常识，才能让我们辨别出哪些是迎合某种潮流而吹出的大泡泡，哪些是被现代名词精心包装出来的旧调调。没有一种真正有价值的理论不是根植于常识之中，并以常识为发展或质疑的基本材料。正如陈嘉映先生所说："理论所依的道理从哪里来？从常识来。除了包含在常识里的道理，还能从哪里找到道理？理论家在成为理论家之前先得是个常人，先得有常识，就像他在学会理论语言之前先得学会自然语言。"

人缺乏常识，哪怕是特定领域中的理论常识，他所谓的思考都不过是重新整理自己的偏见，都有可能陷入自我夸张和自我膨胀的幻觉，动辄宣称自己发现了终极真理，或者幻想自己是前无古人后无来者的先知或大师。他们不仅不知道自己缺乏常识，甚至还认为自己无所不知。这即使称不上是哈耶克（Hayek）所说的"致命的自负"（The fatal conceit），但哪怕是"非致命自负"，对其本人的影响已经是一场灾难。编者不幸认识这样一位"女学者"，放下其理论的原创性和文笔暂且不提，一开口就说自己是某学说的当代领军人物，不仅因妄自尊大而贻笑大方，更暴露出因缺乏常识而造成的病态幻觉之严重。

寇准当了宰相以后，曾经问大臣张咏："您有没有什么要指点我一下的？"张咏沉默半天说："《霍光传》不可不读也！"寇准听了丈二和尚摸不着头脑，回家找出《汉书》翻读《霍光传》，读到"然光不学无术，暗于大理"，苦笑说："这就是张先生要批评我的啊。"

可惜，张咏这样耿直的朋友可遇不可求，那位"女学者"没有寇准这样的好运气，恐怕要一直活在自娱自乐的幻觉中，直至伏惟尚飨了。

不知则为病矣

在上网极其便利和搜索引擎极其发达的今天，夜航船上的故事也许不会以那么可笑的形式重演。要了解澹台灭明或者尧舜，那还不简单？只要拿出手机轻轻点几下或者说出这几个字，尽管搜出来的词条可能粗制滥造，但至少应该不会再闹出把尧舜当一个人的笑话。如今的互联网，又有什么常识是搜索不到的呢？

从纯实用的角度来说，这话也不算错。不过，网络可以给你一个词条或者答案，却没办法让你的内心世界丰富和成熟起来，也没办法让你的情感和能力立体起来。在日常生活中，这些常识太过平凡，扪之而无形，扣之而无声，以至我们既不会拍案惊奇，也不会感激有加，但是它却如春风化雨，渗透、沉淀和内化到一个人最深沉的精神情意之中，对他的生活特别是精神生活产生巨大的影响。

奥地利小说家茨威格曾经描写过一个不识字的小伙子，用来形容其不幸的怜悯笔调，恰恰可以借用来表达缺乏常识者的可悲：

> 跟他提起歌德呀，但丁呀，雪莱呀，这些神圣的名字不会告诉他任何东西，只是些没有生气的音节，没有意义的声音，轻飘飘的。对一开卷顿时就会有扑面而来的无穷欢畅，像银色的月光透出死气沉沉的层云，这个精神穷人是根本想象不出来的。

即便不能说所有，多数的文化常识不仅是人交流的共识基础，不仅是迅速理解别人或者默契于心的钥匙，更是使人的精神生活更为富足的硬通货。先不说箪食瓢饮而不改的孔颜之乐，就是随时随地听到李白、苏东坡的名字，联想起来"疑是银河落九天"或"大江东去浪淘尽"，以及同时跳出来的种种故事，不是已经足以令你会心一笑了吗？步入洛阳的关林，看到那把大刀的时候，你所想到的恐怕也就不仅是试试它的重量，还有关羽温酒斩华雄以及大战吕布的生动画面，以及随之切入进来的桃园三结义、大意失荆州吧？

离开了附丽其上的诗词、画面和故事，李白、苏轼的名字或者关林这个地方，又能带给你什么乐趣呢？你跑到庐山看瀑布或者跑到赤壁看长江，也无非只会惊叹一句："好多的水！"

200亿人生活过或生活着的中国，有那么多的秦砖汉瓦、唐矢宋镞，但更有价值的是秦汉唐宋而不是砖瓦矢镞，秦汉唐宋并不属于看到砖瓦矢镞的人，而只会在掌握了文化常识的人眼前活跃起来、鲜明起来。站在某片园林里的古建筑前，或者里里外外地走上几圈，有人看到砖瓦，有人看到花纹和架构，有人看到树木苍翠，有人看到松柏下的碑刻；有人听到流水溅溅，有人却如闻管弦，这都是不同的角度。文化常识可以帮一些人脑补出绿野风烟、平泉草木或东山歌酒，想象出千百年前某人如何把这儿变成了一个有故事的地方。这些人在旅程中的收获，似乎应该比只看到砖瓦山林者多上那么一点儿。

只有掌握了文化常识，人才能视野开阔且联想丰富地去看、去听、去体验，才能保有"内心移民"的一片净土，也才能与天地精神往来而不傲睨于万物。没有文化常识的生活，被茨威格无比犀利地形容为"穴居人不见天日的生活"。

很多人对文化常识态度漠然，觉得就像一支铅笔、一张纸或者什么随手得到而又可以随手丢下的东西一样。但有见识的人从来不会这样认为。

梁启超一生著述1400多万字，融汇中西，出入经史，显示了"百科全书"式的渊博。然而他对于常识的重视却出人意料："盖今日所谓常识者，大率皆由中外古今无量数伟人哲士几经研究、几经阅历、几经失败，乃始发明此至简易、至确实之原理原则以贻我后人。""如中国历史、中国地理之稍涉详密者，其在外国人，实为专治支那学者之专门学识；在吾国人，则实为常识，不知则为病矣！"[1]

这几句话，他并非随口一说，而是有切实的思考和实践。近代以来，在推广常识教育方面最不遗余力的也正是他。从1910年2月创办《国风报》开始，"常识"即成为梁启超关注的一个中心议题。他在该报第二期刊载的《说常识》一文中，对自己的理念做了详细阐发，并构想组建"国民常识学会"来实施自己的设想，其于1916年编撰出版的《常识文范》也影响深远。中华书局创办人陆费逵先生在1915年《大中华》创刊号上说："梁任公先生学术文章，海内自有定评。窃谓吾国中上流人，稍有常识，固先生之功居多，而青年学子，作应用文字，其得力于先生者尤众。"[2]此言可谓为梁启超一生致力于培养"国民常识"的功绩盖棺论定。

从文化大师对于传统文化常识身体力行的重视，我们应可认识到其对我们每一个中国人的重要性。如梁启超所言，"不知则为病矣"。

专精同涉猎，两不可少

知识的学习有两种，一种为"任凭弱水三千，吾只取一瓢饮"，通过学习某种专业知识，获得相关文凭、职业资格证书；如果有进

1　沧江:《说常识》，《国风报》1910年第二期，1910年3月。
2　陆费逵:《宣言书》，《大中华》第一卷第一期，1915年1月。

一步研究的兴趣，则继续深造以求"登堂入室，窥其堂奥"。这属于专业学习。

但除此之外，我们还需要人格养成、独立思考，还需要有参与社会的能力，更需要传承历史文化。这些都是专业学习力所不能及的，只有对蕴含和继承了中国优秀思想文化的基本常识及文献典籍的学习和阅读，才能担当此任务。

梁启超指出："有了专门训练，还要讲点普通常识；单有常识，没有专长，不能深入显出；单有专长，常识不足，不能触类旁通。读书一事先辈最讲专精同涉猎，两不可少。有一专长，又有充分常识，最佳。"[1]

与专业学习促进学术发展和科技进步的追求相比，常识的学习不致力于培养专业技术人才，更无意于打造螺丝钉式的现代"工具"，而是着眼于立人，培养有胸怀气度及眼光识见的君子，也就是有独立思考能力和道德判断的人，营造普遍的人文氛围和社会公共生活，抵御知识的异化、人的异化和社会的异化，促进人的全面发展。

从形式上，专业化学习往往不满足于赐墙及肩，而致力于知识的精深；常识学习更着眼于知识的基本、根本与全面，不追求培养古代所谓的"通书千篇以上，万卷以下"的通儒硕学，而是允许

1　梁任公讲授、周传儒笔记：《历史研究法》（后改题《中国历史研究法补编》），《清华周刊》第385期，1926年10月。

曾经沧海式的学习，更追求对重要的基本常识的了解，尤其是涉及精神生活和公共生活的最基本相关常识的掌握。

现代社会的追求是日新月异地建设一个新世界，需要各种各样的专业人才，看似深奥宏大的理论层出不穷，对包含诸多常识在内的传统文化却越来越凉薄。然而，正如雅斯贝尔斯在《时代的精神状况》中所说：

> 个体自我的每一次伟大的提高，都源于同古典界的重新接触。当这个世界被遗忘的时候，野蛮状态总是重现。正像一艘船，一旦割去其系泊的缆绳就会在风浪中无目标地漂荡一样，我们一旦失去同古代的联系，情形也是如此。我们的原初基础尽管是可能发生变化的，但总是这个古典界……

一个人、一个社会、一个国家，文化常识的有无以及人文素养的高低，直接影响着其生活面貌，决定着其是否会在风浪中无所底止地漂荡。今天，传统文化所特有的丰富和细腻消散在碎银几两的忙碌中，特有的色泽也在声色摇曳的照射下黯淡，越是在这样的时候，绝大多数人就越需要从传统文化中汲取力量，解决形形色色的问题。然而典籍早已经被年轻人视若畏途，退而求其次的弥补，只能依靠文化常识的学习了。朱子在《近思录》的序中也提到这个问题，并介绍了自己的尝试。他说：

淳熙乙未（1175年）之夏，东莱吕伯恭（吕祖谦）来自东阳，过予寒泉精舍。留止旬日，相与读周子、程子、张子之书，叹其广大闳博，若无津涯，而惧夫初学者不知所入也，因共掇取其关于大体而切于日用者，以为此编。

直白地说就是：典籍广大闳博，浩如烟海，我和伯恭先生担心初学者不得其门而入，就一起缩编了这本既能反映典籍概要同时又能切近日用的通俗读本。作为一位博学多识的大学问家，朱子对初学者循循善诱的一片苦心，于此可见一斑。他所强调和为之努力的，实际上也是一种文化常识的学习。我们也相信，在今天这个内外剧变的时代，常识教育能够让读者更有力量。

站在巨人的肩膀上

常识类读本是传承文化的重要载体，可谓普通读者认知传统文化的一扇窗，它对于建构系统的知识体系，进而养成开放的胸怀以及多元的思考能力，加深对传统文化的理解，是一个很好的阿基米德支点。

本丛书是一套名家编著的经典读本，能够充分体现传统文化精华。吴晗、胡适、郑振铎、梁思成、林徽因等读书破万卷的"通儒"，在继承和思考历史文化精粹的基础上，合零为整、苦心孤诣地归纳整理而成是编。这既属于他们个人创造，更是一个时代对传统文化的继承。

历史分册的主编吴晗以明史研究的卓越成就而享誉学林。20世纪50年代以后，他以一个"横通"和"直通"兼而有之的历史学家身份，全身心投入历史常识普及工作中，形成了一套关于历史通俗化和普及的理论与方法，成为普及历史知识的积极倡导者。他对学习和普及历史知识的重要性有深刻的认识：

> （历史学）在提高的指导下普及，在普及的基础上提高，两者不可偏废的，必须两条腿走路。单有提高，没有普及，只是少数人提高了，大多数人还是一清二白，这是不符合现实要求的……

"中国历史小丛书"、"语文小丛书"、《中国历史常识》等几部大型通俗性书籍，发起者和主编就是吴晗。他凡事躬亲，一丝不苟。在《中国历史常识》编辑过程中，无论是编辑方案的制订、初稿的审阅和讨论还是编辑加工稿的审订等，他都一一过问和参加。在吴晗的精心布置和领导下，丛书取得了极大成功，发行量之高，读者面之广，罕有与之相媲美者。

哲学分册的作者胡适，与蔡元培、陈独秀都属兔，有北大"老兔、中兔、小兔"之雅称。他以一篇《文学改良刍议》高揭白话文的旗帜，成为新文化运动的主将之一，更以一部被蔡元培誉为"截断众流"的《中国哲学史大纲》奠定了在学术界的地位。本书从《胡适全集》中撷取了部分篇章，与其任教北大时出版的《中国哲学史大纲》合编为一册，弥补了胡著只有半卷的学术缺憾。由上古而中古，而近世，为读者提供一种研究中国哲学史的完整门径。

在胡适以前，研究普及中国哲学的人不计其数，其中不乏钱穆和冯友兰这样的大家，但胡适的不同之处是，他开创性地运用西方的治学方法和话语，来研究和解读中国哲学，这就不能不让人耳目一新。正因如此，蔡元培曾赞扬胡适《中国哲学史大纲》的长处是证明的方法、扼要的手段、平等的眼光及系统的研究，是一部新的哲学史。而同样出版过《中国哲学史》的冯友兰则多次表示，在中国哲学史研究的近代化工作中，胡适创始之功，不可埋没。此外，胡适为文通俗易懂，简洁平实，一点也没有晦涩难懂的感觉。比如当他提到庄子的"达观"思想时，这样解释：

　　有两个人争论，一个人说我比你高半寸，另一个人反过来说自己比对方高半寸，这时庄子走过来说：你们两位不用争了，我刚才从埃菲尔铁塔上看下来，觉得你们两位的高低实在没有分别。

譬喻之精准巧妙，语言之幽默诙谐，都让人不由得会心一笑。

文学分册的作者郑振铎，是中国现代杰出的文学家和翻译家，新文化和新文学运动的倡导者。在他眼中，文学乃是"最伟大的人类精神的花"。虽然他日后亦涉猎史学、艺术等领域，而文学研究实为其一生之志，"毕生精力所在"。

20世纪20年代起，他的研究重点逐渐地转到中国文学上来，陆续出版了《文学大纲》《插图本中国文学史》。他自觉地引入了西方的文学观念和治学理念，把中国文学放到世界文学的参照系中进行研究，不仅把小说、戏曲这类在传统上被视为不入流的文体纳入了叙述范围，还风趣地对比指出："《诗经》在孔子、孟子时代的前后，对于一般政治家、文人等等，即已有如《旧约》《新约》及荷马的两大史诗之对于基督教徒与希腊作家一样的莫大的威权。"

建筑分册的作者是梁思成和林徽因伉俪。梁思成是梁启超先生的长子，中国古代建筑学科的开拓者和奠基者；以作家和诗人名世的林徽因，也堪称中国第一位女建筑师。1932年至1937年7月，中国营造学社在梁思成、林徽因等人的主持下，于兵荒马乱中先后到沈阳、北平以及河北、山西、浙江、江苏、山东、河南、陕西等地的近40个县考察，对中国古建筑进行开创性的调查研究。很多古建筑如赵州石桥、应县木塔、五台山佛光寺东大殿等，通过他们的考察得到了全国以及国际的认识，从此得到保护。

1934年，他们编著《清式营造则例》一书，第一次将繁杂的中国古建筑构造和形制做了科学的整理和分析，用近代的建筑投影图绘制出清式建筑构架、门窗、装饰和彩画的详图。直至今天，这部著作仍然是初学中国古建筑的必读教材。1937年，他们批注

《大唐西域记》中数百处唐代建筑及地名，引起了世人对中国古建筑的关注。所著《中国建筑史》更使中国古建筑这一瑰宝拂去尘埃，重放异彩于世界文化之林。

他们在跋山涉水考察测绘古建筑和奔走呼号不让"古都坍塌"的同时，还用自己的健笔传播建筑文化，先后发表《论中国建筑之几个特征》《平郊建筑杂录》《中国建筑发展的历史阶段》《中国建筑与中国建筑师》《晋汾古建筑预查纪略》等，热情地介绍中国建筑传统。林徽因应《新观察》杂志之约，撰写了《中山堂》《北海公园》《天坛》《颐和园》《雍和宫》《故宫》等一组介绍中国古建筑的文章。梁思成在《人民日报》上开辟《拙匠随笔》专栏，写出了《建筑⊂(社会科学∪技术科学∪美术)》《建筑师是怎样工作的？》《千篇一律与千变万化》《从"燕用"——不祥的谶语说起》《从拖泥带水到干净利索》，对建筑知识和建筑文化进行公众普及。所有这些，都是梁林伉俪留下的重要建筑文化遗产。

本丛书注重完整的编排体系，前后知识相互联系、相互补充，进而不断深化。从中国的哲学、文学、历史、建筑等四个方面，对传统文化以及承载传统文化内涵的象征性符号、典型建筑等进行系统梳理，由浅入深，循序渐进地展开内容。为了更好地启发思考，我们通过相关内容延展串联相关知识网络，纲举目张地启发读者从不同的角度、不同的方面了解同一主题。

同时，由于文字的抽象性高，而图片可以更直观和形象地呈现内容，提高读者的阅读体验，本丛书紧密配合历史场景、人物形象、建筑结构、事物联系等内容，按照一定比例配备了相应图片，或对文字内容进行解释，或对文字内容进行补充。图片和内容相辅相成、相得益彰。

只有站在巨人的肩膀上，才能看得更远。而这个丛书，恰恰可以为大家更经济且更有效率地学习提供助力。当然，如果大家在读了这套常识丛书以后，能进一步打开并沉潜到各位作者的原典著作中，从容求索，深入体味，收获一定会更大。如果仅只满足于了解一些常识，得少为足，相信也是有违这套书的作者们的初衷的。

开明书店编辑部

序

哲学的定义

哲学的定义从来没有一定的标准。我如今也暂下一个定义："凡研究人生切要的问题，从根本上着想，要寻一个根本的解决：这种学问，叫作哲学。"例如，行为的善恶，乃是人生一个切要问题。平常人对着这问题，或劝人行善去恶，或实行赏善罚恶，这都算不得根本的解决。哲学家遇着这问题，便去研究什么叫作善，什么叫作恶；人的善恶还是天生的呢，还是学得来的呢；我们何以能知道善恶的分别，还是生来有这种观念，还是从阅历经验上学得来的呢；善何以当为，恶何以不当为；还是因为善事有利所以当为，恶事有害所以不当为呢；还是只论善恶，不论利害呢；这些都是善恶问题的根本方面。必须从这些方面着想，方可希望有一个根本的解决。

因为人生切要的问题不止一个，所以哲学的门类也有许多种。

例如：

（一）天地万物怎样来的。（宇宙论）

（二）知识、思想的范围、作用及方法。（名学及知识论）

（三）人生在世应该如何行为。（人生哲学，旧称"伦理学"）

（四）怎样才可使人有知识，能思想，行善去恶呢。（教育哲学）

（五）社会国家应该如何组织，如何管理。（政治哲学）

（六）人生究竟有何归宿。（宗教哲学）

这种种人生切要问题，自古以来，经过了许多哲学家的研究。往往有一个问题发生以后，各人有各人的见解，各人有各人的解决方法，遂致互相辩论。有时一种问题过了几千百年，还没有一定的解决法。例如孟子说人性是善的，告子说性无善无不善，荀子说性是恶的。到了后世，又有人说性有上中下三品，又有人说性是无善无恶可善可恶的。若有人把种种哲学问题的种种研究法和种种解决方法，都依着年代的先后和学派的系统，一一记叙下来，便成了哲学史。

哲学史的种类也有许多：

（一）通史。例如，中国哲学史、西洋哲学史之类。

（二）专史。

1. 专治一个时代的，例如，希腊哲学史、《明儒学案》。

2. 专治一个学派的，例如，禅学史、斯多亚派哲学史。

3. 专讲一人的学说的，例如，王阳明的哲学、康德的哲学。

4. 专讲哲学的一部分的历史，例如，名学史、人生哲学史、心理学史。

三个目的

一、明变。哲学史第一要务，在于使学者知道古今思想沿革变迁的线索。例如孟子、荀子同是儒家，但是孟子、荀子的学说和孔子不同，孟子又和荀子不同。又如宋儒、明儒也都自称孔氏，但是宋明的儒学，并不是孔子的儒学，也不是孟子、荀子的儒学。但是这个不同之中，却也有个相同的所在，又有个一线相承的所在。这种同异沿革的线索，非有哲学史不能明白写出来。

二、求因。哲学史目的，不但要指出哲学思想沿革变迁的线索，还需要寻出这些沿革变迁的原因。例如程子、朱子的哲学，何以不同于孔子、孟子的哲学？陆象山、王阳明的哲学，又何以不同于程子、朱子呢？这些原因，约有三种：

（一）个人才性不同。

（二）所处的时势不同。

（三）所受的思想学术不同。

三、评判。既知思想的变迁和所以变迁的原因了，哲学史的责任还没有完，还须要使学者知道各家学说的价值，这便叫作评判。但是我说的评判，并不是把做哲学史的人自己的眼光，来批评古人的是非得失。那种"主观的"评判，没有什么大用处。如今所说，乃是"客观的"评判。这种评判法，要把每一家学说所发生的效果表示出来。这些效果的价值，便是那种学说的价值。这些效果，大概可分为三种：

（一）要看一家学说在同时的思想和后来的思想上发生何种影响。

（二）要看一家学说在风俗政治上发生何种影响。

（三）要看一家学说的结果可造出什么样的人格来。

例如古代的"命定主义"，说得最痛切的，莫如庄子。庄子把天道看作无所不在、无所不包，故说"庸讵知吾所谓天之非人乎？所谓人之非天乎？"因此他有"乘化以待尽"的学说。这种学说，在当时遇着荀子，便产生一种反动力。荀子说"庄子蔽于天而不知人"，所以荀子的《天论》极力主张征服天行，以利人事。但是后来庄子这种学说的影响，养成一种乐天安命的思想，牢不可破。在社会上，好的效果，便是一种达观主义；不好的效果，便是懒惰不肯进取的心理。造成的人才，好的便是陶渊明、苏东坡；不好的便是刘伶一类达观的废物了。

三个时代

世界上的哲学大概可分为东西两支。东支又分印度、中国两系。西支也分希腊、犹太两系。初起的时候，这四系都可算作独立发生的。到了汉以后，犹太系加入希腊系，成了欧洲中古的哲学。印度系加入中国系，成了中国中古的哲学。到了近代印度系的势力渐衰，儒家复起，遂产生了中国近世的哲学，历宋元明清直到于今。欧洲的思想，渐渐脱离了犹太系的势力，遂产生欧洲的近世哲学。到了今日，这两大支的哲学互相接触，互相影响。

五十年后，一百年后，或竟能发生一种世界的哲学，也未可知。

中国哲学史可分为三个时代：

一、古代哲学。自老子至韩非，为古代哲学。这个时代，又名"诸子哲学"。

二、中世哲学。自汉至北宋，为中世哲学。这个时代，大略又可分作两个时期：

（一）中世第一时期。自汉至晋，为中世第一时期。这一时期的学派，无论如何不同，都还是以古代诸子的哲学作起点的。例如《淮南子》是折中古代各家的；董仲舒是儒家的一支；王充的天论得力于道家，性论折中于各家；魏晋的老庄之学，更不用说了。

（二）中世第二时期。自东晋以后，直到北宋，这几百年中间，是印度哲学在中国最盛的时代。印度的经典，次第输入中国。印度的宇宙论、人生观、知识论、名学、宗教哲学，都能于诸子哲学之外，别开生面，别放光彩。此时凡是第一流的中国思想家，如智顗、玄奘、宗密、窥基，多用全副精力，发挥印度哲学。

那时的中国系的学者，如王通、韩愈、李翱诸人，全是第二流以下的人物。他们所有的学说，浮泛浅陋，全无精辟独到的见解。故这个时期的哲学，完全以印度系为主体。

三、近世哲学。唐以后，印度哲学已渐渐成为中国思想文明的一部分。譬如吃美味，中古第二时期是仔细咀嚼的时候，唐以后便是胃里消化的时候了。吃的东西消化时，与人身本有的种种质料结合，别成一些新质料。印度哲学在中国，到了消化的时代，与中国固有的思想结合，所发生的新质料，便是中国近世的哲学。我这话初听了好像近于武断。平心而论，宋明的哲学，或是程朱，或是陆王，表面上虽都不承认和佛家禅宗有何关系，其实没有一派不曾受印度学说的影响的。这种影响，约有两个方面：一面是直接的。如由佛家的"观心"，回到孔子的"操心"，到孟子的"尽心""养心"，到《大学》的"正心"，是直接的影响。一面是反动的。佛家见解尽管玄妙，终究是出世的，是"非伦理的"。宋明的儒家，攻击佛家的出世主义，故极力提倡"伦理的"入世主义。明心见性，以成佛果，终是自私自利；正心诚意，以至于齐家、治国、平天下，便是伦理的人生哲学了。这是反动的影响。

明代以后，中国近世哲学完全成立。佛家已衰，儒家成为一尊。于是又生反动力，遂有汉学、宋学之分。清初的汉学家，嫌宋儒用主观的见解，来解古代经典，有"望文生义""增字解经"种种流弊。故汉学的方法，只是用古训、古音、古本等等客观的根据，来求经典的原意。故嘉庆以前的汉学、宋学之争，还只是儒家的内讧。但是汉学家既重古训古义，不得不研究与古代儒家同时的子书，用来作参考互证的材料。故清初的诸子学，不过是经学的一种附属品，一种参考书。不料后来的学者，越研究子书，越觉得子书有价值。故孙星衍、王念孙、王引之、顾广圻、俞樾诸人，对于经书与子书，简直没有上下轻重和正道异端的分别了。到了最近世，如孙诒让、章炳麟诸君，竟都用全副精力，发明诸子学。

于是从前作经学附属品的诸子学，到此时代，竟成专门学。一般普通学者，崇拜子书也往往过于儒书。岂但是"附庸蔚为大国"，简直是"婢作夫人"了。

综观清代学术变迁的大势，可称为古学昌明的时代。自从有了那些汉学家考据、校勘、训诂的功夫，那些经书子书，方勉强可以读得。这个时代，有点像欧洲的"再生时代"（再生时代西名 Renaissance，旧译文艺复兴时代）。欧洲到了"再生时代"，昌明古希腊的文学哲学，故能推翻中古"经院哲学"（旧译烦琐哲学，极不通。原文为 Scholasticism，今译原文）的势力，产出近世的欧洲文化。我们中国到了这个古学昌明的时代，不但有古书可读，又恰当西洋学术思想输入的时代，有西洋的新旧学说可供我们的参考研究。我们今日的学术思想，有这两大源头：一方面是汉学家传给我们的古书；一方面是西洋的新旧学说。这两大潮流汇合以后，中国若不能产生一种中国的新哲学，那就真是辜负了这个好机会了。

第一章

中国哲学发生的时代

中国哲学结胎的时代

大凡一种学说，绝不是劈空从天上掉下来的。我们如果能仔细研究，定可寻出那种学说有许多前因，有许多后果。譬如一篇文章，那种学说不过是中间的一段。这一段定不要来无踪影，去无痕迹的。定然有个承上启下，承前接后的关系。

要不懂他的前因，便不能懂得他的真意义。要不懂他的后果，便不能明白他在历史上的位置。这个前因，所含不止一事。第一是那时代政治社会的状态。第二是那时代的思想潮流。这两种前因，时势和思潮，很难分别。因为这两事又是互相为因果的。有时是先有那时势，才生出那思潮来；有了那种思潮，时势受了思潮的影响，一定有大变动。所以时势生思潮，思潮又生时势，时势又生新思潮。所以这学术史上寻因求果的研究，是很不容易的。我们现在要讲哲学史，不可不先研究哲学发生时代的时势和那时势所发生的种种思潮。

中国古代哲学大家，独有孔子一人的生年死年，是我们所晓得的。孔子生于周灵王二十一年，当公历纪元前551年，死于周敬王四十一年，当公历前479年。孔子曾见过老子，老子比孔子至多不过大二十岁，大约生于周灵王的初年，当公历前570年左右。中国哲学到了老子、孔子的时候，才可当得"哲学"两个字。

我们可把老子、孔子以前的两三百年，当作中国哲学的怀胎时代。为便利起见，我们可用公历来计算如下：

前八世纪（周宣王二十八年到东周桓王二十年，公历纪元前800年到前700年），前七世纪（周桓王二十年到周定王七年，公历前700年到前600年），前六世纪（周定王七年到周敬王二十年，公历前600年到前500年）。这三百年可算得一个三百年的长期战争。一方面是北方戎狄的扰乱（宣王时，常与猃狁开战。幽王时，戎祸最烈。犬戎杀幽王，在公历前771年。后来周室竟东迁以避戎祸。狄灭卫，杀懿公，在前660年），一方面是南方楚吴诸国的勃兴（楚称王在前704年，吴称王在前585年）。中原的一方面，这三百年之中，哪一年没有战争侵伐的事。周初许多诸侯，早已渐渐地被十几个强国吞并去了。东迁的时候，晋、郑、鲁最强。后来鲁、郑衰了，便到了"五霸"时代。到了春秋的下半段，便成了晋楚争霸的时代了。

这三个世纪中间，也不知灭了多少国，破了多少家，杀了多少人，流了多少血。只可惜那时代的政治和社会的情形，已无从详细查考了。我们如今参考《诗经》《国语》《左传》几部书，仔细研究起来，觉得那时代的时势，大概有这几种情形：

第一，这长期的战争，闹得国中的百姓死亡丧乱，流离失所，痛苦不堪。如《诗经》所说：

> 肃肃鸨羽，集于苞栩。王事靡盬，不能艺稷黍。父母何

怙？悠悠苍天，曷其有所！（《唐风·鸨羽》）

陟彼屺兮，瞻望母兮。母曰："嗟予季行役，夙夜无寐！上慎旃哉！犹来无弃！"（《陟岵》）

昔我往矣，杨柳依依。今我来思，雨雪霏霏。行道迟迟，载渴载饥。我心伤悲，莫知我哀！（参看《出车》《杕杜》）（《小雅·采薇》）

何草不黄！何日不行！何人不将，经营四方！何草不玄！何人不矜！哀我征夫，独为匪民？（《小雅·何草不黄》）

中谷有蓷，暵其湿矣！有女仳离，啜其泣矣！啜其泣矣！何嗟及矣！（《王风·中谷有蓷》）

有兔爰爰，雉离于罗。我生之初，尚无为。我生之后，逢此百罹。尚寐无吪！（《兔爰》）

苕之华，其叶青青。知我如此，不如无生！牂羊坟首，三星在罶。人可以食，鲜可以饱。（《苕之华》）

读了这几篇诗，可以想见那时的百姓受的痛苦了。

第二，那时诸侯互相侵略，灭国破家不计其数。古代封建制度的种种社会阶级都渐渐地消灭了。就是那些不曾消灭的阶级，也渐渐地可以互相交通了。

古代封建制度的社会，最重阶级。《左传》昭十年，芋尹无宇曰："天之经略，诸侯正封，古之制也。封略之内，何非君土？食土之毛，谁非君臣？……天有十日，人有十等，下所以事上，上

所以共神也。故王臣公，公臣大夫，大夫臣士，士臣皂，皂臣舆，
舆臣隶，隶臣僚，僚臣仆，仆臣台。马有圉，牛有牧，以待百事。”
古代社会的阶级，约有五等：

（一）王（天子）。

（二）诸侯（公、侯、伯、子、男）。

（三）大夫。

（四）士。

（五）庶人（皂、舆、隶、僚、仆、台）。

到了这时代，诸侯也可称王了。大夫有时比诸侯还有权势了（如
鲁之三家、晋之六卿。到了后来，三家分晋，田氏代齐，更不用说
了），亡国的诸侯卿大夫，有时连奴隶都比不上了。《国风》上说的：

式微式微，胡不归！微君之躬，胡为乎泥中！（《邶
风·式微》）

琐兮尾兮，流离之子！叔兮伯兮，褎如充耳！（《邶
风·旄丘》）

可以想见当时亡国君臣的苦处了。《国风》又说：

东人之子，职劳不来。西人之子，粲粲衣服。舟人之子，
熊罴是裘。私人之子，百僚是试。（《小雅·大东》）

可以想见当时下等社会的人，也往往有些"暴发户"，往往会爬到社会的上层去。再看《论语》上说的公叔文子和他的家臣大夫僎同升诸公。又看《春秋》时，饭牛的甯戚，卖作奴隶的百里奚，郑国商人弦高，都能跳上政治舞台，建功立业。可见当时的社会阶级，早已不如从前的严紧了。

第三，封建时代的阶级虽然渐渐消灭了，却新添了一种生计上的阶级。那时社会渐渐成了一个贫富很不平均的社会。富贵的太富贵了，贫苦的太贫苦了。

《国风》上所写贫苦人家的情形，不止一处（参观上文第一条）。内中写那贫富太不平均的，也不止一处。如：

> 小东大东，杼柚其空。纠纠葛屦，可以履霜。佻佻公子，行彼周行。既往既来，使我心疚。（《小雅·大东》）
>
> 纠纠葛屦，可以履霜。掺掺女手，可以缝裳。要之襋之，好人服之！好人提提，宛然左辟，佩其象揥。维是褊心，是以为刺。（《魏风·葛屦》）

这两篇竟像英国虎德（Thomas Hood）的《缝衣歌》的节本。写的是那时代的资本家雇用女工，把那"掺掺女子"的血汗功夫，来做他们发财的门径。葛屦本是夏天穿的，如今这些穷工人到了下霜下雪的时候，也还穿着葛屦。怪不得那些慈悲的诗人忍不过要痛骂了。又如：

彼有旨酒，又有嘉肴。洽比其邻，昏姻孔云。念我独兮，忧心殷殷！佌佌彼有屋，蔌蔌方有谷。民今之无禄，天夭是椓。哿矣富人，哀此茕独！（《小雅·正月》）

这也是说贫富不均的。更动人的，是下面的一篇：

坎坎伐檀兮，置之河之干兮。河水清且涟猗。不稼不穑，胡取禾三百廛兮！不狩不猎，胡瞻尔庭有悬貆兮！彼君子兮，不素餐兮！（《魏风·伐檀》）

这竟是近时代社会党攻击资本家不该安享别人辛苦得来的利益的话了！

第四，那时的政治除了几国之外，大概都是很黑暗、很腐败的王朝的政治。我们读《小雅》的《节南山》《正月》《十月之交》《雨无正》几篇诗，也可以想见了。其他各国的政治内幕，我们也可想见一二。例如：

《邶风·北门》　《齐风》:《南山》《敝笱》《载驱》

《桧风·匪风》　《墉风·鹑之奔奔》

《秦风·黄鸟》　《曹风·候人》

《王风·兔爰》　《陈风·株林》

写得最明白的，莫如：

人有土田，女反有之。人有民人，女覆夺之。此宜无罪，女反收之。彼宜有罪，女覆说之。(《大雅·瞻卬》)

最痛快的，莫如：

硕鼠硕鼠，无食我黍。三岁贯女，莫我肯顾。逝将去女，适彼乐土！乐土乐土！爰得我所！(《硕鼠》)

又如：

匪鹑匪鸢，翰飞戾天。匪鳣匪鲔，潜逃于渊。(《小雅·四月》)

这首诗写虐政之不可逃，更可怜了。还不如：

鱼在于沼，亦匪克乐。潜虽伏矣，亦孔之炤。忧心惨惨，念国之为虐。(《正月》)

这诗说即使人都变做鱼，也没有乐趣的。这时的政治，也就可想而知了。

这四种现象：(一)战祸连年，百姓痛苦；(二)社会阶级渐渐消灭；(三)生计现象贫富不均；(四)政治黑暗，百姓愁怨。这四种现状，大约可以算得那时代的大概情形了。

那时代的思潮（诗人时代）

上章所讲三个世纪的时势：政治那样黑暗，社会那样纷乱，贫富那样不均，民生那样痛苦。有了这种时势，自然会生出种种思想的反动。从前第八世纪到前第七世纪，这两百年的思潮，除了一部《诗经》，别无可考。我们可叫他作诗人时代（三百篇中以《株林》一篇为最后。《株林》大概作于陈灵公末年）。

这时代的思想，大概可分几派：

第一，忧时派。例：

节彼南山，维石岩岩。赫赫师尹，民具尔瞻！忧心如惔，不敢戏谈。国既卒斩，何用不监？（《节南山》）

忧心惸惸，念我无禄。民之无辜，并其臣仆。哀我人斯，于何从禄！瞻乌爰止，于谁之屋？

瞻彼中林，侯薪侯蒸。民今方殆，视天梦梦。既克有定，靡人弗胜。有皇上帝，伊谁云憎！（《正月》）

彼黍离离，彼稷之苗。行迈靡靡，中心摇摇！知我者谓我心忧，不知我者谓我何求。悠悠苍天，此何人哉！（《黍离》）

园有桃，其实之肴。心之忧矣，我歌且谣。不知我者，

谓我士也骄。彼人是哉！子曰何其？心之忧矣，其谁知之！其谁知之！盖亦勿思。(《园有桃》)

第二，厌世派。忧时爱国，却又无可如何，便有些人变成了厌世派。例：

> 我生之初，尚无为。我生之后，逢此百罹。尚寐无吪！
> (《兔爰》)
> 隰(xí)有苌楚，猗傩其枝。夭之沃沃，乐子之无知？(《隰有苌楚》)
> 苕之华，其叶青青。知我如此，不如无生！(《苕之华》)

第三，乐天安命派。有些人到了没法想的时候，只好自推自解，以为天命如此，无可如何，只好知足安命罢。例：

> 出自北门，忧心殷殷。终窭且贫，莫知我艰。已矣哉！天实为之，谓之何哉！(《北门》)
> 衡门之下，可以栖迟。泌之洋洋，可以乐饥。岂其食鱼，必河之鲂？岂其取妻，必齐之姜？岂其食鱼，必河之鲤？岂其取妻，必宋之子？(《衡门》)

第四，纵欲自恣派。有些人抱了厌世主义，看看时事不可为了，不如"遇饮酒时须饮酒，得高歌处且高歌"罢。例：

　　萚兮萚兮，风其吹女，叔兮伯兮，倡予和女。(《萚兮》，倡字一顿。)

　　蟋蟀在堂，岁聿其莫。今我不乐，日月其除。(《蟋蟀》)

　　山有枢，隰有榆，子有衣裳，弗曳弗娄。子有车马，弗驰弗驱。宛其死矣，他人是愉。

　　……

　　山有漆，隰有栗，子有酒食。何不日鼓瑟？且以喜乐，且以永日！宛其死矣，他人入室！(《山有枢》)

　　第五，愤世派（激烈派）。有些人对着黑暗的时局、腐败的社会，却不肯低头下心的忍受。他们受了冤屈，定要作不平之鸣的。例：

　　溥天之下，莫非王土。率土之滨，莫非王臣。大夫不均，我从事独贤。……或燕燕居息，或尽瘁事国。或偃息在床，或不已于行。

　　或不知叫号，或惨惨劬劳。或栖迟偃仰，或王事鞅掌。或湛乐饮酒，或惨惨畏咎，或出入风议，或靡事不为。(《北山》)

　　坎坎伐檀兮，置之河之干兮。河水清且涟猗。不稼不穑，胡取禾三百廛兮！不狩不猎，胡瞻尔庭有悬貆兮！彼君子

兮，不素餐兮！（《伐檀》）

　　硕鼠硕鼠，无食我黍。三岁贯女，莫我肯顾。逝将去女，
适彼乐土！乐土乐土！爰得我所。（《硕鼠》）

　　这几派大约可以代表前七八世纪的思潮了。请看这些思潮，
没有一派不是消极的。到了《伐檀》和《硕鼠》的诗人，已渐渐地
有了一点勃勃的独立精神。你看那《伐檀》的诗人，对于那时的
"君子"，何等冷嘲热骂！又看那《硕鼠》的诗人，气愤极了，把
国也不要了，去寻他自己的乐土乐园。到了这时代，思想界中已
种下了革命的种子了。这些革命种子发生出来，便成了老子、孔
子的时代。

第二章

老子

老子略传

　　老子的事迹，已不可考。据《史记》所说，老子是楚国人（《礼记·曾子问》正义引《史记》作陈国人），名耳，字聃，姓李氏（今本《史记》作"姓李氏，名耳。字伯阳，谥曰聃"，乃是后人据《列仙传》妄改的。《索隐》云："许慎云：聃，耳曼也。故名耳，字聃。有本字伯阳，非正也。老子号伯阳父，此传不称也。"王念孙《读书杂志》三之四引《索隐》此节，又《经典释文序录》《文选注》《后汉书·桓帝纪》注，并引《史记》云老子字聃。可证今本《史记》所说是后人伪造的。后人所以要说老子字伯阳父者，因为周幽王时有个太史伯阳，后人要合两人为一人，说老子曾做幽王的官，当孔子生时，他已活了二百五十岁了）。他曾做周室"守藏室之史"。《史记·孔子世家》和《老子列传》，孔子曾见过老子。这事不知在于何年，但据《史记》，孔子与南宫敬叔同适周。又据《左传》，孟僖子将死，命孟懿子与南宫敬叔从孔子学礼（昭公七年）。孟僖子死于昭公二十四年二月。清人阎若璩因《礼记·曾子问》孔子曰："昔吾从老聃助葬于巷党，及埫，日有食之。"遂推算昭公二十四年，夏五月，乙未朔，巳时，日食，恰入食限。阎氏因断定孔子适周见老子在昭公二十四年，当孔子三十四岁（《四书释地续》）。这话很像可信，但还有可疑之处：一则曾子问是否可信；二则南宫敬叔死了父亲，不到三个月，是否可同孔子适周；三则曾子问所说日食，即便可信，难保不是昭公三十一年的日食。但无论如何，孔子适周，总在他三十四岁以后，当公历纪元前五一八年以后。大概孔子见老子在三十四岁（公历前518年，日食）与四十一岁（公历前511年，日食）之间。老子比孔子至多不过大二十岁，老子当生于周灵王初年，当公历前570年左右。

老子死时，不知在于何时。《庄子·养生主》篇明记老聃之死。《庄子》这一段文字绝非后人所能假造的，可见古人并无老子"入关仙去""莫知所终"的神话，《史记》中老子活了"百有六十余岁""二百余岁"的话，大概也是后人加入的。老子即享高寿，至多不过活了九十多岁罢了。

上文说老子"名耳，字聃，姓李氏"，何以又称老子呢？依我看来，那些"生而皓首，故称老子"的话，固不足信（此出《神仙传》，谢无量《中国哲学史》用之）；"以其年老，故号其书为《老子》"（《高士传》）也不足信。我以为"老子"之称，大概不出两种解说：

一、"老"或是字。《春秋》时人往往把"字"用在"名"的前面，例如叔梁（字）纥（名），孔父（字）嘉（名），正（字）考（名），孟明（字）视（名），孟施（字）舍（名），皆是。《左传》文十一年襄十年，《正义》都说："古人连言名字者，皆先字后名。"或者老子本名聃，字耳，一字老（《老训寿考》，古多用为名字者，如《檀弓》晋有张老，《楚语》楚有史老）。古人名字同举，先说字而后说名，故战国时的书皆称老聃（王念孙《春秋名字解诂》及《读书杂志》

俱依《索隐》说，据《说文》："耼，耳曼也。"《释名》耳字耼之意。今按朱骏声《说文通训定声》耼字下引汉《老子铭》云："耼然，老旄之貌也。"又《礼记·曾子问》注："老耼古寿考者之号也。"是耼亦有寿考之意，故名耼，字老。非必因其寿考而后称之也）。此与人称叔梁纥、正考父，都不举其姓氏，正同一例。又古人的"字"下可加"子"字、"父"字等字，例如孔子弟子冉求字有，可称"有子"（哀十一年《左传》），故后人又称"老子"。这是一种说法。

二、"老"或是姓。古代有氏姓的区别。寻常的小百姓，各依所从来为姓，故称"百姓""万姓"。贵族于姓之外，还有氏，如以国为氏、以官为氏之类。老子虽不曾做大官，或者源出于大族，故姓老而氏李，后人不懂古代氏族制度，把氏姓两事混作一事，故说"姓某氏"，其实这三字是错的。老子姓老，故人称老耼，也称老子。这也可备一说。这两种解说，都可通，但我们现今没有凭据，不能必定哪一说是的。

《老子》考

今所传老子的书分上下两篇，共八十一章。这书原本是一种杂记体的书，没有结构组织。今本所分篇章，绝非原本所有。其中有许多极无道理的分断（如二十章首句"绝学无忧"当属十九章之末，与"见素抱朴，少私寡欲"两句为同等的排句）。读者当删去某章某章等字，合成不分章的书，然后自己去寻一个段落分断出来（元人吴澄作《道德真经注》，合八十一章为六十八章。中如合十七、十八、十九为一章，三十、三十一为一章，六十三、六十四为一章，六十七、六十八、六十九为一章，皆极有理，远胜河上公本）。又此书中有许多重复的话和许多无理插入的话，大概不免有后人妄加妄改的所在。今日最通行的刻本，有世德堂的河上公章句本，华亭张氏的王弼注本，读者须参看王念孙、俞樾、孙诒让诸家校语（章太炎极推崇《韩非子》中《解老》《喻老》两篇。其实这两篇所说，虽偶有好的，大半多浅陋之言。如解"攘臂而仍之"，"生之徒十有三"，"带利剑"等句，皆极无道理。但这两篇所据《老子》像是古本，可供我们校勘参考）。

革命家之老子

上篇说老子以前的时候，和那种时势所发生的思潮。老子亲见那种时势，又受了那些思潮的影响，故他的思想，完全是那个时代的产儿，完全是那个时代的反动。看他对于当时政治的评判：

> 民之饥，以其上食税之多，是以饥。民之难治，以其上之有为，是以难治。民之轻死，以其上求生之厚，是以轻死。
>
> 民不畏死，奈何以死惧之？若使民常畏死，而为奇者吾

得执而杀之，孰敢？

天下多忌讳，而民弥贫；民多利器，国家滋昏；人多伎巧，奇物滋起；法令滋彰，盗贼多有。

天之道损有余而补不足。人之道则不然：损不足以奉有余。

这四段都是很激烈的议论。读者试把《伐檀》《硕鼠》两篇诗记在心里，便知老子所说"人之道损不足以奉有余"和"民之饥以其上食税之多，是以饥"的话，乃是当时社会的实在情形。更回想《苕之华》诗"知我如此，不如无生"的话，便知老子所说"民不畏死"，"民之轻死，以其上求生之厚，是以轻死"的话，也是当时的实在情形。人谁不求生？到了"知我如此，不如无生"的时候，束手安分也是死，造反作乱也是死，自然轻死，自然不畏死了。

还有老子反对有为的政治，主张无为无事的政治，也是当时政治的反动。凡是主张无为的政治哲学，都是干涉政策的反动。因为政府用干涉政策，却又没干涉的本领，越干涉越弄糟了，故挑起一种反动，主张放任无为。欧洲十八世纪的经济学者、政治学者，多主张放任主义，正为当时的政府实在太腐败无能，不配干涉人民的活动。老子的无为主义，依我看来，也是因为当时的政府不配有为，偏要有为；不配干涉，偏要干涉，所以弄得"天下多忌讳，而民弥贫；民多利器，国家滋昏；法令滋彰，盗贼多有"。上篇所引《瞻卬》诗说的："人有土田，女反有之。人有民人，女覆夺之。此宜无罪，女反收之。彼宜有罪，女覆说之。"那种虐政的效果，可使百姓人人有"匪鹑匪鸢，翰飞戾天。匪鳣匪鲔，潜逃于渊"的感想（老子尤恨当时的兵祸连年，故书中屡攻击武力政策。如"师之所处荆棘生焉，大军之后必有凶年""兵者不祥之器""天下无道，戎马生于郊"皆是）。故老子说："民之难治，以其上之有为，是以难治。"

老子对于那种时势，发生激烈的反响，创为一种革命的政治哲学。他说：

> 大道废，有仁义；智慧出，有大伪；六亲不和，有孝慈；国家昏乱，有忠臣。

所以他主张：

> 绝圣弃智，民利百倍；绝仁弃义，民复孝慈；绝巧弃利，盗贼无有！

这是极端的破坏主义。他对于国家政治，便主张极端的放任。他说：

> 治大国若烹小鲜（河上公注：烹小鱼不去肠，不去鳞，不敢挠，恐其糜也）。

又说：

> 我无为而民自化，我好静而民自正，我无事而民自富，
> 我无欲而民自朴。
> 其政闷闷，其民醇醇；其政察察，其民缺缺。

又说：

> 太上，下知有之。其次，亲而誉之。其次，畏之。其次，
> 侮之。信不足，焉有不信（焉，乃也）。犹兮其贵言（贵言，
> 不轻易其言也。所谓"行不言之教"是也），功成事遂，百姓
> 皆谓我自然。

老子理想中的政治，是极端的放任无为，要使功成事遂，百
姓还以为全是自然应该如此，不说是君主之功。故"太上，下知
有之"，是说政府完全放任无为，百姓的心里只觉得有个政府的存
在罢了；实际上是"天高皇帝远"，有政府和无政府一样。"下知有
之"，《永乐大典》本及吴澄本皆作"不知有之"；日本本作"下不
知有之"，说此意更进一层，更明显了。

我述老子的哲学，先说他的政治学说。我的意思要人知道哲
学思想不是悬空发生的。有些人说，哲学起于人类惊疑之念，以
为人类目睹宇宙间万物的变化生灭，惊欢疑怪，要想寻出一个满
意的解释，故产生哲学。这话未必尽然。人类的惊疑心可以产生

迷信与宗教，但未必能产生哲学。人类见日月运行，雷电风雨，自然生惊疑心。但他一转念，便说日有日神，月有月神；雷有雷公，电有电母；天有天帝，病有病魔；于是他的惊疑心，便有了满意的解释，用不着哲学思想了。即如希腊古代的宇宙论，又何尝是惊疑的结果？那时代欧亚非三洲古国，如埃及、巴比伦、犹太等国的宗教观念和科学思想，与希腊古代的神话宗教相接触，自然起一番冲突，故发生"宇宙万物的本源究竟是什么"的问题。并不是泰尔史（Thales）的惊奇心忽然劈空提出这个哲学问题的。在中国的一方面，最初的哲学思想，全是当时社会政治的现状所唤起的反动。社会的阶级秩序已破坏混乱了，政治的组织不但不能救补维持，并且呈现同样的腐败纷乱。当时的有心人，目睹这种现状，要想寻一个补救的方法，于是有老子的政治思想。但是老子若单有一种革命的政治学说，也还算不得根本上的解决，也还算不得哲学。老子观察政治社会的状态，从根本上着想，要求一个根本的解决，遂为中国哲学的始祖。他的政治上的主张，也只是他的根本观念的应用。如今说他的根本观念是什么。

老子论天道

老子哲学的根本观念是他的天道观念。老子以前的天道观念，都把天看作一个有意志、有知识，能喜能怒、能作威作福的主宰。

试看《诗经》中说"有命自天，命此文王"（《大明》）；有屡说"帝谓文王"（《皇矣》），是天有意志。"天监在下"，"上帝临女"（《大明》），"皇矣上帝，临下有赫，监观四方，求民之莫"（《皇矣》），是天有知识。"有皇上帝，伊谁云憎？"（《正月》）"敬天之怒，无敢戏豫；敬天之渝，无敢驰驱"（《板》），是天能喜怒。"昊天不佣，降此鞠讻；昊天不惠，降此大戾"（《节南山》）；"天降丧乱……降此蟊贼"（《桑柔》）；"天降丧乱，饥馑荐臻"（《云汉》），是天能作威作福。老子生在那种纷争大乱的时代，眼见杀人、破家、灭国等等惨祸，以为若有一个有意志知觉的天帝，绝不致有这种惨祸。万物相争相杀，人类相争相杀，便是天道无知的证据。故老子说："天地不仁，以万物为刍狗。"

这仁字有两种说法：第一，仁是慈爱的意思。这是最明白的解说。王弼说："地不为兽生刍而兽食刍，不为人生狗而人食狗。无为于万物，而万物各适其所用。"这是把不仁作无有恩意解。第二，仁即是"人"的意思。《中庸》说："仁者，人也"；《孟子》说："仁也者，人也"；刘熙《释名》说："人，仁也；仁，生物也"；不仁便是说不是人，不和人同类。古代把天看作有意志、有知识、能喜怒的主宰，是把天看作人同类，这叫作天人同类说（Anthropomorphism）。老子的"天地不仁"说，似乎也含有天地不与人同性的意思。人性之中，以慈爱为最普通，故说天地不与人同类，即是说天地无有恩意。老子这一个观念，打破古代天人同类的谬说，立下后来自然哲学的基础。

打破古代的天人同类说，是老子的天道观念的消极一方面。

再看他的积极的天道论：

> 有物混成，先天地生，寂兮寥兮，独立而不改，周行而
> 不殆，可以为天下母。吾不知其名，字之曰道，强为之名曰大。

老子的最大功劳，在于超出天地万物之外，别假设一个"道"。这个道的性质，是无声、无形；有单独不变的存在，又周行天地万物之中；生于天地万物之先，又却是天地万物的本源。这个道的作用，是：

> 大道氾兮，其可左右。万物恃之而生而不辞，功成不名
> 有，衣养万物而不为主。

道的作用，并不是有意志的作用，只是一个"自然"。自是自己，然是如此，"自然"只是自己如此（谢著《中国哲学史》云："自然者，究极之谓也。"不成话）。老子说："道常无为而无不为。"

道的作用，只是万物自己的作用，故说"道常无为"。但万物所以能成万物，又只是一个道，故说"而无不为"。

论 无

老子是最先发现"道"的人。这个"道"本是一个抽象的观念，

太微妙了，不容易说得明白。老子又从具体的方面着想，于是想到一个"无"字，觉得这个"无"的性质、作用，处处和这个"道"最相像。老子说：

> 三十辐，共一毂，当其无，有车之用。埏埴以为器，当其无，有器之用。凿户牖以为室，当其无，有室之用。故有之以为利，无之以为用。

无即是虚空。上文所举的三个例，一是那车轮中央的空间，二是器皿的空处，三是窗洞门洞和房屋里的空处。车轮若无中间的圆洞，便不能转动；器皿若无空处，便不能装物事；门户若没有空洞，便不能出入；房屋里若没有空处，便不能容人。

这个大虚空，无形、无声；整个的不可分断，却又无所不在；一切万有若没有他，便没有用处。这几项性质，正合上文所说"寂兮寥兮，独立而不改，周行而不殆，可以为天下母"的形容。所以老子所说的"无"与"道"简直是一样的。所以他既说："道生一，一生二，二生三，三生万物。"一方面又说："天下万物生于有，有生于无。"道与无同是万物的母，可见道即是无，无即是道。大概哲学观念初起的时代，名词不完备，故说理不能周密。试看老子说"吾不知其名"，"强为之名"，可见他用名词的困难。他提出了一个"道"的观念，当此名词不完备的时代，形容不出这个"道"究竟是怎样一个物事，故用那空空洞洞的虚空，来说那无为而无不为的道。却不知道"无"是对于有的名词，所指的是那无形体的空洞，如何可以代表那无为而无不为的"道"？只因为老子把道与无看作一物，故他的哲学都受这种观念的影响（庄子便不如此。老庄的根本区别在此）。

老子说："天地万物生于有，有生于无。"且看他怎样说这无中生有的道理。老子说：

> 视之不见名曰夷，听之不闻名曰希，搏之不得名曰微。此三者不可致诘，故混而为一。其上不皦，其下不昧。绳绳不可名，复归于无物。是谓无状之状，无物之象，是谓惚恍。

又说：

> 道之为物，惟恍惟惚。惚兮恍兮，其中有象。恍兮惚兮，其中有物。

这也可见老子寻相当名词的困难。老子既说道是"无"，这里又说道不是"无"。乃是"有"与"无"之间的一种情境。虽然看不见，听不着，摸不到，但不是完全没有形状的。不过我们不能形容他，又叫不出他的名称，只得说他是"无物"；只好称他作"无状之状，无物之象"；只好称他作"恍惚"。这个"恍惚"，先是"无状之状，无物之象"，故说"惚兮恍兮，其中有象。"后来忽然从无物之象变为有物，故说"恍兮惚兮，其中有物"。这便是"天地万物生于有，有生于无"的历史。

名 与 无 名

中国古代哲学的一个重要问题，就是名实之争。老子是最初提出这个问题的人。他说：

> 惚兮恍兮，其中有象。恍兮惚兮，其中有物。窈兮冥兮，其中有精。其精甚真，其中有信。自古及今，其名不去，以阅（王弼本原作说。今刊本作阅，乃后人所改）众甫。吾何以知众甫之然（王本今作状，原本似作然）哉？以此。

这一段论名的原起与名的功用。既有了法象，然后有物。有物之后，于是发生知识的问题。人所以能知物，只为每物有一些精纯的物德，最足代表那物的本性（《说文》："精，择也。"择其特异之物德，故谓之精。真字古训诚，训天，训身，能代表此物的特性，故谓之真）。即所谓"其中有精。其精甚真，其中有信"。这些物德，如雪的寒与白，如人的形体官能，都是极可靠的知识上的信物。故说"其中有信"（《说文》："信，诚也。"又古谓符节为信）。这些信物都包括在那物的"名"里面。如说"人"便可代表人的一切表德；说"雪"，便可代表雪的一切德性。个体的事物尽管生死存灭，那事物的类名，却永远存在。人生人死，而"人"名常在；雪落雪消，而"雪"名永存。故说"自古及今，其名不去，以阅众甫"。众甫即是万物。又说："吾何以知众甫之然哉？以此。""此"字指"名"。我们所以能知万物，多靠名的作用。

老子虽深知名的用处，但他又极力崇拜"无名"。名是知识的利器，老子是主张绝圣弃智的，故主张废名。他说：

> 道可道，非常道（俞樾说常通尚；尚，上也）。名可名，非常名。无名，天地之始。有名，万物之母。故常无，欲以观其妙；常有，欲以观其徼。（常无常有，作一顿。旧读两欲字为顿，乃是错的。）

老子以为万有生于无，故把无看得比有重。上文所说万物未生时，是一种"绳绳不可名"的混沌状态。故说"无名，天地之始"。后来有象有信，然后可立名字，故说"有名，万物之母"。因为无名先于有名，故说可道的道，不是上道；可名的名，不是上名。老子又常说"无名之朴"的好处。无名之朴，即是那个"绳绳不可名"的混沌状态。老子说：

> 道常（常，尚也）无名朴。（五字为句。朴字旧连下读，似乎错了。）虽小，天下不敢臣。侯王若能守之，万物将自

宾。天地相合以降甘露（此八字既失韵，又不合老子哲学。疑系后人加入的话）。民莫之令而自均。始制有名，名亦既有，夫亦将知之（王弼今本之作止。下句同。今依河上公本改正。之、止古文相似，易误）。知之所以不治。（王弼本所作可，治字各本皆作殆。适按王弼注云"始制官长，不可不立名分以定尊卑，故始制有名也。过此以往，将争锥刀之末，故曰名亦既有，夫亦将知止也。遂任名以号物，则失治之母也。故知止所以不殆也。"细看此注，可见王弼原本作"夫亦将知之，知之所以不治"；若作知止，则注中所引叔向谏子产的话，全无意思。注中又说"任名则失治之母"，可证殆本作治。注末殆字同。后世妄人因下文四十四章有"知止不殆"的话，遂把此章也改成"知止可以不殆"。又乱改王注知之为知止，所以不治为所以不殆，却忘了"失治之母"的治字，可以作证。不但注语，全文可作铁证也。）

这是说最高的道是那无名朴。后来制有名字（王弼训始制为"朴散始为官长之时"，似乎太深了一层），知识遂渐渐发达，民智日多，作伪行恶的本领也更大了。大乱的根源，即在于此。老子说：

古之为治者，非以明民，将以愚之。民之难治，以其智多。故以智治国，国之贼。不以智治国，国之福。

"民之难治，以其智多"，即是上文"夫亦将知之。知之所以不治"的注脚。

老子何以如此反对知识呢？大概他推想当时社会国家种种罪恶的根源，都由于多欲。文明程度越高，知识越复杂，情欲也越发展。他说：

> 五色令人目盲，五音令人耳聋，五味令人口爽，驰骋田猎令人心发狂，难得之货令人行妨。

这是攻击我们现在所谓文明文化。他又说：

> 天下皆知美之为美，斯恶已。皆知善之为善，斯不善已。故有无相生，难易相成；长短相形，高下相倾；音声相和，前后相随。是以圣人处无为之事，行不言之教。……不尚贤，使民不争。不贵难得之货，使民不为盗。不见（读现）可欲，使民心不乱。是以圣人之治，虚其心，实其腹；弱其志，强其骨：常使民无知无欲。

这一段是老子政治哲学的根据。老子以为一切善恶、美丑、贤不肖，都是对等的名词。正如长短、高下、前后等等。无长便无短，无前便无后，无美便无丑，无善便无恶，无贤便无不肖。故人知美是美的，便有丑的了；知善是善的，便有恶的了；知贤是贤的，便有不肖的了。平常那些赏善罚恶，尊贤去不肖，都不是根本的解决。根本的救济方法须把善恶美丑贤不肖一切对等的名词都消灭了，复归于无名之朴的混沌时代，须要常使民无知无欲。无知，自然无欲了。无欲，自然没有一切罪恶了。前面所引的"大道废，有仁义；智慧出，有大伪；六亲不和，有孝慈；国家昏乱，有忠臣"和"绝圣弃智，绝仁弃义，绝巧弃利"，也都是这个道理。他又说：

道常无为而无不为。侯王若能守之，万物将自化。化而欲作（欲是名词，谓情欲也），吾将镇之以无名之朴。无名之朴，夫亦将无欲。不欲以静，天下将自定。

老子所处的时势，正是"化而欲作"之时。故他要用无名之朴来镇压。所以他理想中的至治之国，是一种：

小国寡民，使有什伯人之器而不用（什是十倍，伯是百倍。文明进步，用机械之力代人工。一车可载千斤，一船可装几千人。这多是什伯人之器。下文所说"虽有舟舆，无所乘之。虽有甲兵，无所陈之"正释这一句）。使民重死而不远徙。虽有舟舆，无所乘之。虽有甲兵，无所陈之。使民复结绳而用之。甘其食，美其服，安其居，乐其俗。邻国相望，鸡犬之声相闻，民至老死不相往来。

这是"无名"一个观念的实际应用。这种学说，要想把一切交通的利器，守卫的甲兵，代人工的机械，行远传久的文字……等等制度文物，全行毁除。要使人类依旧回到那无知无欲、老死不相往来的乌托邦。

无 为

本篇开篇说老子对于社会政治有两种学说：一是毁坏一切文物制度；一是主张极端放任无为的政策。第一说的根据，上节已说过。如今且说他的无为主义。他把天道看作"无为而无不为"，以为天地万物，都有一个独立而不变、周行而不始的道理，用不着有什么神道作主宰，更用不着人力去造作安排。老子的"天道"，就是西洋哲学的自然法（Law of Nature 或译"性法"非）。日月星的运行，动植物的生老死，都有自然法的支配适合。凡深信自然法绝对有效的人，往往容易走到极端的放任主义。如十八世纪的英法经济学者，又如斯宾塞（Herbert Spencer）的政治学说，都以为既有了"无为而无不为"的天道，何必要政府来干涉人民的举动？老子也是如此。他说：

> 天之道，不争而善胜，不言而善应，不召而自来，繟然而善谋。天网恢恢，疏而不失。

这是说"自然法"的森严。又说：

> 常有司杀者杀。夫代司杀者杀，是谓代大匠斫。夫代大
> 匠斫者，希有不伤其手者矣。

这个"司杀者"，便是天，便是天道。违背了天道，扰乱了自然的秩序，自有"天然法"来处置他，不用社会和政府的干涉。若用人力去赏善罚恶，便是替天行道，便是"代司杀者杀"。这种代刽子手杀人的事，正如替大匠斫木头，不但无益于事，并且往往闹出乱子来。所以说："民之难治，以其上之有为，是以难治。"所以又说："天下多忌讳，而民弥贫……法令滋彰，盗贼多有。"所以他主张一切放任，一切无为。"损之又损，以至于无为，无为而无不为。"

人 生 哲 学

老子的人生哲学（旧称伦理学，殊未当）和他的政治哲学相同，也只是要人无知无欲。详细的节目是"见素抱朴，少私寡欲，绝学无忧"。他说：

> 众人熙熙，如享太牢，如登春台。我独泊兮其未兆，如

婴儿之未孩。儽儽兮若无所归。众人皆有余，而我独若遗。我愚人之心也哉！沌沌兮，俗人昭昭，我独昏昏；俗人察察，我独闷闷。澹兮其若海，飂（liù）兮若无止。众人皆有以，而我独顽似鄙。我独异于人而贵食母。

别人都想要昭昭察察的知识，他却要那昏昏闷闷的愚人之心。此段所说的"贵食母"，即是前所引的"虚其心，实其腹"。老子别处又说"圣人为腹不为目"也是此意。老子只要人肚子吃得饱饱的，做一个无思无虑的愚人；不愿人做有学问知识的文明人。这种观念，也是时势的反动。《隰有苌楚》的诗人说：

隰有苌楚，猗傩其枝。夭之沃沃，乐子之无知！

老子的意思，正与此相同。知识愈高，欲望愈难满足，又眼见许多不合意的事，心生无限烦恼，倒不如无知的草木，无思虑的初民，反可以混混沌沌，自寻乐趣。老子常劝人知足。他说：

知足不辱，知止不殆，可以长久。……罪莫大于可欲（孙诒让按：《韩诗外传》引可欲作多欲），祸莫大于不知足，咎莫大于欲得。故知足之足常足矣。

但是知足不是容易做到的。知识越开，越不能知足。故若要知足，除非毁除一切知识。

老子的人生哲学，还有一个重要观念，叫作"不争主义"。他说：

> 江海所以能为百谷王者，以善下之，故能为百谷王。……以其不争，故天下莫能与之争。
>
> 曲则全，枉则直，洼则盈。……夫唯不争，故天下莫与之争。
>
> 上善若水，水利万物而不争。处众人之所恶，故几于道。
>
> 天下柔弱莫过于水，而攻坚胜者莫之能胜。其无以易之。弱之胜强，柔之胜刚，天下莫不知，莫能行。

这种学说，也是时势的反动。那个时代是一个兵祸连年的时代。小国不能自保，大国又争霸权不肯相下。老子生于这个时代，深知武力的竞争，以暴御暴，只有更烈，绝没有止境。只有消极的软功夫，可以抵抗强暴。狂风吹不断柳丝，齿落而舌长存，又如最柔弱的水可以冲开山石，凿成江河。人类交际，也是如此，汤之于葛，太王之于狄人，都是用柔道取胜。楚庄王不能奈何那肉袒出迎的郑伯，也是这个道理。老子时的小国，如宋，如郑，处列强之间，全靠柔道取胜。故老子提出这个不争主义，要人知道柔弱能胜刚强；要人知道"夫唯不争，故天下莫与之争"。他教人莫要"为天下先"，又教人"报怨以德"。他要小国下大国，大国下小国。他说暂时吃亏忍辱，并不害事。要知"物或损之而益，或益之而损。……强梁者不得其死"。这句话含有他的天道观念。他深信"自然法"的"天网恢恢，疏而不失"，故一切听其自然。物或损之而益，或益之而损，都是天道之自然。宇宙之间，自有"司杀者杀"，故强梁的总不得好死。我们尽可逆来顺受，且看天道的自然因果罢。

第三章

孔 子

孔子略传

孔丘，字仲尼，鲁国人。生于周灵王二十一年（公历纪元前551），死于周敬王四十一年（公历纪元前479）。他一生的行事，大概中国人也都知道，不消一一地叙述了。他曾见过老子。大概此事在孔子三十四岁之后（说详上章）。

孔子本是一个重实行的政治家。他曾做过鲁国的司空，又做过司寇。鲁定公十年，孔子以司寇的资格，做定公的傧相，和齐侯会于夹谷，很替鲁国争得些面子。后来因为他的政策不行，所以把官丢了，去周游列国。他在国外游了十三年，也不曾遇有行道的机会。到了六十八岁回到鲁国，专做著述的事业。把古代的官书，删成《尚书》；把古今的诗歌，删存三百多篇；还订定了礼书、乐书。孔子晚年最喜《周易》，那时的《周易》不过是六十四条卦辞和三百八十四条爻辞。孔子把他的心得，做成了六十四条卦象传，三百八十四条爻象传，六十四条象辞。后人又把他的杂说纂辑成书，便是《系辞传》《文言》。这两种之中，已有许多话是后人胡乱加入的。如《文言》中论四德的一段。此外还有《杂卦》《序卦》《说卦》，更靠不住了。除了删诗书，定礼乐之外，孔子还作了一部《春秋》。孔子自己说他是"述而不作"的。所以《诗》《书》《礼》《乐》都是他删定的，不是自己著作的。就是《易经》的诸传，也是根据原有的《周易》作的，就是《春秋》也是根据鲁国的史记作的。

此外还有许多书，名为是孔子作的，其实都是后人依托的，例如一部《孝经》，称孔子为"仲尼"，称曾参为"曾子"，又夹许多"诗云""子曰"，可见绝不是孔子做的。《孝经·钩命诀》说的"吾志在《春秋》行在《孝经》"的话，也是汉人假造的诳语，绝不可信。

一部《论语》虽不是孔子作的，却极可靠，极有用。这书大概是孔门弟子的弟子们所记孔子及孔门诸子的谈话议论。研究孔子学说的人，须用这书和《易传》《春秋》两书参考互证，此外便不可全信了。

孔子本有志于政治改良，所以他说："苟有用我者，期月而已可也。三年有成。"又说："如有用我者，吾其为东周乎。"后来他见时势不合，没有政治改良的机会。所以专心教育，要想从教育上收效。他深信教育功效最大，所以说"有教无类"，又说"性相近也，习相远也"。《史记》说他的弟子有三千之多。这话虽不知真假，但是他教学几十年，周游几十国，他的弟子必定不少。

孔子的性情德行，是不用细述的了。我且引他自己说自己的话：

　　饭疏食，饮水，曲肱而枕之，乐亦在其中矣。不义而富且贵，于我如浮云。

这话虽不像"食不厌精，脍不厌细"，"席不正不坐"，"割不正不食"的人的口气，却很可想见孔子的为人。他又说他自己道：

其为人也，发愤忘食，乐以忘忧，不知老之将至云尔。

这是何等精神！《论语》说：

子路宿于石门，晨门曰："奚自？"子路曰："自孔氏。"曰："是知其不可而为之者欤？"

"知其不可而为之"七个字写出一个孜孜恳恳、终身不倦的志士。

孔子的时代

孟子说孔子的时代，是邪说暴行有作：臣弑其君者有之，子弑其父者有之。这个时代，既叫作邪说暴行的时代，且看是些什么样的邪说暴行。

第一，"暴行"就是孟子所说的"臣弑其君，子弑其父"了。《春秋》二百四十年中，共有弑君三十六次，内中有许多是子弑父的，如楚太子商臣之类。此外还有贵族世卿专权窃国，如齐之田氏、晋之六卿、鲁之三家。还有种种丑行，如鲁之文姜、陈之夏姬、卫之南子、弥子瑕，怪不得那时的隐君子要说："滔滔者，天下皆是也，而谁以易之？"

第二，"邪说"一层，孟子却不曾细述。我如今且把那时代的"邪说"略举几条。

（一）老子。老子的学说，在当时真可以算得"大逆不道"的"邪说"了。你看他说"民之饥，以其上食税之多"，又说"圣人不仁"，又说"民不畏死，奈何以死惧之？"又说"绝圣弃智，民利百倍；绝仁弃义，民复孝慈"。这都是最激烈的破坏派的理想（详见上篇）。

（二）少正卯。孔子做司寇，七日便杀了一个"乱政大夫少正卯"。有人问他为什么把少正卯杀了。孔子数了他的三大罪：

1. 其居处足以撮徒成党。

2. 其谈话足以饰衺荧众。

3. 其强御足以反是独立。

这三件罪名，译成今文，便是"聚众结社，鼓吹邪说，淆乱是非"。

（三）邓析。孔子同时思想界的革命家，除了老子，便该算邓析。邓析是郑国人，和子产、孔子同时。《左传》鲁定公九年（公历前501），"郑驷歂杀邓析而用其竹刑"。那时子产已死了二十一年（子产死于昭公二十年，公历前522），《吕氏春秋》和《列子》都说邓析是子产杀的，这话恐怕不确。第一，因为子产是极不愿意压制言论自由的。《左传》说：

> 郑人游于乡校以论执政。然明谓子产曰："毁乡校，何如？"子产曰："何为？夫人朝夕退而游焉，以议执政之善否。其所善者，吾则行之。其所恶者，吾则改之。是吾师也。若之何毁之？"

可见子产绝不是杀邓析的人。第二，子产铸刑书，在公历前536年。驷颛用竹刑，在公历前501年。两件事相差三十余年。可见子产铸的是"金刑"，驷颛用的是"竹刑"，绝不是一件事（金刑还是极笨的刑鼎，竹刑是可以传写流通的刑书）。

邓析的书都散失了。如今所传《邓析子》，乃是后人假造的。我看一部《邓析子》，只有开端几句或是邓析的话。那几句是：

> 天于人无厚也。君于民无厚也。……何以言之？天不能屏悖厉之气，全夭折之人，使为善之民必寿，此于民无厚也。凡民有穿窬为盗者，有诈伪相迷者，此皆生于不足，起于贫穷，而君必欲执法诛之，此于民无厚也。……

这话和老子"天地不仁"的话相同，也含有激烈的政治思想。

《列子》书说：

邓析操两可之说，设无穷之辞。

《吕氏春秋》说：

> 邓析……与民之有狱者约，大狱一衣，小狱襦袴。民之献衣襦袴而学讼者，不可胜数。以非为是，以是为非，是非无度，而可与不可日变。所欲胜因胜，所欲罪因罪。

又说：

> 郑国多相县以书者（这就是出报纸的起点）。子产令无县书，邓析致之。子产令无致书，邓析倚之（县书是把议论挂在一处叫人观看，致书是送上门去看，倚书是混在他物里夹带去看）。令无穷而邓析应之亦无穷矣。

又说：

> 洧水甚大，郑之富人有溺者。人得其死者，富人请赎之。其人求金甚多，以告邓析。邓析曰："安之，人必莫之卖矣。"得死者患之，以告邓析。邓析又答之曰："安之，此必无所更买矣。"

这种人物简直同希腊古代的"哲人"（Sophists）一般。希腊的

"哲人"所说的都有老子那样激烈，所行的也往往有少正卯、邓析那种遭忌的行为。希腊的守旧派，如梭格拉底[1]、柏拉图之流，对于那些"哲人"，非常痛恨。中国古代的守旧派，如孔子之流，对于这种"邪说"自然也非常痛恨。所以孔做司寇便杀少正卯。孔子说："放郑声，远佞人。郑声淫，佞人殆。"又说："恶紫之夺朱也，恶郑声之乱雅乐也，恶利口之覆邦家者。"他又说："天下有道，则庶人不议。"

要懂得孔子的学说，必须先懂得孔子的时代，是一个"邪说横行，处士横议"的时代。这个时代的情形既是如此"无道"，自然总有许多"有心人"对于这种时势生出种种的反动。如今看来，那时代的反动大约有三种：

第一，极端的破坏派。老子的学说，便是这一派，邓析的反对政府，也属于这一派。

第二，极端的厌世派。还有些人看见时势那样腐败，便灰心绝望，隐世埋名，宁愿做极下等的生活，不肯干预世事。这一派人，在孔子的时代，也就不少。所以孔子说：

> 贤者辟世，其次辟地，其次辟色，其次辟言。……作者七人矣。

1　即苏格拉底。

那《论语》上所记"晨门""荷蒉""丈人""长沮桀溺"都是这一派。接舆说：

> 凤兮！凤兮！何德之衰！
> 已而！已而！今之从政者殆而！

桀溺对子路说：

> 滔滔者，天下皆是也，而谁以易之？且而与其从辟人之士也，岂若从辟世之士哉？

第三，积极的救世派。孔子对于以上两派，都不赞成。他对于那几个避世的隐者，虽很原谅他们的志趣，终不赞成他们的行为。所以他批评伯夷、叔齐……柳下惠、少连诸人的行为，道："我则异于是，无可无不可。"他又听了长沮、桀溺的话，便觉得大失所望，因说道：

> 鸟兽不可与同群。吾非斯人之徒与，而谁与？天下有道，丘不与易也。

正因为"天下无道"，所以他才去栖栖遑遑地奔走，要想把无道变成有道。懂得这一层，方可懂得孔子的学说。

第四章

墨子

墨子略传

墨子姓墨名翟。有人说他是宋人，有人说他是鲁人。今依孙诒让说，定他为鲁国人。

欲知一家学说传授沿革的次序，不可不先考定这一家学说产生和发达的时代。如今讲墨子的学说，当先知墨子生于何时。这个问题，古今人多未能确定。有人说墨子"并孔子时"（《史记·孟荀列传》），有人说他是"六国时人，至周末犹存"（毕沅《墨子序》），这两说相差二百年，若不详细考定，易于使人误会。毕沅的话已被孙诒让驳倒了（《墨子间诂·非攻中》），不用再辩。孙诒让又说：

> 窃以今五十三篇之书推校之，墨子前及与公输般、鲁阳文子相问答，而后及见齐太公和（见《鲁问》篇，田和为诸侯，在周安王十六年），与齐康公兴乐（见《非乐上》。康公卒于安王二十年），与楚吴起之死（见《亲士》篇。在安王二十一年）。上距孔子之卒（敬王四十一年），几及百年。则墨子之后孔子益信。审核前后，约略计之墨子当与子思同时，而生年，尚在其后（子思生于鲁哀公二年，周敬王二十七年也）。盖生于周定王之初年，而卒于安王之季，盖八九十岁。（《墨子年表序》）

我以为孙诒让所考不如汪中考的精确。汪中说：

> 墨子实与楚惠王同时（《耕柱》篇、《鲁问》篇、《贵义》篇）……其年于孔子差后，或犹及见孔子矣。……《非攻》中篇言知伯以好战亡，事在春秋后二十七年。又言蔡亡，则为楚惠王四十二年。墨子并当时，及见其事。《非攻》下篇言："今天下好战之国，齐、晋、楚、越。"又言："唐叔、吕尚邦齐、晋，今与楚、越四分天下。"《节葬》下篇言："诸侯力征，南有楚越之王，北有齐晋之君。"明在勾践称霸之后（《鲁问》篇越王请裂故吴地方五百里以封墨子，亦一证），秦献公未得志之前，全晋之时，三家未分，齐未为陈氏也。《檀弓下》，"季康子之母死，公输般请以机封。"此事不得其年。季康子之卒在哀公二十七年。楚惠王以哀公七年即位。般固逮事惠王。《公输》篇："楚人与越人舟战于江。公输子自鲁南游楚作钩强以备越。"亦吴亡后楚与越为邻国事。惠王在位五十七年，本书既载其以老辞墨子，则墨子亦寿考人欤？（《墨子序》）

汪中所考都很可靠。如今且先说孙诒让所考的错处。

第一，孙氏所据的三篇书，《亲士》《鲁问》《非乐上》，都是靠不住的书。《鲁问》篇乃是后人所辑。其中说的"齐大王"，未必便是田和。即使是田和，也未必可信。例如《庄子》中说庄周见鲁哀公，难道我们便说庄周和孔丘同时么？《非乐》篇乃是后人补作的。其中屡用"是故子墨子曰，为乐非也"一句，可见其中引的历史事实，未必都是墨子亲见的。《亲士》篇和《修身》篇同是假书。内中说的全是儒家的常谈，哪有一句墨家的话。

第二，墨子绝不会见吴起之死。(《吕氏春秋·上德》篇)说吴起死时，阳城君得罪逃走了，楚国派兵来收他的国。那时"墨者钜子孟胜"替阳城君守城，遂和他的弟子一百八十三人都死在城内。孟胜将死之前，还先派两个弟子把"钜子"的职位传给宋国的田襄子，免得把墨家的学派断绝了。照这条看来，吴起死时，墨学久已成了一种宗教。那时"墨者钜子"传授的法子，也已经成为定制了。那时的"墨者"已有了新立的领袖。孟胜的弟子劝他不要死，说："绝墨者于世，不可。"要是墨子还没有死，谁能说这话呢？可见吴起死时，墨子已死了许多年了。

依以上所举各种证据，我们可定墨子大概生在周敬王二十年与三十年之间（公历纪元前500至前490年），死在周威烈王元年与十年之间（公历纪元前425至前416年）。墨子生时约当孔子五十岁、六十岁之间（孔子生公历纪元前551年）。到吴起死时，墨子已死了差不多四十年了。

以上所说墨子的生地和生时，很可注意。他生当鲁国，又当孔门正盛之时。所以他的学说，处处和儒家有关系。

《淮南要略》说：

墨子学儒者之业，受孔子之术，以为其礼烦扰而不悦，厚葬靡财而贫民，（久）服伤生而害事。

墨子究竟曾否"学儒者之业，受孔子之术"，我们虽不能确定，但是墨子所受的儒家的影响，一定不少（《吕氏春秋·当染》篇说史角之后在于鲁，墨子学焉。可见墨子在鲁国受过教育）。我想儒家自孔子死后，那一班孔门弟子不能传孔子学说的大端，都去讲究那丧葬小节。请看《礼记·檀弓》篇所记孔门大弟子子游、曾子的种种故事，哪一桩不是争一个极小极琐碎的礼节？（如"曾子吊于负夏"及"曾子袭裘而吊""子游裼裘而吊"诸条。）再看一部《仪礼》那种烦琐的礼仪，真可令今人骇怪。墨子生在鲁国，眼见这种种怪现状，怪不得他要反对儒家，自创一种新学派。墨子攻击儒家的坏处，约有四端：

儒之道足以丧天下者四政焉：儒以天为不明，以鬼为不神，天鬼不说。此足以丧天下。又厚葬久丧，重为棺椁，多为衣衾，送死若徙，三年哭泣，扶然后起，杖然后行，耳无闻，目无见。此足以丧天下。又弦歌鼓舞，习为声乐。此足以丧天下。又以命为有，贫富、寿夭、治乱、安危，有极矣，不可损益也。为上者行之，必不听治矣；为下者行之，必不从事矣。此足以丧天下。（《墨子·公孟》篇）

这个儒墨的关系是极重要不可忽略的。因为儒家不信鬼（孔子言："未知生，焉知死"，"未能事神，焉能事鬼"。又说："敬鬼神而远之。"《说苑》十八记子贡问死人有知无知，孔子曰：（"吾欲言死之有知也，恐孝子顺孙妨生以送死也。吾欲言死者无知，恐不孝子孙弃其亲而不葬也。赐欲知死人有知将无知也，死徐自知之，犹未晚也。"）此犹是怀疑主义（Agnosticism）。后来的儒家直说无鬼神。故《墨子·公孟》篇的公孟子曰："无鬼神。"此直是无神主义（Atheism），所以墨子倡"明鬼"论。因为儒家厚葬久丧，所以墨子倡"节葬"论。因为儒家重礼乐，所以墨家倡"非乐"论。因为儒家信天命（《论语》子夏说："死生有命，富贵在天。"孔子自己也说："不知命，无以为君子也。"又说："道之将行也与，命也。道之将废也与，命也。"），所以墨子倡"非命"论。

墨子是一个极热心救世的人，他看见当时各国征战的惨祸，心中不忍，所以倡为"非攻"论。他以为从前那种"弭兵"政策（如向戌的弭兵会），都不是根本之计。根本的"弭兵"，要使人人"视人之国，若视其国；视人之家，若视其家；视人之身，若视其身"。这就是墨子的"兼爱"论。

但是墨子并不是一个空谈弭兵的人，他是一个实行非攻主义的救世家。那时公输般替楚国造了一种云梯，将要攻宋。墨子听见这消息，从鲁国起程，走了十日十夜，赶到郢都去见公输般。公输般被他一说说服了，便送他去见楚王，楚王也被他说服了，就不攻宋了（参看《墨子·公输》篇）。公输般对墨子说："我不曾见你的时候，我想得宋国。自从我见了你之后，就是有人把宋国送给我，要是有一毫不义，我都不要了。"墨子说："……那样说来，仿佛是我已经把宋国给了你了。你若能努力行义，我还要把天下送给你咧。"（《鲁问》篇）

看他这一件事，可以想见他一生的慷慨好义，有一个朋友劝他道："如今天下的人都不肯做义气的事，你何苦这样尽力去做呢？我劝你不如罢了。"墨子说："譬如一个人有十个儿子，九个儿子好吃懒做，只有一个儿子尽力耕田。吃饭的人那么多，耕田的人那么少，那一个耕田的儿子便该格外努力耕田才好。如今天下的人都不肯做义气的事，你正该劝我多做些才好。为什么反来劝我莫做呢？"（《贵义》篇）这是何等精神！何等人格！那反对墨家最厉害的孟轲道："墨子兼爱，摩顶放踵利天下，为之。"这话本有责备墨子之意，其实是极恭维他的话。试问中国历史上，可曾有第二个"摩顶放踵利天下为之"的人么？

墨子是一个宗教家。他最恨那些儒家一面不信鬼神，一面却讲究祭礼丧礼。他说："不信鬼神，却要学祭礼，这不是没有客却行客礼么？这不是没有鱼却下网么？"（《公孟》篇）所以墨子虽不重丧葬祭祀，却极信鬼神，还更信天。他的"天"却不是老子的"自然"，也不是孔子的"天何言哉？四时行焉，百物生焉"的天。墨子的天，是有意志的。天的"志"就是要人兼爱。凡事都应该以"天志"为标准。

墨子是一个实行的宗教家。他主张节用，又主张废乐，所以他教人要吃苦修行。要使后世的墨者，都要"以裘褐为衣，以跂蹻为服，日夜不休，以自苦为极"。这是"墨教"的特色。《庄子·天下》篇批评墨家的行为，说：

> 墨翟、禽滑厘之意则是，其行则非也。将使后世之墨者，必自苦，以腓无胈、胫无毛相进而已矣。乱之上也，治之下也。

又却不得不称赞墨子道：

> 虽然，墨子真天下之好也。将求之不可得也，虽枯槁不舍也。才士也夫！

认得这个墨子，才可讲墨子的哲学。

《墨子》书今本有五十三篇，依我看来，可分作五组：

第一组，自《亲士》到《三辩》，凡七篇，皆后人假造的（黄震、宋濂所见别本，此七篇题曰经）。前三篇全无墨家口气，后四篇乃根本墨家的余论所作的。

第二组，《尚贤》三篇、《尚同》三篇、《兼爱》三篇、《非攻》三篇、《节用》两篇、《节葬》一篇、《天志》三篇、《明鬼》一篇、《非乐》一篇、《非命》三篇、《非儒》一篇，凡二十四篇。大抵皆墨者演墨子学说所作的。其中也有许多后人加入的材料。《非乐》《非儒》两篇更可疑。

第三组，《经》上下、《经说》上下、《大取》《小取》六篇。不是墨子的书，也不是墨者记墨子学说的书。我以为这六篇就是《庄子·天下》篇所说的"别墨"做的。这六篇中的学问，绝不是墨子时代所能发生的。况且其中所说和惠施、公孙龙的话最为接近。惠施、公孙龙的学说差不多全在这六篇里面。所以我以为这六篇是惠施、公孙龙时代的"别墨"做的。我从来讲墨学，把这六篇提出，等到后来讲"别墨"的时候才讲他们。

第四组，《耕柱》《贵义》《公孟》《鲁问》《公输》，这五篇，乃是墨家后人把墨子一生的言行辑聚来作的，就同儒家的《论语》一般。其中有许多材料比第二组还更为重要。

第五组，自《备城门》以下到《杂守》凡十一篇。所记都是墨家守城备敌的方法，于哲学没什么关系。

研究墨学的，可先读第二组和第四组，后读三组，其余二组，可以不必细读。

墨子的哲学方法

儒墨两家根本上不同之处，在于两家哲学的方法不同，在于两家的"逻辑"不同。《墨子·耕柱》篇有一条最形容得出这种不同之处：

叶公子高问政于仲尼，曰："善为政者若之何？"仲尼对曰："善为政者，远者近之，而旧者新之。"（《论语》作"近者悦，远者来。"）

子墨子闻之曰："叶公子高未得其问也，仲尼亦未得其所以对也。叶公子高岂不知善为政者之远者近之而旧者新之哉？问所以为之若之何也。……"

这就是儒墨的大区别，孔子所说是一种理想的目的，墨子所要的是一个"所以为之若之何"的进行方法。孔子说的是一个"什么"，墨子说的是一个"怎样"，这是一个大分别。《公孟》篇又说：

子墨子问于儒者，曰："何故为乐？"曰："乐以为乐也。"子墨子曰："子未我应也。今我问曰：'何故为室？'曰：'冬避寒焉，夏避暑焉，室以为男女之别也。'则子告我为室之故矣。今我问曰：'何故为乐'，曰：'乐以为乐也。'是犹曰：'何故为室？'曰：'室以为室也。'"

儒者说的还是一个"什么"，墨子说的是一个"为什么"。这又是一个大分别。

这两种区别，皆极重要。儒家最爱提出一个极高的理想的标准，作为人生的目的，如论政治，定说"君君、臣臣、父父、子子"；或说"近者悦，远者来"；这都是理想的目的，却不是进行的方法。如人生哲学则高悬一个"止于至善"的目的，却不讲怎样能使人止于至善。所说细目，如"为人君，止于仁；为人臣，止于敬；为人父，止于慈；为人子，止于孝；与国人交，止于信。"全不问为什么为人子的要孝，为什么为人臣的要敬；只说理想中的父子君臣朋友是该如此如此的。所以儒家的议论，总要偏向"动机"一方面。"动机"如俗话的"居心"。

孟子说的"君子之所以异于人者，以其存心也，君子以仁存心，以礼存心"。存心是行为的动机。《大学》说的诚意，也是动机。儒家只注意行为的动机，不注意行为的效果。推到了极端，便成董仲舒说的"正其谊不谋其利，明其道不计其功"。只说这事应该如此做，不问为什么应该如此做。

墨子的方法，恰与此相反。墨子处处要问一个"为什么"。例如造一所房子，先要问为什么要造房子。知道了"为什么"，方可知道"怎样做"。知道房子的用处是"冬避寒焉，夏避暑焉，室以为男女之别"，方可以知道怎样布置构造始能避风雨寒暑，始能分别男女内外。人生的一切行为，都是如此。如今人讲教育，上官下属都说应该兴教育，于是大家都去开学堂，招学生。大家都以为兴教育就是办学堂，办学堂就是兴教育，从不去问为什么该兴教育。因为不研究教育是为什么的，所以办学和视学的人也无从考究教育的优劣，更无从考究改良教育的方法。我去年回到内地，有人来说，我们村里，该开一个学堂。我问他为什么我们村里该办学堂呢？他说：某村某村都有学堂了，所以我们这里也该开一个。这就是墨子说的"是犹曰:何故为室? 曰:室以为室也"的理论。

墨子以为无论何种事物、制度、学说、观念,都有一个"为什么"。换言之,事事物物都有一个用处。知道那事物的用处,方才可以知道他的是非善恶。为什么呢? 因为事事物物既是为应用的,若不能应用,便失了那事那物的原意了,便应该改良了。例如墨子讲"兼爱",便说:

> 用而不可,虽我亦将非之。且焉有善而不可用者? (《兼爱下》)

这是说能应"用"的便是"善"的;"善"的能应"用"的。譬如我说这笔"好",为什么"好"呢? 因为能中写,所以"好"。又如我说这会场"好",为什么"好"呢? 因为他能最合开会讲演的"用",所以"好"。这便是墨子的"应用主义"。

应用主义又可叫作"实利主义"。儒家说:"义也者,宜也。"宜即是"应该"。凡是应该如此做的,便是"义"。墨家说:"义,利也。"(《经上》篇。参看《非攻下》首段)便进一层说,说凡事如此做法便可有利的即是"义的"。因为如此做才有利,所以"应该"如此做。义所以为"宜",正因其为"利"。

墨子的应用主义,所以容易被人误会,都因为人把这"利"字"用"字解错了。这"利"字并不是"财利"的利,这"用"也不是

"财用"的用。墨子的"用"和"利"都只指人生行为而言。如今且让他自己下应用主义的界说：

> 子墨子曰："言足以迁行者常之，不足以迁行者勿常。不足以迁行而常之，是荡口也。"（《贵义》篇）
>
> 子墨子曰："言足以复行者常之，不足以举行者勿常。不足以举行而常之，是荡口也。"（《耕柱》篇）

这两条同一意思，迁字和举字同义。《说文》说："迁，登也。"《诗经》有"迁于乔木"，《易》有"君子以见善则迁"，皆是"升高""进步"之意，和"举"字"抬高"的意思正相同（后人不解"举"字之义，故把"举行"两字连续，作一个动词解。于是又误改上一"举"字为"复"字）。六个"行"字，都该读去声，是名词，不是动词。六个"常"字，都与"尚"字通用（俞樾解《老子》"道可道非常道"一章说如此）。"常"是"尊尚"的意思。这两章的意思，是说无论什么理论，什么学说，须要能改良人生的行为，始可推尚。若不能增进人生的行为，便不值得推尚了。

墨子又说：

> 今瞽者曰："钜者，白也（俞云：钜当作岂。岂者皑之假字）。黔者，黑也。"虽明目者无以易之。兼白黑，使瞽取焉，不能知也。故我曰："瞽不知白黑"者，非以其名也，以其取也。

今天下之君子之名仁也，虽禹汤无以易之。兼仁与不仁，而使天下之君子取焉，不能知也。故我曰"天下之君子不知仁"者，非以其名也，亦以其取也。（《贵义》篇）

这话说得何等痛快？大凡天下人没有不会说几句仁义道德的话的，正如瞎子虽不曾见过白黑，也会说白黑的界说。须是到了实际上应用的时候，才知道口头的界说是没有用的。高谈仁义道德的人，也是如此。甚至有许多道学先生一味高谈王霸义利之辨，却实在不能认得韭菜和麦的分别。有时分别义利、辨入毫芒，及事到临头，不是随波逐流，便是手足无措。所以墨子说单知道几个好听的名词，或几句虚空的界说，算不得真"知识"。真"知识"在于能把这些观念来应用。

这就是墨子哲学的根本方法。后来王阳明的"知行合一"说，与此说多相似之点。阳明说："未有知而不行者。知而不行，只是未知。"很像上文所说"故我曰'天下之君子不知仁'者，非以其名也，亦以其取也"之意。但阳明与墨子有绝不同之处。阳明偏向"良知"一方面，故说："尔那一点良知，是尔自家的准则。尔意念着处，他是便知是，非便知非。"墨子却不然，他的是非的"准则"，不是心内的良知，乃是心外的实用。简单说来，墨子是主张"义外"说的，阳明是主张"义内"说的（义外义内说，见《孟子·告子》篇）。阳明的"知行合一"说，只是要人实行良知所命令。墨子的"知行合一"说，只是要把所知的能否实行，来定所知的真假，把所知的能否应用来定所知的价值。这是两人的根本区别。

墨子的根本方法，应用之处甚多，说得最畅快的，莫如《非攻》上篇。我且把这一篇妙文，抄来做我的"墨子哲学方法论"的结论罢。

今有一人，入人园圃，窃其桃李，众闻则非之，上为政者得则罚之。此何也？以亏人自利也。至攘人犬豕鸡豚者，其不义又甚入人园圃窃桃李。是何故也？以亏人愈多，其不仁兹甚，罪益厚。至入人栏厩，取人马牛者，其不仁义又甚攘人犬豕鸡豚。此何故也？以其亏人愈多。苟亏人愈多，其不仁兹甚，罪益厚。至杀不辜人也。扦其衣裘，取戈剑者，其不义又甚入人栏厩取人马牛。此何故也？以其亏人愈多。苟亏人愈多，其不仁兹甚矣，罪益厚。当此天下之君子皆知而非之，谓之不义。今至大为不义攻国，则弗知非，从而誉之，谓之义。此可谓知义与不义之别乎？

杀一人，谓之不义，必有一死罪矣；若以此说往，杀十人，十重不义，必有十死罪矣；杀百人，百重不义，必有百死罪矣。当此，天下之君子皆知而非之，谓之不义。今至大为不义攻国，则弗知非，从而誉之，谓之"义"。情不知其不义也，故书其言以遗后世。若知其不义也，夫奚说书其不义以遗后世哉？今有人于此，少见黑曰黑，多见黑曰白，则以此人不知白黑之辩矣。少尝苦曰苦，多尝苦曰甘，则必以此人为不知甘苦之辩矣。今小为非则知而非之，大为非攻国，则不知非，从而誉之，谓之义。此可谓知义与不义之辩乎？是以知天下之君子，辨义与不义之乱也。

三 表 法

上章讲的，是墨子的哲学方法。本章讲的，是墨子的论证法。上章是广义的"逻辑"，本章是那"逻辑"的应用。

墨子说：

言必立仪。言而毋仪，譬犹运钧之上而言朝夕者也，是非利害之辨不可得而明知也。故言必有三表。何谓三表？……有本之者，有原之者，有用之者。

于何本之？上本之于古者圣王之事。

于何原之？下原察百姓耳目之实。

于何用之？发以为刑政，观其中国家百姓人民之利。

此所谓言有三表也（《非命》上。参观《非命》中、下。《非命》中述三表有误。此盖后人所妄加）。

这三表之中，第一和第二有时倒置。但是第三表（实地应用）总是最后一表。于此可见墨子的注重"实际应用"了。

这个论证法的用法，可举《非命》篇作例：

第一表　本之于古者圣王之事。墨子说：

> 然而今天下之士君子，或以命为有。蓋（同盍）尝尚观于圣王之事？古者桀之所乱，汤受而治之。纣之所乱，武王受而治之。此世未易，民未渝，在于桀纣则天下乱，在于汤武则天下治，岂可谓有命哉？……先王之宪，亦尝有曰"福不可请而祸不可讳，敬无益，暴无伤"者乎？……先王之刑，亦尝有曰"福不可请而祸不可讳，敬无益，暴无伤"者乎？……先王之誓，亦尝有曰"福不可请而祸不可讳，敬无益，暴无伤"者乎？……（《非命上》）

第二表　原察百姓耳目之实。墨子说：

> 我所以知命之有亡者，以众人耳目之情知有亡。有闻之，有见之，谓之有。莫之闻，莫之见，谓之亡。……自古以及今……亦尝有见命之物、闻命之声者乎？则未尝有也。……（《非命中》）

第三表　发以为刑政，观其中国家百姓人民之利。最重要的还是这第三表。墨子说：

执有命者之言曰:"上之所赏,命固且赏,非贤故赏也。上之所罚,命固且罚,非暴故罚也。"……是故治官府则盗窃,守城则崩叛;君有难则不死,出亡则不送。……昔上世之穷民,贪于饮食,惰于从事,是以衣食之财不足,而饥寒冻馁之忧至。不知曰:"我罢不肖,从事不疾";必曰:"吾命固且贫。"昔上世暴王……亡失国家,倾覆社稷,不知曰:"我罢不肖,为政不善";必曰"吾命固失之。"……今用执有命者之言,则上不听治,下不从事。上不听治,则政乱;下不从事,则财用不足。……此特凶言之所自生而暴人之道也。(《非命上》)

学者可参看《明鬼》下篇这三表的用法。

如今且仔细讨论这三表的价值。我们且先论第三表。第三表是"实际上的应用",这一条的好处,上章已讲过了。如今且说他的流弊。这一条的最大的流弊在于把"用"字"利"字解得太狭了,往往有许多事的用处或在几百年后始可看出;或者虽用在现在,他的真用处不在表面上,却在骨子里。譬如《墨子·非乐》,说音乐无用。为什么呢? 因为(一)费钱财,(二)不能救百姓的贫苦,(三)不能保护国家,(四)使人养成奢侈的习惯。后来有一个程繁驳墨子道:

昔者诸侯倦于听治,息于钟鼓之乐;……农夫春耕夏耘秋收冬藏，息于瓴缶之乐。今夫子曰"圣王不为乐"，此譬之犹马驾而不税，弓张而不弛，无乃非有血气者之所不能至邪？（《三辩》）

这一问也从实用上作根据。墨子生来是一个苦行救世的宗教家，性有所偏，想不到音乐的功用上去，这便是他的非乐论的流弊了。

次论第二表。这一表（百姓耳目之实）也有流弊：（一）耳目所见所闻，是有限的。有许多东西，例如《非命》篇的"命"是看不见听不到的。（二）平常人的耳目最易错误迷乱。例如鬼神一事，古人小说上说得何等凿凿有据。我自己的朋友也往往说曾亲眼看见鬼，难道我们就可断定有鬼么？（看《明鬼》篇）但是这一表虽然有弊，却极有大功用。因为中国古来哲学不讲耳目的经验，单讲心中的理想。例如老子说的"不出户，知天下；不窥牖，见天道。其出弥远，其知弥少"。孔子虽说"学而不思则罔，思而不学则殆"，但是他所说的"学"，大都是读书一类，并不是"百姓耳目之实"。直到墨子始大书特书地说道：

天下之所以察知有与无之道者，必以众之耳目之实知有与亡为仪者也。诚或闻之见之，则必以为有。莫闻莫见，则必以为无。（《明鬼》）

这种注重耳目的经验，便是科学的根本。

次说第一表。第一表是"本之于古者圣王之事"。墨子最恨儒者"复古"的议论，所以《非儒》篇说：

> 儒者曰："君子必古言服，然后仁。"
>
> 应之曰："所谓古之言服者，皆尝新矣。而古人言之服之，则非君子也。"

墨子既然反对"复古"，为什么还要用"古者圣王之事"来作论证的标准呢？

原来墨子的第一表和第三表是同样的意思，第三表说的是现在和将来的实际应用，第一表说的是过去的实际应用。过去的经验阅历，都可为我们做一面镜子。古人行了有效，今人也未尝不可仿效；古人行了有害，我们又何必再去上当呢？所以说：

> 凡言凡动，合于三代圣王尧舜禹汤文武者，为之。
>
> 凡言凡动，合于三代暴王桀纣幽厉者，舍之。（《贵义》）

这并不是复古守旧，这是"温故而知新"，"彰往而察来"。《鲁问》篇说：

> 彭轻生子曰："往者可知，来者不可知。"子墨子曰："藉

设而亲在百里之外，则遇难焉。期以一日也，及之则生，不及则死。今有固车良马于此，又有驽马四隅之轮于此，使子择焉，子将何乘？"对曰："乘良马固车，可以速至。"子墨子曰："焉在不知来？"（从卢校本）

这一条写过去的经验的效用。例如"良马固车可以日行百里"，"驽马四隅之轮不能行路"，都是过去的经验。有了这种经验，便可知道我如今驾了"良马固车"，今天定可趋一百里路。这是"彰往以察来"的方法。一切科学的律令，都与此同理。

第五章

杨朱

《杨朱》篇

  《列子》的第七篇名为《杨朱》篇，所记的都是杨朱的言语行事。《列子》这部书是最不可信的。但是我看这一篇似乎还可信。其中虽有一些不可靠的话，大概是后人加入的（如杨朱见梁王谈天下事一段，年代未免太迟了。杨朱大概不及见梁王），但这一篇的大体似乎可靠。第一，杨朱的"为我主义"是有旁证的（如孟子所说），此书说他的为我主义颇好。第二，书中论"名实"的几处，不是后世所讨论的问题，确是战国时的问题。第三，《列子》八篇之中只有这一篇专记一个人的言行。或者当时本有这样一种记杨朱言行的书，后来被编造《列子》的人糊涂拉入《列子》里面，凑成八篇之数。此如张仪说秦王的书（见《战国策》），如今竟成了《韩非子》的第一篇。——以上三种理由，虽不甚充足，但当时实有这一种极端的为我主义，这是我们所公认的。当时实有杨朱这个人，这也是我们所公认的。所以我们不妨暂且把《杨朱》篇来代表这一派学说。

杨　朱

  杨朱的年代颇多异说。有的说他上可以见老聃，有的说他下可以见梁王。据《孟子》所说，那时杨朱一派的学说已能和儒家、墨家三分中国，大概那时杨朱已死了。《杨朱》篇记墨子弟子禽子与杨朱问答，此节以哲学史的先后次序看来，似乎不甚错。大概杨朱的年代当在公历纪元前440年与前630年之间。

杨朱的哲学，也是那个时势的产儿。当时的社会政治都是很纷乱的，战事连年不休，人民痛苦不堪。这种时代发生一种极端消极的哲学，是很自然的事。况且自老子以后，"自然主义"逐渐发达。老子一方面主张打破一切文物制度，归于无知无欲的自然状态；但老子一方面又说要"虚其心，实其腹"，"为腹不为目"，"甘其食，美其服"。可见老子所攻击的是高等的欲望，他并不反对初等的嗜欲。后来杨朱的学说便是这一种自然主义的天然趋势了。

无名主义

杨朱哲学的根本方法在于他的无名主义。他说："实无名，名无实。名者，伪而已矣。"又说："实者，固非名之所与也。"中国古代哲学史上，"名实"两字乃是一个极重要的问题。如今先解释这两个字的意义，再略说这个问题的历史。按《说文》"实，富也。从宀贯（指繁体字），贯为货物"。又："寔，止也（段玉裁改作"正也"，非也），从宀，是声。"止字古通"此"字。《说文》："此，止也。"《诗经·召南》毛传与《韩奕》郑笺皆说："寔，是也。"又《春秋》桓六年，"寔来。"《公羊传》曰："寔来者何？ 犹云是人来也。"
《穀梁传》曰："寔来者，是来也。"寔字训止，训此，训是，训是
人，即是白话的"这个"。古文实寔两字通用。《公孙龙子》说：
"天地与其所产焉，物也。物以物其所物而不过焉，实也。"名学
上的"实"字，含有"寔"字"这个"的意思和"实"字"充实"的意
思。两义合起来说，"实"即是"这个物事"。天地万物每个都是一
个"实"。每一个"实"的称谓便是那实的"名"。《公孙龙子》说：
"夫名，实谓也。"同类的实，可有同样的名。你是一个实，他是
一个实，却同有"人"的名。如此看来，可以说实是个体的，特别
的；名是代表实的、共相的（虽私名〔本名〕也是代表共相的。例
如"梅兰芳"代表今日的梅兰芳和今年、去年、前年的梅兰芳。类
名更不用说了）。有了代表共相的名，可以包举一切同名的事物。
所以在人的知识上，名的用处极大。老子最先讨论名的用处，但
老子主张"无知无欲"，故要人复归于"无名之朴"。孔子深知名
的用处，故主张正名，以为若能正名，便可用全称的名，来整治
个体的事物。

儒家所注重的名器、礼仪、名分等等，都是正名的手续。墨子
注重实用，故提出一个"实"字，攻击当时的君子"誉义之名而不
察其实"。杨朱更趋于极端，他只承认个体的事物（实），不认全称
的名。所以说："实无名，名无实。名者，伪而已矣。"伪是"人为
的"。一切名都是人造的，没有实际的存在。故说"实无名，名无
实"。这种学说，最近西洋的"唯名主义"（Nominalism）。唯名主

义以为"名"不过是人造的空名，没有实体，故唯名论其实即是无名论。无名论的应用有两种趋势：一是把一切名器礼文都看作人造的虚文。一是只认个人的重要，轻视人伦的关系，故趋于个人主义。

为　我

杨朱的人生哲学只是一种极端的"为我主义"。杨朱在哲学史上占一个重要的位置，正因为他敢提出这个"为我"的观念，又能使这个观念有哲学上的根据。他说：

> 有生之最灵者，人也。人者，爪牙不足以供守卫，肌肤不足以自捍御，趋走不足以逃利害，无毛羽以御寒暑，必将资物以为养，性任智而不恃力。故智之所贵，存我为贵；力之所贱，侵物为贱。

这是为我主义的根本观念。一切有生命之物，都有一个"存我的天性"。植物、动物都同具此性，不单是人所独有。一切生物的进化，形体的变化，机能的发达，都由于生物要自己保存自己，故不得不变化，以求适合于所居的境地。人类知识发达，群众的观念也更发达，故能于"存我"观念之外，另有"存群"的观念；不但要保存自己，还要保存家族、社会、国家；能保存得家族、社会、国家，方可使自己的生存格外稳固。后来成了习惯，社会往往极力提倡爱群主义，使个人崇拜团体的尊严，终身替团体尽力，从此遂把"存我"的观念看作不道德的观念。试看社会提倡"殉夫""殉君""殉社稷"等等风俗，推尊为道德的行为，便可见存我主义所以不见容的原因了。其实存我观念本是生物天然的趋向，本身并无什么不道德。杨朱即用这个观念作为他的"为我主义"的根据。他又恐怕人把自我观念者看作损人利己的意思，故刚说："智之所贵，存我为贵。"忙接着说："力之所贱，侵物为贱。"他又说：

> 古之人损一毫利天下，不与也。悉天下奉一身，不取也。人人不损一毫，人人不利天下，天下治矣。

杨朱的为我主义，并不是损人利己。他一面贵"存我"，一面又贱"侵物"；一面说"损一毫利天下，不与也"，一面又说"悉天下奉一身，不取也"。他只要"人人不损一毫，人人不利天下"。这是杨朱的根本学说。

悲　观

杨朱主张为我。凡是极端为我的人，没有一个不抱悲观的。你看杨朱说：

百年寿之大齐。得百年者，千无一焉。设有一者，孩抱以逮昏老，几居其半矣。夜眠之所弭，昼觉之所遗，又几居其半矣。痛疾、哀苦、亡失、忧惧，又几居其半矣。量十数年之中，逌然而自得，亡介焉之虑者，亦亡一时之中尔。则人之生也奚为哉？奚乐哉？为美厚尔，为声色尔。而美厚复不可常厌足，声色不可常玩闻，乃复为刑赏之所禁劝，名法之所进退。遑遑尔，竞一时虚誉，规死后之余荣；偶偶尔，慎耳目之观听，惜身意之是非；徒失当年之至乐，不能自肆于一时，重囚累梏，何以异哉？

太古之人，知生之暂来，知死之暂往。故从心而动，不违自然所好；当身之娱，非所去也，故不为名所劝。从性而游，不逆万物所好，死后之名，非所取也，故不为刑所及。名誉先后，年命多少，非所量也。

又说：

万物所异者，生也。所同者，死也。生则贤愚贵贱，是所异也。死则臭腐消灭，是所同也。……十年亦死，百年亦死；仁圣亦死，凶愚亦死。生则尧舜，死则腐骨；生则桀纣，死则腐骨。腐骨一也，孰知其异？且趣当生，奚遑死后？

大概这种厌世的悲观，也都是时势的反动。痛苦的时势，生命财产朝不保夕，自然会生出两种反动：一种是极端苦心孤行的救世家，像墨子、耶稣一流人；一种就是极端悲观的厌世家，像杨朱一流人了。

养 生

上文所引"从心而动，不违自然所好；……从性而游，不逆万物所好"，已是杨朱养生论的大要。杨朱论养生，不要太贫，也不要太富。太贫了"损生"，太富了"累身"。

> 然则……其可焉？在曰：可在乐生，可在逸身。善乐生者不窭，逸身者不殖。

又托为管夷吾说养生之道：

> 肆之而已，勿壅勿阏……恣耳之所欲听，恣目之所欲视，恣鼻之所欲向，恣口之所欲言，恣体之所欲安，恣意之所欲行。

又托为晏平仲说送死之道：

既死岂在我哉？焚之亦可，沉之亦可，瘗之亦可，露之亦可，衣薪而弃诸沟壑亦可，衮衣绣裳而纳诸石椁亦可：唯所遇焉。

杨朱所主张的只是"乐生""逸身"两件。他并不求长寿，也不求不死。

孟孙阳问杨子曰："有人于此，贵生爱身以蕲不死，可乎？"曰："理无不死。"

"以蕲久生，可乎？"曰："理无久生。……且久生奚为？五情所好恶，古犹今也；四体安危，古犹今也；世事苦乐，古犹今也；变易治乱，古犹今也。既见之矣，既闻之矣，百年犹厌其多，况久生之苦也乎？"

孟孙阳曰："若然，速亡愈于久生，则践锋刃，入汤火，得所志矣。"杨子曰："不然。既生则废而任之，究其所欲以俟于死。将死则废而任之，究其所之以放于尽。无不废，无不任，何遽迟速于其间乎？"

不求久生不死，也不求速死，只是"从心而动，任性而游"。这是杨朱的"自然主义"。

第六章

别墨

墨辩与别墨

墨学的传授，如今已不能详细考究（参看孙诒让《墨子间诂》附录《墨学传授考》）。《韩非子·显学》篇说：

> 自墨子之死也，有相里氏之墨，有相夫氏之墨，有邓陵氏之墨。

《庄子·天下》篇说：

> 相里勤子弟子，五侯之徒；南方之墨者，苦获、己齿、邓陵子之属，俱诵《墨经》而倍诵不同，相谓"别墨"；以坚白同异之辩相訾，以觭偶不仵之辞相应（谲，崔云决也。訾，通呰。《说文》："呰，苛也"。苛与诃同。觭即奇。《说文》："奇，不耦也。"《释文》："仵，同也。"应，《说文》云，"当也"。又"雠，应也"。相应即相争辩）。以"巨子"为圣人，皆愿为之尸，冀得为其后世，至今不决。

古书说墨家传授派别的，只有这两段。两处所说，互相印证。今列表如下：

据《韩非子》墨学

墨学 {
相里氏
相夫氏
邓陵氏
}

据《天下》篇墨学

墨学 {
相里勤 —— 五侯之徒
南方之墨者 {
苦获
己齿
邓陵氏
}
}

最重要的是《天下》篇所说，墨家的两派"俱诵《墨经》而倍谲不同，相谓别墨，以坚白同异之辩相訾，以觭偶不仵之辞相应"。细看这几句话，可见今本《墨子》里的《经》上下、《经说》上下、《大取》、《小取》六篇是这些"别墨"作的。有人说这六篇即是《天下》篇所说的《墨经》；别墨既俱诵《墨经》，可见《墨经》作于"别墨"之前，大概是墨子自著的了。我以为这一段文字不当如此解说。《墨经》不是上文所举的六篇，乃是墨教的经典如《兼爱》《非攻》之类。后来有些墨者虽都诵《墨经》，虽都奉墨教，却大有"倍谲不同"之处。这些"倍谲不同"之处，都由于墨家的后人，于"宗教的墨学"之外，另分出一派"科学的墨学"。这一派科学的墨家所研究讨论的，有"坚白同异""觭偶不仵"等等问题。这一派的墨学与宗教的墨学自然"倍谲不同"了，于是他们自己相称为"别墨"（别墨犹言"新墨"。柏拉图之后有"新柏拉图学派"。近世有

"新康德派"，有"新海智尔[1]派"）。"别墨"即是那一派科学的墨学。

他们所讨论的"坚白之辩"（坚属于形，白属于色。两种同为物德，但一属视官，一属触官，当时辩这种分别甚明），"同异之辩"（名学一切推论，全靠同异两事。故当时讨论这问题甚详），和"觭偶不仵之辞"（《释文》说："仵，同也。"《集韵》："仵，偶也。"《玉》篇："仵，偶敌也。"《汉书·律历志》注："伍，耦也。"是伍仵两字古相通用。中国文字没有单数和众数的区别，故说话推论，都有不便之处。墨家很注意这个问题，《小取》篇说："一马，马也，二马，马也。马四足者，一马而四足也，非两马而四足也。马或白者，二马而或白也，非一马而或白也。此乃一是而一非也。"这是说"觭偶不仵"最明白的例），如今的《经》上下、《经说》上下、《大取》、《小取》六篇，很有许多关于这些问题的学说。所以我以为这六篇是这些"别墨"的书（《天下》篇仅举两派，不及相夫氏，或者相夫氏之墨仍是宗教的墨学。"别墨"之名，只限于相里氏及南方的墨者如邓陵氏之流）。晋人有个鲁胜，曾替《经》上下、《经说》上下四篇作注，名为《墨辩注》。我如今用他的名词，统称这六篇为《墨辩》，以别于墨教的"墨经"（我对于"别墨""墨经""墨辩"三个问题的主张，一年以来，已变了几次。此为最近研究所得，颇可更正此书油印本及墨家哲学讲演录所说的错误）。

至于这六篇绝非墨子所作的理由，约有四端：

1　Hegel，通译"黑格尔"，下同。

（一）文体不同。这六篇的文体、句法、字法，没有一项和《墨子》书的《兼爱》《非攻》《天志》……诸篇相像的。

（二）理想不同。墨子的议论，往往有极鄙浅可笑的。例如《明鬼》一篇，虽用"三表"法，其实全无论理。这六篇便大不同了。六篇之中，全没有一句浅陋迷信的话，全是科学家和名学家的议论。这可见这六篇书，绝不是墨子时代所能作得出的。

（三）"墨者"之称。《小取》篇两称"墨者"。

（四）此六篇与惠施、公孙龙的关系。这六篇中讨论的问题，全是惠施、公孙龙时代的哲学家争论最烈的问题，如坚白之辩、同异之论之类。还有《庄子·天下》篇所举惠施和公孙龙等人的议论，几乎没有一条不在这六篇之中讨论过的（例如"南方无穷而有穷""火不热""目不见""飞鸟之影，未尝动也""一尺之棰，日取其半，万世不竭"之类，皆是也）。又如今世所传《公孙龙子》一书的《坚白》《通变》《名实》三篇，不但材料都在《经》上下、《经说》上下四篇之中，并且有许多字句文章都和这四篇相同。于此可见《墨辩》诸篇若不是惠施、公孙龙作的，一定是他们同时的人作的。所以孙诒让说这几篇的"坚白同异之辩"，则与公孙龙书及《庄子·天下》篇所述惠施之言相出入。又说："据《庄子》所言，则似战国时墨家别传之学，不尽墨子之本指。"

这六篇《墨辩》乃是中国古代名学最重要的书。古代本没有什么"名家"，无论哪一家的哲学，都是一种为学的方法。这个方法，便是这一家的名学（逻辑）。所以老子要无名，孔子要正名，墨子说"言有三表"，杨子说"实无名，名无实"，公孙龙有《名实论》，荀子有《正名》篇，庄子有《齐物论》，尹文子有《刑名》之论：这都是各家的"名学"。因为家家都有"名学"，所以没有什么"名家"。不过墨家的后进如公孙龙之流，在这一方面，研究的比别家稍为高深一些罢了。不料到了汉代，学者如司马谈、刘向、刘歆、班固之流，只晓得周秦诸子的一点皮毛糟粕，却不明诸子的哲学方法。于是凡有他们不能懂的学说，都称为"名家"。却不知道他们叫作"名家"的人，在当日都是墨家的别派。正如亚里士多德是希腊时代最注重名学的人，但是我们难道可以叫他作"名家"吗？（《汉书·艺文志》九流之别是极不通的。说详吾所作《诸子不出于王官论》，《太平洋》第一卷七号。）

如今且说这六篇《墨辩》的性质。

第一，《经上》《经说上》。《经上》篇全是界说，文体和近世几何学书里的界说相像。原文排作两行，都要"旁行"读去。例如"故，所得而后成也。止，以久也。体，分于兼也。必，不已也。"须如下读法：

（1）故，所得而后成也。　　（50）止，以久也。

（2）体，分于兼也。　　　　（51）必，不已也。

《经说上》篇乃是《经上》的详细解释。《经上》全是很短的界说，不容易明白，所以必须有详细的说明，或举例设譬使人易晓，《经说上》却不是两行的，也不是旁行的。自篇首到篇中"户枢免瑟"一句（《间诂》十，页十七至二十二下），都是《经上》篇上行的解释。自"止，无久之不止"（页二十二下）到篇末，是《经上》篇下行的解说。所以上文举例"故，所得而后成也"的解说在十七页，"止，以久也"的解说却在二十二页上。若以两行写之，可得下式。

《经》文上行	《经说》	《经》文下行	《经说》
故，所得而后成也。	故。小故有之不必然，无之必不然，体也，若有端。大故，有之必无然，若见之成见也。	止，以久也。	止。无久之不止，当牛非马，若矢过楹。有久之不止，当马非马，若人过梁。

第二，《经下》《经说下》。《经下》篇全是许多"定理"，文体极像几何学书里的"定理"。也分作两行，旁行读。《经说下》是《经下》的详细说明，读法如《经说上》。自篇首（页三十一下）到"应有深浅大常中"（适校当作"大小不中"，页四十六止），说明《经下》上行的各条。此以下，说明下行各条。

第三，《大取》。《大取》篇最难读，里面有许多错简，又有许多脱误。但是其中却也有许多极重要的学说。学者可选读那些可读的，其余的不可读的，只好暂阙疑了。

第四，《小取》。《小取》篇最为完全可读。这一篇和前五篇不同，并不是一句一条的界说，乃是一篇有条理有格局的文章。全篇分九节。

（一）至"不求诸人"，总论"辩"。

（二）至"吾岂谓也者异也"，论"辩"之七法。

（三）至第一个"则不可偏观也"，论辟、侔、援、推四法之谬误。

（四）至"非也"共四十八字，衍二十二字。总论立辞之难，总起下文。

（五）论"物或是而然"。

（六）论"或是而不然"。

（七）论"或不是而然"。原文作"此乃是而然"，似有误。

（八）论"一周而一不周"。

（九）论"一是而一非"。

墨学结论

我们已讲了墨学的两派：一是宗教的墨学，一是科学 — 哲学的墨学。如今且讲墨学的灭亡和所以灭亡的原因。

当韩非之时，墨学还很盛。所以《韩非子·显学》篇说："世之显学，儒墨也。"韩非死于秦始皇十四年，当公历前233年。到司马迁作《史记》时，不过一百五十年，那时墨学早已消灭，所以《史记》中竟没有墨子的列传。《孟子·荀卿列传》中说到墨子的一生，只有二十四个字。那轰轰烈烈，与儒家中分天下的墨家，何以消灭得这样神速呢？这其中的原因，定然很复杂，但我们可以悬揣下列的几个原因：

第一，由于儒家的反对。墨家极力攻击儒家，儒家也极力攻击墨家。孟子竟骂墨子"兼爱"为"无父"，为"禽兽"。汉兴以后，儒家当道，到汉武帝初年竟罢黜百家，独尊孔氏。儒家这样盛行，墨家自然没有兴盛的希望了（参看《荀子》攻击墨家之语，及《孔丛子·诘墨》篇）。

第二，由于墨家学说之遭政客猜忌。其实墨学在战国末年，已有衰亡之象。那时战争最烈，各国政府多不很欢迎兼爱非攻的墨家。《管子》（是战国末年的伪书）中《立政》篇说：

> 寝兵之说胜，则险阻不守。兼爱之说胜，则士卒不战。

又《立政九败解》说：

> 人君唯毋（唯毋二字合成一语辞，有唯字义。说详《读书杂志》）听寝兵，则群臣宾客莫敢言兵。……人君唯毋听兼爱之说，则视天下之民如其民，视国如吾国（语略同《兼爱上》）。如是，则……射御勇力之士不厚禄，覆军杀将之臣不贵爵。……

又《韩非子·五蠹》篇说：

故不相容之事，不两立也。斩敌者受赏，而高慈惠之行；拔城者受爵禄，而信兼爱之说……举行如此，治强不可得也。

这都是指墨家说的。可见那时墨学不但不见容于儒家，并且遭法家政客的疾忌。这也是墨学灭亡的一个大原因。

第三，由于墨家后进的"诡辩"太微妙了。别墨惠施、公孙龙一般人，有极妙的学说。不用明白晓畅的文字来讲解，却用许多极怪僻的"诡辞"，互相争胜，"终身无穷"。那时代是一个危急存亡的时代，各国所需要的乃是军人、政客两种人才，不但不欢迎这种诡辩，并且有人极力反对。如《韩非子·五蠹》篇说：

且世之所谓智者，微妙之言也。微妙之言，上智之所难知也。……夫治世之事，急者不得，则缓者非所务也。今所治之政，民间夫妇所明知者不用，而慕上知之论，则其于治反矣。故微妙之言，非民务也。

又《吕氏春秋》说，公孙龙与孔穿论"臧三耳"（本作藏三牙。今据《孔丛子》正），明日，孔穿对平原君说：

谓臧三耳甚难而实非也。谓臧两耳甚易而实是也。不知君将从易而是者乎？将从难而非者乎？

又《韩非子·问辩》篇说：

> 夫言行者，以功用为之的彀者也。……乱世之听言也，以难知为察，以博文为辩。…… 是以 …… 坚白无厚之辞章，而宪令之法息。

这都是说别墨与公孙龙一般人的论辩，太"微妙"了，不能应用。墨学的始祖墨翟立说的根本在于实际的应用，如今别家也用"功用"为标准，来攻击墨学的后辈，可谓"以其人之道，还治其人之身"了。这不但可见墨学灭亡的一大原因，又可见狭义的功用主义的流弊了。

第七章

庄子

庄子略传

　　庄子一生的事迹，我们不甚知道。据《史记》，庄子名周，是蒙人。曾做蒙漆园吏。《史记》又说他和梁惠王、齐宣王同时。我们知道他曾和惠施往来，又知他死在惠施之后。大概他死时当在公历纪元前275年左右，正当惠施、公孙龙两人之间。

　　《庄子》书，《汉书·艺文志》说有五十二篇。如今所存，只有三十三篇。共分内篇七，外篇十五，杂篇十一。其中内篇七篇，大致都可信。但也有后人加入的话。外篇和杂篇便更靠不住了。即如《胠箧》篇说田成子十二世有齐国。自田成子到齐亡时，仅得十二世（此依《竹书纪年》。若依《史记》，则但有十世耳）。可见此篇绝不是庄子自己作的。至于《让王》《说剑》《盗跖》《渔父》诸篇，文笔极劣，全是假托。这二十六篇之中，至少有十分之九是假造的。大抵《秋水》《庚桑楚》《寓言》三篇最多可靠的材料。《天下》篇是一篇绝妙的后序，却绝不是庄子自作的。其余的许多篇，大概都是后人杂凑和假造的了。

　　《庄子·天下》篇说：

　　　　寂漠无形，变化无常；死与？ 生与？ 天地并与？ 神明往与？ 芒乎何之？ 忽乎何适？ 万物毕罗，莫足以归：——古之道术有在于是者，庄周闻其风而悦之。以谬悠之说，荒唐之言，无端崖之辞，时恣纵而不傥，不以觭见之也。以天下为沉浊不可与庄语，以卮言为曼衍，以重言为真，以寓言为广。独与天地精神往来，而不敖倪于万物。不谴是非，以与世俗处。……上与造物者游，而下与外死生无终始者为友。其于本也，宏大而辟，深闳而肆。其于宗也，可谓稠适而上遂矣（《释文》云：稠音调，本亦作调）。虽然，其应于化而解于物也，其理不竭，其来不蜕，芒乎昧乎，未之尽者。

这一段评论庄子的哲学，最为简切精当。庄子的学说，只是一个"出世主义"。他虽与世俗处，却"独与天地精神往来……上与造物者游，而下与外死生、无终始者为友"。中国古代的出世派哲学至庄子始完全成立。我们研究他的哲学，且先看他的根据在什么地方。

庄子时代的生物进化论

万物变迁的问题

试看上文引的《天下》篇论庄子哲学的第一段便说："寂漠无形，变化无常；死与？生与？天地并与？神明往与？芒乎何之？忽乎何适？万物毕罗，莫足以归：——古之道术有在于是者。庄周闻其风而悦之。"可见庄子哲学的起点，只在一个万物变迁的问题。这个问题，从前的人也曾研究过。老子的"万物生于有，有生于无"，便是老子对于这问题的解决。孔子的"易"便是孔子研究这问题的结果。孔子以为万物起于简易而演为天下之至赜，又说刚柔相推而生变化：这便是孔子的进化论。但是老子孔子都不曾有什么完备周密的进化论，又都不注意生物进化的一方面。到了墨子以后，便有许多人研究"生物进化"一个问题。《天下》篇所记惠施、公孙龙的哲学里面，有"卵有毛""犬可以为羊""丁子有尾"诸条，都可为证。《墨子·经上》篇说"为"有六种：（一）存，（二）亡，（三）易，（四）荡，（五）治，（六）化。《经说上》解"化"字说："龟买，化也。"买有变易之义。《经上》又说："化，征易也。"《经说》解这条说："化，若龟化为鹑。"征字训验，训证，是表面上的征验。"征易"是外面的形状变了。两条所举，都是"龟化为鹑"一例。此又可见当时有人研究生物变化的问题了。但是关于这问题的学说，最详细最重要的却在《列子》《庄子》两部书里面。如今且先说《列子》书中的生物进化论。

《列子》书中的生物进化论

《列子》这部书本是后人东西杂凑的，所以这里面有许多互相冲突的议论。即如进化论，这书中也有两种。第一种说：

夫有形者生于无形，则天地安从生？故曰：有太易，有太初，有太始，有太素。太易者，未见气也。太初者，气之始也。太始者，形之始也。太素者，质之始也。气形质具而未相离，故曰浑沦。浑沦者，言万物相浑沦而未离也。视之不见，听之不闻，循之不得，故曰易也。易无形埒口，易变而为一，一变而为七，七变而为九。九变者，究也。乃复变而为一。一者形变之始也。清轻者，上为天。浊重者，下为地。……

这一大段全是《周易·乾凿度》的话（张湛注亦明言此。孔颖达《周易正义》引"夫有形者"至"故曰易也"一段，亦言引《乾凿度》，不言出自《列子》也）。《乾凿度》一书绝非秦以前的书，这一段定是后人硬拉到《列子》书中去的。我们且看那第二种进化论如何说法：

有生，不生；有化，不化。不生者能生生；不化者能化化。……不生者疑独，不化者往复。往复，其际不可终。疑独，其道不可穷。……故生物者不生，化物者不化。自生、自化、自形、自色、自智、自力、自消、自息谓之生、化、形、色、智、力、消、息者，非也。……故有生者，有生生者；有形者，有形形者；有声者，有声声者；有色者，有色色者；有味者，有味味者。生之所生者，死矣，而生生者未尝终。形之所形者，实矣，而形形者未尝有。声之所声者，闻矣，而声声者未尝发。色之所色者，彰矣，而色色者未尝显。味之所味者，尝矣，而味味者未尝呈。皆"无"为之职也。能阴能阳，能柔能刚；能短能长，能圆能方；能生能死，能暑能凉；能浮能沉，能宫能商；能出能没，能玄能黄；能甘能苦，能膻能香。无知也，无能也，而无不知也，而无不能也。（《列子·天瑞》篇）

"疑独"的疑字，前人往往误解了。《说文》有两个疑字：一个作钇，训"定也"（从段氏说）。一个作疑，训"惑也"。后人把两字并成一字。这段的疑字，如《诗经》"靡所止疑"及《仪礼》"疑立"的疑字，皆当作"定"解。疑独便是永远单独存在。

这一段说的是有一种"无"：无形、无色、无声、无味，却又是形声色味的原因；不生、不化，却又能生生化化。因为他自己不生，所以永久是单独的（疑独）。因为他自己不化，所以化来化去终归不变（往复）。这个"无"可不是老子的"无"了。老子的"无"是虚空的空处。《列子》书的"无"，是一种不生、不化，无形色声味的原质。一切天地万物都是这个"无"自生、自化、自形、自色、自智、自力、自消、自息的结果。

既然说万物"自生、自化、自形、自色、自智、自力、自消、自息"，自然不承认一个主宰的"天"了。《列子》书中有一个故事，最足破除这种主宰的天的迷信：

齐田氏祖于庭，食客千人，中坐有献鱼雁者。田氏视之，乃叹曰："天之于民厚矣！殖五谷，生鱼鸟，以为之用。"众客和之如响。鲍氏之子年十二，预于次，进曰："不如君言。天地万物与我并生，类也。类无贵贱，徒以大小智力而相制，迭相食，非相为而生之。人取可食者而食之，岂天本为人生之？且蚊蚋噆肤，虎狼食肉，岂天本为蚊蚋生人，虎狼生肉者哉？"（《说符》篇）

此即是老子"天地不仁，以万物为刍狗"和邓析"天之于人无厚也"的意思。这几条都不认"天"是有意志的，更不认"天"是有"好生之德"的。《列子》书中这一段更合近世生物学家所说优胜劣败、适者生存的话。

庄子书中的生物进化论

《庄子·秋水》篇说：

> 物之生也，若骤若驰，无动而不变，无时而不移。何为乎？何不为乎？夫固将自化。

"自化"二字，是《庄子》生物进化论的大旨。《寓言》篇说：

> 万物皆种也，以不同形相禅。始卒若环，莫得其伦。是
> 谓天均。

"万物皆种也，以不同形相禅"，这十一个字竟是一篇"物种由来"。他说万物本来同是一类，后来才渐渐地变成各种"不同形"的物类。却又并不是一起首就同时变成了各种物类。这些物类都是一代一代地进化出来的，所以说"以不同形相禅"。

这条学说可与《至乐》篇的末章参看。《至乐》篇说：

> 种有几（几读如字。《释文》居岂反，非也。郭注亦作几何之几解，亦非也），得水则为𩇨。得水土之际，则为蛙蠙之衣。生于陵屯，则为陵舄。陵舄得郁栖，则为乌足。乌足之根为蛴螬，其叶为胡蝶。胡蝶，胥也，化而为虫，生于灶下，其状若脱，其名为鸲掇。鸲掇千日，为鸟，其名为乾余骨。乾余骨之沫为斯弥，斯弥为食醯。颐辂生乎食醯。黄軦生乎九猷，瞀芮生乎腐蠸。羊奚比乎不箰久竹，生青宁。青宁生程，程生马，马生人，人又反入于机。万物皆出于机，皆入于机。（此一节亦见《列子·天瑞》篇。惟《列子》文有误收后人注语之处，故更不可读。今但引《庄子》书文。）

这一节，自古至今，无人能解。我也不敢说我懂得这段文字。但是其中有几个要点，不可轻易放过。

（一）"种有几"的几字，绝不作几何的几字解。当作几微的几字解。《易·系辞传》说："几者，动之微，吉（凶）之先见者也。"正是这个几字。几字从丝，丝字从幺，本像生物胞胎之形。我以为此处的几字是指物种最初时代的种子，也可叫作元子。

（二）这些种子，得着水，便变成了一种微生物，细如断丝，故名为蟨。到了水土交界之际，便又成了一种下等生物，叫作蛙蠙比之衣（司马彪云："物根在水土际，布在水中。就水上视之不见，按之可得。如张绵在水中。楚人谓之蛙蠙比之衣"）。到了陆地上，便变成了一种陆生的生物，叫作陵舄。自此以后，一层一层地进化，一直进到最高等的人类。这节文字所举的植物、动物的名字，如今虽不可细考了，但是这个中坚理论，是显而易见，毫无可疑的。

（三）这一节的末三句所用三个"机"字，皆当作"几"，即是上文"种有几"的几字。若这字不是承着上文来的，何必说"人又反入于机"呢。用"又"字和"反"字，可见这一句是回照"种有几"一句的。《易·系辞传》"极深而研几"一句，据《释文》一本几作机。可见几字误作机，是常有的事。从这个极微细的"几"一步一步地"以不同形相禅"，直到人类；人死了，还腐化成微细的"几"：所以说："万物皆出于机，皆入于机。"这就是《寓言》篇所说"始卒若环，莫得其伦"了。这都是天然的变化，所以叫作"天均"。

这种生物进化论，说万物进化，都是自生自灭，并无主宰。所以《齐物论》借影子作比喻。影说：

吾有待而然者耶？吾所待又有待而然者耶？

郭象说这一段最痛快。他说：

世或谓罔两待景，景待形，形待造物者。请问夫造物者，有耶？无耶？无也，则胡能造物哉？有也，则不足以物众形。故明乎众形之自物，而后始可与言造物耳。……故造物者无主，而物各自造。物各自造而无所待焉，此天地之正也。故彼我相因，形景俱生，虽复玄合，而非待也。明斯理也，将使万物各返所宗于体中而不待乎外。外无所谢而内无所矜，是以诱焉皆生而不知所以生；同焉皆得而不知所以得也。……

《知北游》篇也说：

有先天地生者，物邪？物物者非物，物出不得先物也。犹其有物也。"犹其有物也"无已（适按非物下疑脱一耶字）。

西方宗教家往往用因果律来证明上帝之说。以为有因必有果，有果必有因。从甲果推到乙因，从乙果又推到丙因……如此类推，必有一个"最后之因"。那最后之因便是万物主宰的上帝。不信上帝的人，也用这因果律来驳他道：因果律的根本观念是"因必有果，果必有因"一条。如今说上帝是因，请问上帝的因，又是什么呢？

若说上帝是"最后之因"，这便等于说上帝是"无因之果"，这便不合因果律了，如何还可用这律来证明有上帝呢！若说上帝也有因，请问"上帝之因"又以什么为因呢？这便是《知北游》篇说的"犹其有物也无已"。正如算学上的无穷级数，终无穷极之时，所以说是"无已"。可见万物有个主宰的天之说是不能成立的了。

进 化 之 故

生物进化，都由自化，并无主宰。请问万物何以要变化呢？这话《庄子》书中却不曾明白回答。《齐物论》说："恶识所以然？恶识所以不然？"这竟是承认不能回答这个问题了。但是《庄子》书中却也有许多说话和这问题有关。例如《齐物论》说：

> 民湿寝则腰疾偏死，鳅然乎哉？木处则惴栗恂惧，猿猴然乎哉？三者孰知正处？
> 民食刍豢，麋鹿食荐，蝍蛆甘带，鸱鸦嗜鼠。四者孰知正味？

又如《秋水》篇说：

> 骐骥骅骝一日而驰千里，捕鼠不如狸狌：言殊技也。鸱

鸱夜撮蚤，察毫末；昼出瞋目不见邱山：言殊性也。

这两节似乎都以为万物虽不同形，不同才性，不同技能，却各适合于自己所处的境遇。但《庄子》书中并不曾明说这种"适合"（Adaptation to environment）果否就是万物变迁进化的缘故。

这一层便是《庄子》生物进化论的大缺点。近世生物学者说生物所以变迁进化，都由于所处境遇（Environment）有种种需要，故不得不变化其形体机能，以求适合于境遇。能适合的，始能生存。不能适合，便须受天然的淘汰，终归于灭亡了。但是这个适合，有两种的分别：一种是自动的，一种是被动的。被动地适合，如鱼能游泳，鸟能飞，猿猴能升木，海狗能游泳，皆是。这种适合，大抵全靠天然的偶合，后来那些不能适合的种类都渐灭了，独有这些偶合的种类能繁殖，这便是"天择"了。自动地适合，是本来不适于所处的境遇，全由自己努力变化，战胜天然的境遇。如人类羽毛不如飞鸟，爪牙不如猛兽，鳞甲不如鱼鳖，却能造出种种器物制度，以求生存，便是自动地适合最明显的一例。《庄子》的进化论只认得被动地适合，却不去理会那更重要的自动地适合。所以说：

夫鹄不日浴而白，乌不日黔而黑。(《天运》)

又说：

何为乎？何不为乎？夫固将自化。(《秋水》)

又说：

化其万化而不知其禅之者，焉知其所终？焉知其所始？
正而待之而已耳。

这是完全被动的、天然的生物进化论。

庄子的名学与人生哲学

上章所述的进化论，散见于《庄子》各篇中。我们虽不能确定
这是庄周的学说，却可推知庄周当时大概颇受了这种学说的影响。
依我个人看来，庄周的名学和人生哲学都与这种完全天然的进化
论很有关系。如今且把这两项分别陈说如下。

庄子的名学

庄子曾与惠施往来。惠施曾说："万物毕同毕异：此之谓大同
异。"但是惠施虽知道万物毕同毕异，他却最爱和人辩论，"终身

无穷"。庄周既和惠施来往，定然知道这种辩论。况且那时儒墨之争正烈，自然有许多激烈的辩论。庄周是一个旁观的人，见了这种争论，觉得两边都有是有非，都有长处，也都有短处。所以他说：

> 道恶乎隐而有真伪？ 言恶乎隐而有是非？ 道恶乎往而不存？ 言恶乎存而不可？ 道隐于小成，言隐于荣华，故有儒墨之是非，以是其所非而非其所是。(《齐物论》)

"小成"是一部分不完全的；"荣华"是表面上的浮词。因为所见不远，不能见真理的全体；又因为语言往往有许多不能免的障碍陷阱，以致儒墨两家各是其是而非他人所是，各非其非而是他人所非。其实都错了。所以庄子又说：

> 辩也者有不见止。(同上)

又说：

> 大知闲闲(《简文》云：广博之貌)，小知间间(《释文》云：有所间别也)。大言淡淡(李颐云：同是非也。今本皆作炎炎。《释文》云：李作淡。今从之)，小言詹詹(李云：小辩之貌)。(《齐物论》)

因为所见有偏，故有争论。争论既起，越争越激烈，偏见便更深了。偏见越争越深了，如何能分得出是非真伪来呢？所以说：

> 即使我与若辩矣。若胜我，我不若胜，若果是也？我果非也耶？我胜若，若不我胜，我果是也？而果非也耶？其或是也，或非也耶？其俱是也，其俱非也耶？我与若不能相知也，则人固受其黮暗，吾谁使正之？使同乎若者正之，既与若同矣，恶能正之？使同乎我者正之，既同乎我矣，恶能正之？使异乎我与若者正之，既异乎我与若矣，恶能正之？使同乎我与若者正之，既同乎我与若矣，恶能正之？然则我与若与人俱不能相知也，而待彼也耶？（《齐物论》）

这种完全的怀疑主义，和墨家的名学恰成反对。《墨辩·经上》说：

> 辩，争彼也。辩胜，当也。《经说》曰：辩，或谓之牛（或）谓之非牛，是争彼也。是不俱当。不惧当，必或不当。

《经下》说：

> 谓辩无胜，必不当，说在辩。《经说》曰：谓，非谓同也，则异也。同则或谓之狗，其或谓之犬也。异则（马）或谓之牛，

牛或谓之马也。俱无胜，是不辩也。辩也者，或谓之是，或谓之非。当者胜也。

辩胜便是当，当的终必胜：这是墨家名学的精神。庄子却大不以为然。他说你就胜了我，难道你便真是了，我便真不是了吗？墨家因为深信辩论可以定是非，故造出许多论证的方法，遂为中国古代名学史放一大光彩。庄子因为不信辩论可以定是非，所以他的名学的第一步只是破坏的怀疑主义。

但是庄子的名学，却也有建设的方面。他说因为人有偏蔽不见之处，所以争论不休。若能把事理见得完全透彻了，便不用争论了。但是如何才能见到事理之全呢？庄子说：

欲是其所非而非其所是，则莫若以明。(《齐物论》)

"以明"，是以彼明此，以此明彼。郭象注说："欲明无是无非，则莫若还以儒墨反复相明。反复相明，则所是者非是，而所非者非非。非非则无非，非是则无是。"庄子接着说：

物无非彼，物无非是。自彼则不见，自知则知之。故曰：彼出于是，是亦因彼，彼是方生之说也。虽然，方生方死，方死方生。方可方不可，方不可方可。因是因非，因非因是。是以圣人不由而照之于天，亦因是也。是亦彼也，彼亦是也，彼亦一是非，此亦一是非。果且有彼是乎哉？果且无彼是乎哉？

这一段文字极为重要。庄子名学的精义全在于此。"彼"即是"非是"。"是"与"非是"表面上是极端相反对的。其实这两项是互相成的。若没有"是"，更何处有"非是"？因为有"是"，才有"非是"。因为有"非是"，所以才有"是"。故说："彼出于是，是亦因彼。"《秋水》篇说：

> 以差观之，因其所大而大之，则万物莫不大；因其所小而小之，则万物莫不小。知天地之为稊米也，知毫末之为丘山也，则差数睹矣。
>
> 以功观之，因其所有而有之，则万物莫不有；因其所无而无之，则万物莫不无。知东西之相反不可以相无，则功分定矣。
>
> 以趣观之，因其所然而然之，则万物莫不然；因其所非而非之，则万物莫不非。知尧桀之自然而相非，则趣操睹矣。

东西相反而不可相无，尧桀之自是而相非，即是"彼出于是，是亦因彼"的明例。"东"里面便含有"西"，"是"里面便含有"非是"。东西相反而不可相无，彼是相反而实相生相成。所以《齐物论》接着说：

彼是莫得其偶，谓之道枢（郭注：偶，对也。彼是相对而圣人两顺之。故无心者，与物冥而未尝有对于天下）。枢始得其环中，以应无穷。是亦一无穷，非亦一无穷也。故曰：莫若以明。

这种议论，含有一个真理。天下的是非，本来不是永远不变的。世上无不变之事物，也无不变之是非。古代用人为牺牲，以祭神求福，今人便以为野蛮了。古人用生人殉葬，今人也以为野蛮了。古人以蓄奴婢为常事，如今文明国都废除了。百余年前，中国士大夫喜欢男色，如袁枚的《李郎曲》，说来津津有味，毫不以为怪事，如今也废去了。西方古代也尚男色，哲学大家柏拉图于所著"一席话"[1]（Symposium）也畅谈此事，不以为怪。如今西洋久已公认此事为野蛮陋俗了。这都是显而易见之事。又如古人言"君臣之义无所逃于天地之间"，又说"不可一日无君"。如今便有大多数人不认这话了。又如古人有的说人性是善的，有的说是恶的，有的说是无善无恶可善可恶的。究竟谁是谁非呢？……举这几条，以表天下的是非也随时势变迁，也有进化退化。这便是庄子"是亦一无穷，非亦一无穷"的真义。《秋水》篇说：

昔者，尧舜让而帝，之哙让而绝；汤武争而王，白公争

1　即《会饮》篇。

而灭。由此观之，争让之礼，尧桀之行，贵贱有时，未可以为常也。……故曰："盖师是而无非，师治而无乱乎？"是未明天地之理，万物之情者也。……帝王殊禅，三代殊继。差其时，逆其俗者，谓之篡夫。当其时，顺其俗者，谓之义徒。

这一段说是非善恶随时势变化，说得最明白。如今的人，只是不明此理，所以生在二十世纪，却要去模仿那四千年前的尧舜；更有些人，教育二十世纪的儿童，却要他们去学做两三千年前的圣贤！

这个变化进化的道德观念和是非观念，有些和德国的海智尔相似。海智尔说人世的真伪是非，有一种一定的进化次序。先有人说"这是甲"，后有人说"这是非甲"，两人于是争论起来了。到了后来，有人人："这个也不是甲，也不是非甲。这个是乙。"这乙便是甲与非甲的精华，便是集甲与非甲之大成。过了一个时代，又有人出来说"这是非乙"，于是乙与非乙又争起来了。后来又有人采集乙与非乙的精华，说"这是丙"。海智尔以为思想的进化，都是如此。今用图表示如下：

（1）这是"甲"。	（5）这是"丙"。
（2）这是"非甲"。	（6）这是"非丙"。
（3）这是"乙"。	（7）这是"丁"。
（4）这是"非乙"。	

这就是庄子说的"彼出于是，是亦因彼。……是亦彼也，彼

亦是也。……彼亦一是非，此亦一是非。……是亦一无穷，非亦
一无穷"。

以上所说，意在指点出庄子名学的一段真理。但是庄子自己
把这学说推到极端，便生出不良的效果。他以为是非既由于偏见，
我们又如何能知自己所见不偏呢？他说：

> 庸讵知吾所谓知之非不知耶？庸讵知吾所谓不知之非知
> 耶？(《齐物论》)
>
> 吾生也有涯，而知也无涯。以有涯随无涯，殆已。(《养
> 生主》)
>
> 计人之所知，不若其所不知；其生之时，不若其未生之时。
> 以其至小，求穷其至大之域，是故迷乱而不能自得也。(《秋水》)

"是亦一无穷，非亦一无穷"。我们有限的知识，如何能断定
是非？倒不如安分守己、听其自然罢。所以说：

> 可乎可，不可乎不可。道行之而成，物谓之而然。恶乎
> 然？然于然。恶乎不然？不然于不然。物固有所然，物固有
> 所可。无物不然，无物不可。故为是举莛与楹(司马彪云：莛，
> 屋梁也。楹，屋柱也。故郭注云：夫莛横而楹纵)。厉与西施，
> 恢恑憰怪，道通为一。其分也，成也。其成也，毁也。凡物
> 无成与毁，复通为一。唯达者知通为一，为是不用而寓诸庸。

庸也者，用也。用也者，通也。通也者，得也。适得而几矣。因是已。(《齐物论》)

这种理想，都由把种种变化都看作天道的运行。所以说："道行之而成，物谓之而然。"既然都是天道，自然无论善恶好丑，都有一个天道的作用。不过我们知识不够，不能处处都懂得是什么作用罢了。"物固有所然，物固有所可。无物不然，无物不可"，四句是说无论什么都有存在的道理，既然如此，世上种种的区别，纵横、善恶、美丑、分合、成毁……都是无用的区别了。既然一切区别都归无用，又何必要改良呢？又何必要维新革命呢？庄子因为能"达观"一切，所以不反对固有社会；所以要"不遣是非，以与世俗处"。他说："唯达者知通为一，为是不用而寓诸庸。"庸即是庸言庸行之庸，是世俗所通行通用的。所以说："庸也者，用也。用也者，通也。通也者，得也。"既为世俗所通用，自然与世俗相投相得。所以又说："适得而几矣，因是已。"因即是"仍旧贯"；即是依违混同，不肯出奇立异，正如上篇所引的话："物之生也，若骤若驰，无动而不变，无时而不移。何为乎？何不为乎？夫固将自化。"万物如此，是非善恶也是如此。何须人力去改革呢？所以说：

　　　与其誉尧而非桀也，不如两忘而化其道。(《大宗师》)

这种极端"不谴是非"的达观主义，即是极端的守旧主义。

庄子的人生哲学

上文我说庄子的名学的结果，便已侵入人生哲学的范围了。庄子的人生哲学，只是一个达观主义。达观本有多种区别，上文所说，乃对于是非的达观。庄子对于人生一切寿夭、生死、祸福，也一概达观，一概归到命定。这种达观主义的根据，都在他的天道观念。试看上章所引的话：

> 化其万化而不知其禅之者。焉知其所终？焉知其所始？正而待之而已耳。

因为他把一切变化都看作天道的运行；又把天道看得太神妙不可思议了，所以他觉得这区区的我哪有做主的地位。他说：

> 庸讵知吾所谓"天"之非"人"乎？所谓"人"之非"天"乎？

那《大宗师》中说子舆有病，子祀问他，"女恶之乎？"子舆答道：

亡。予何恶？浸假而化予之左臂以为鸡，予因以求时夜。浸假而化予之右臂以为弹，予因以求鸮炙。浸假而化予之尻以为轮，以神为马，予因而乘之，岂更驾哉？……且夫物之不胜天，久矣，吾又何恶焉？

后来子来又有病了，子犁去看他，子来说：

父母于子，东西南北，唯命是从。阴阳于人，不翅于父母。彼近吾死而我不听，我则悍矣，彼何罪焉？夫大块载我以形，劳我以生，佚我以老，息我以死。故善吾生者，乃所以善吾死也。今大冶铸金，金踊跃曰："我且必为镆铘！"大冶必以为不祥之金。今一犯人之形而曰："人耳！人耳！"夫造化者必以为不祥之人。今一以天地为大炉，以造化为大冶，恶乎往而不可哉？

又说子桑临终时说道：

吾思夫使我至此极者而弗得也。父母岂欲我贫哉？天无私覆，地无私载，天地岂私贫我哉？求其为之者而不得也。然而至此极者，命也夫！

这几段把"命"写得真是《大宗师》篇所说："物之所不得遁。"

既然不得遁逃，不如还是乐天安命。所以又说：

> 古之真人，不知说生，不知恶死。其出不䜣，其入不距。翛然而往，翛然而来而已矣。不忘其所始，不求其所终。受而喜之，忘而复之。是之谓不以心捐（一本作捐，一本作楯）道，不以人助天。是之谓真人。

《养生主》篇说庖丁解牛的秘诀只是"依乎天理，因其固然"八个字。庄子的人生哲学，也只是这八个字。所以《养生主》篇说老聃死时，秦失道：

> 适来，夫子时也。适去，夫子顺也。安时而处顺，哀乐不能入也。

"安时而处顺"，即是"依乎天理，因其固然"，都是乐天安命的意思。《人间世》篇又说蘧伯玉教人处世之道，说：

> 彼且为婴儿，亦与之为婴儿。彼且为无町畦，亦与之为无町畦。彼且为无崖，亦与之为无崖。达之，入于无疵。

这种话初看去好像是高超得很。其实这种人生哲学的流弊，重的可以养成一种阿谀依违、苟且媚世的无耻小人；轻的也会造成一种不关社会痛痒，不问民生痛苦，乐天安命，听其自然的废物。

结　论

　　庄子的哲学，总而言之，只是一个出世主义。因为他虽然与世人往来，却不问世上的是非、善恶、得失、祸福、生死、喜怒、贫富……一切只是达观，一切只要"正而待之"，只要"依乎天理，因其固然"。他虽在人世，却和不在人世一样，眼光见地处处都要超出世俗之上，都要超出"形骸之外"。这便是出世主义。因为他要人超出"形骸之外"，故《人间世》和《德充符》两篇所说的那些支离疏、兀者王骀、兀者申徒嘉、兀者叔山无趾、哀骀它、闉跂支离无脤、瓮盎大瘿，或是天生，或由人刑，都是极其丑恶残废的人，却都能自己不觉得残丑，别人也都不觉得他们残丑，都和他们往来，爱敬他们。这便是能超出"形骸之外"。《德充符》篇说：

　　　　自其异者视之，肝胆楚越也。自其同者视之，万物皆一
　　　　也。……物视其所一，而不见其所丧，视丧其足，犹遗土也。

　　这是庄子哲学的纲领。他只要人能于是非、得失、善恶、好丑、贫富、贵贱……种种不同之中，寻出一个同的道理。惠施说过："万物毕同毕异，此之谓大同异。"庄子只是要人懂得这个道

理，故说："自其异者视之，肝胆楚越也。自其同者视之，万物皆一也。"庄子的名学和人生哲学，都只是要人知道"万物皆一"四个大字。他的"不遣是非""外死生""无终始""无成与毁"……都只是说"万物皆一"。《齐物论》说：

> 天下莫大于秋毫之末，而太山为小。莫寿乎殇子，而彭祖为夭。天地与我并生，而万物与我为一。

我曾用一个比喻来说庄子的哲学道：譬如我说我比你高半寸，你说你比我高半寸。你我争论不休，庄子走过来排解道："你们二位不用争了罢，我刚才在那埃菲尔铁塔上（Eiffel Tower 在巴黎，高九百八十四英尺有奇）看下来，觉得你们二位的高低实在没有什么分别。何必多争，不如算作一样高低罢。"他说的"辩也者，有不见也"，只是这个道理，庄子这种学说，初听了似乎极有道理，却不知世界上学识的进步只是争这半寸的同异；世界上社会的维新、政治的革命，也只是争这半寸的同异。若依庄子的话，把一切是非同异的区别都看破了，说太山不算大，秋毫之末不算小；尧未必是，桀未必非：这种思想，见地固是"高超"，其实可使社会、国家、世界的制度习惯思想永远没有进步，永远没有革新改良的希望。庄子是知道进化的道理，但他不幸把进化看作天道的自然，以为人力全无助进的效能，因此他虽说天道进化，却实在是守旧党的祖师。他的学说实在是社会进步和学术进步的大阻力。

第八章

《大学》与《中庸》

古代儒家的思想，有一层大困难。因为那些儒书，这里也是"子曰"，那里也是"子曰"。正如上海的陆稿荐，东也是，西也是，只不知哪一家是真陆稿荐（此不独儒家为然。希腊哲学亦有此弊。柏拉图书中皆以苏格拉底为主人。又披塔格拉[1]〔Pythagoras〕学派之书，多称"夫子曰"）。我们研究这些书，须要特别留神，须要仔细观察书中的学说是否属于某个时代。即如《礼记》中许多儒书，只有几篇可以代表战国时代的儒家哲学。我们如今只用一部《大学》，一部《中庸》，一部《孟子》，代表公历前第四世纪和第三世纪初年的儒家学说。

《大学》一书，不知何人所作。书中有"曾子曰"三字，后人遂以为是曾子和曾子的门人同作的。这话固不可信。但是这部书在《礼记》内比那些《仲尼燕居》《孔子闲居》诸篇，似乎可靠。《中庸》古说是孔子之孙子思所作。大概《大学》和《中庸》两部书都是孟子、荀子以前的儒书。我这句话，并无他种证据，只是细看

_____

1　即"毕达哥拉斯"。

儒家学说的趋势，似乎孟子、荀子之前总该有几部这样的书，才可使学说变迁有线索可寻。不然，那极端伦常主义的儒家，何以忽然发生了一个尊崇个人的孟子？那重君权的儒家，何以忽然生出一个鼓吹民权的孟子？那儒家的极端实际的人生哲学，何以忽然生出孟子和荀子这两派心理的人生哲学？若《大学》《中庸》这两部书是孟子、荀子以前的书，这些疑问便都容易解决了。所以我以为这两部书大概是前四世纪的书，但是其中也不能全无后人加入的材料（《中庸》更为驳杂）。

《大学》和《中庸》两部书的要点约有三端，今分别陈说如下：

方　法

《大学》《中庸》两部书最重要的在于方法一方面（此两书后来极为宋儒所推尊，也只是为此。程子论《大学》道："于今可见古人为学次第者，独赖此篇之存。"朱子序《中庸》道："历选前圣之书，所以提挈纲维，开示蕴奥，未有若是其明且尽者也。"可证）。大学说："大学之道，在明明德，在亲民，在止于至善。……物有本末，事有终始，知所先后，则近道矣。"本末、终始、先后，便是方法问题。《大学》的方法是：

古之欲明明德于天下者，先治其国。欲治其国者，先齐其家。欲齐其家者，先修其身。欲修其身者，先正其心。欲正其心者，先诚其意。欲诚其意者，先致其知。致知在格物。

物格而后知至，知至而后意诚，意诚而后心正，心正而后身修，身修而后家齐，家齐而后国治，国治而后天下平。

《中庸》的方法总纲是：

天命之谓性，率性之谓道，修道之谓教。

诚者，天之道也。诚之者，人之道也（《孟子·离娄》篇也有此语。诚之作思诚）。

自诚明，谓之性。自明诚，谓之教。

又说"诚之"之道：

博学之，审问之，慎思之，明辨之，笃行之。

"行"的范围，仍只是"君臣也，父子也，夫妇也，昆弟也，朋友之交也"。与《大学》齐家、治国、平天下，略相同。

《大学》《中庸》的长处只在于方法明白，条理清楚。至于那"格物"二字究竟作何解说？"尊德性"与"道问学"究竟谁先谁后？这些问题乃是宋儒发生的问题，在当时都不成问题的。

个人之注重

我从前讲孔门弟子的学说时，曾说孔门有一派把一个"孝"字看得太重了，后来的结果，便把个人埋没在家庭伦理之中。"我"竟不是一个"我"，只是"我的父母的儿子"。例如"战陈无勇"一条，不说我当了兵便不该如此，却说凡是孝子，便不该如此。这种家庭伦理的结果，自然生出两种反动：一种是极端的个人主义，如杨朱的为我主义，不肯"损一毫利天下"；一种是极端的为人主义，如墨家的兼爱主义，要"视人之身若其身，视人之家若其家，视人之国若其国"。有了这两种极端的学说，不由得儒家不变换他们的伦理观念了。所以《大学》的主要方法，如上文所引，把"修身"作一切的根本。格物、致知、正心、诚意，都是修身的功夫。齐家、治国、平天下，都是修身的效果。这个"身"，这个"个人"，便是一切伦理的中心点。

《孝经》说：

> 自天子至于庶人，孝无终始，而患不及者，未之有也。

《大学》说：

自天子以至于庶人，壹是皆以修身为本。

这两句"自天子至于庶人"的不同之处，便是《大学》的儒教和《孝经》的儒教大不相同之处了。

又如《中庸》说：

故君子不可以不修身。思修身，不可以不事亲。思事亲，不可以不知人。思知人，不可以不知天。

曾子说的"大孝尊亲，其次弗辱"，这是"思事亲不可以不修身"。这和《中庸》说的"思修身不可以不事亲"恰相反。一是"孝"的人生哲学，一是"修身"的人生哲学。

《中庸》最重一个"诚"字。诚即是充分发达个人的本性。所以说："诚者，天之道也。诚之者，人之道也。"这一句当与"天命之谓性，率性之谓道，修道之谓教"三句合看。人的天性本来是诚的，若能依着这天性做去，若能充分发达天性的诚，这便是"教"，这便是"诚之"的功夫。因为《中庸》把个人看作本来是含有诚的天性的，所以他极看重个人的地位，所以说："君子素其位而行，不愿乎其外"；所以说："君子无入而不自得焉"；所以说：

唯天下至诚为能尽其性；能尽其性，则能尽人之性；能尽人之性，则能尽物之性；能尽物之性，则可以赞天地之化育；

可以赞天地之化育，则可以与天地参矣。

《孝经》说："人之行莫大于孝，孝莫大于严父，严父莫大于配天。"《孝经》的最高目的是要把父"配天"，像周公把后稷配天，把文王配上帝之类。《中庸》的至高目的，是要充分发达个人的天性，使自己可以配天，可"与天地参"。

心理的研究

《大学》和《中庸》的第三个要点是关于心理一方面的研究。换句话说，儒家到了《大学》《中庸》时代，已从外务的儒学进入内观的儒学。那些最早的儒家只注重实际的伦理和政治，只注重礼乐仪节，不讲究心理的内观。即如曾子说"吾日三省吾身"，似乎是有点内省的功夫了。及至问他省的什么事，原来只是"为人谋而不忠乎？与朋友交而不信乎？传不习乎？"还只是外面的伦理，那时有一派孔门弟子，却也研究心性的方面。如王充《论衡·本性》篇所说宓子贱、漆雕开、公孙尼子论性情与周人世硕相出入。如今这几个人的书都不传了。《论衡》说："世硕以为人性有善有恶……善恶在所养。"据此看来，这些人论性的学说，似乎还只和孔子所说"性相近也，习相远也"，"惟上智与下愚不移"的话相差不远。若果如此，那一派人论性，还不能算得"心理的内观"。到了《大学》便不同了。《大学》的重要心理学说，在于分别"心"与"意"。孔颖达《大学疏》说："总包万虑谓之心，为情所意念谓之意。"这个界说不甚明白，大概心有所在便是意。今人说某人是何"居心"？也说是何"用意"？两句同意。大概《大学》的"意"字只是"居心"。《大学》说：

> 所谓诚其意者，毋自欺也。如恶恶臭，如好好色，此之谓自谦。故君子必慎其独也。小人闲居为不善，无所不至；见君子而后厌然掩其不善而著其善。人之视己，如见其肺肝然，则何益矣？此谓诚于中，形于外。故君子必慎其独也。

如今人说"居心总要对得住自己"，正是此意。这一段所说，最足形容我上文说的"内观的儒学"。

大凡论是非善恶，有两种观念：一种是从"居心"一方面（Attitude；Motive）立论，一种是从"效果"一方面（Effects；Consequences）立论。例如秦楚交战，宋牼说是不利，孟轲说是不义。义不义是居心，利不利是效果。《大学》既如此注重诚意，自然偏向居心一方面。所以《大学》的政治哲学说：

> 是故君子先慎乎德。……德者，本也。财者，末也。外本内末，争民施夺。

又说：

> 此谓国不以利为利，以义为利也。长国家而务财用者，
> 必自小人矣。

这种极端非功利派的政治论，根本只在要诚意。
《大学》论正心，与《中庸》大略相同。《大学》说：

> 所谓修身在正其心者，身有所忿懥，则不得其正；有所
> 恐惧，则不得其正；有所好乐，则不得其正；有所忧患，则
> 不得其正。心不在焉，视而不见，听而不闻，食而不知其味。
> 此谓修身在正其心。

《中庸》说：

> 喜怒哀乐之未发，谓之中。发而皆中节，谓之和。中也者，
> 天下之大本也。和也者，天下之达道也。

《大学》说的"正"，就是中庸说的"中"。但《中庸》的"和"，
却是进一层说了。若如《大学》所说，心要无忿懥、无恐惧、无好
乐、无忧患，岂不成了木石了。所以《中庸》只要喜怒哀乐发得
"中节"，便算是和。喜怒哀乐本是人情，不能没有。只是平常的

人往往太过了，或是太缺乏了，便不是了。所以《中庸》说：

> 道之不行也，我知之矣；知者过之，愚者不及也。道之不明也，我知之矣；贤者过之，不肖者不及也。人莫不饮食也，鲜能知味也。（明行两字，今本皆倒置。今据北宋人引经文改正。）

《中庸》的人生哲学只是要人喜怒哀乐皆无过无不及。譬如饮食，只是要学那"知味"的人适可而止，不当吃坏肚子，也不当打饿肚子。

第九章

孟子

孟 子 考

孟轲，邹人。曾受业于子思的门人，孟子的生死年岁，颇不易考定。据明人所纂《孟子谱》，孟子生于周烈王四年四月二日，死于赧王二十六年十一月十五，年八十四。吕元善《圣门志》所记年与《孟子谱》同。此等书是否有根据，今不可知。但所说孟子生于周烈王四年，颇近理（臧庸作《孟子年表》以己意移前四年，似可不必）。近人考证孟子见梁惠王时当为惠王后元十五年左右。《史记》说在惠王三十五年，是不可信的。若孟子生在烈王四年（公历前372），则见惠王时年已五十余，故惠王称他为"叟"。至于他死的年，便不易定了。《孟子谱》所说，也还有理。若《孟子》书是他自己作的，则书中既称鲁平公的谥法，孟子定死在鲁平公之后。平公死在赧王十九年（《通鉴》作十八年），《孟子谱》说孟子死在赧王二十六年（公历前289），似乎相差不远。但恐《孟子》这书未必是他自己作的。

论 性

孟子同时有几种论性的学说。《告子》篇说：

告子曰："性无善无不善也。"或曰："性可以为善，可以为不善。是故文武兴则民好善，幽厉兴则民好暴。"或曰："有性善，有性不善。是故以尧为君而有象，以瞽瞍为父而有舜。"……今曰性善，然则彼皆非欤？

孟子总答这三说道：

乃若其情（翟灏《孟子考异》引《四书辨疑》云："下文二才字与此情字上下相应，情乃才字之误。"适按：孟子用情字与才字同义。《告子》篇"牛山之木"一章中云："人见其濯濯也，以为未尝有才焉，此岂山之性也哉。"又云："人见其禽兽也，而以为未尝有才焉，此岂人之情也哉。"可以为证），则可以为善矣。乃所谓善也。若夫为不善，非才之罪也。恻隐之心，人皆有之。羞恶之心，人皆有之。恭敬之心，人皆有之。是非之心，人皆有之。恻隐之心，仁也。羞恶之心，义也。恭敬之心，礼也。是非之心，智也。仁义礼智非由外铄我也，我固有之也。弗思耳矣。故曰求则得之，舍则失之。或相倍蓰而无算者，不能尽其才者也。

这一段可算得孟子说性善的总论。《滕文公》篇说："孟子道性善，言必称尧舜。"此可见性善论在孟子哲学中可算得中心问题。

如今且仔细把他说性善的理论分条陈说如下：

一、人的本质是同善的。上文引孟子一段中的"才"便是材料的材。孟子叫作"性"的，只是人本来的质料，所以《孟子》书中"性"字、"才"字、"情"字可以互相通用（参看上节"情"字下的按语。汉儒董仲舒《春秋繁露·深察名号》篇曰："如其生之自然之资，谓之性。性者，质也。"又曰："天地之所生，谓之性情。……情亦性也。"可供参证）。孟子的大旨只是说这天生的本质，含有善的"可能性"（可能性说见八篇末章）。如今先看这本质所含是哪几项善的可能性。

（一）人同具官能。第一项便是天生的官能。孟子以为无论何人的官能，都有根本相同的可能性。他说：

> 故凡同类者，举相似也。何独至于人而疑之？圣人与我同类者。故龙子曰："不知足而为屦，我知其不为蒉也。"屦之相似，天下之足同也。口之于味，有同耆也。易牙先得我口之所耆者也。如使口之于味也，其性与人殊，若犬马之与我不同类也，则天下何耆皆从易牙之于味也？至于味，天下期于易牙，是天下之口相似也。惟耳亦然，至于声，天下期于师旷，是天下之耳相似也。惟目亦然。……故曰口之于味也，有同耆焉。耳之于声也，有同听焉。目之于色也，有同美焉。至于心，独无所同然乎？心之所同然者，何也？谓理也，义也。圣人先得我心之所同然耳。故礼义之悦我心，犹刍豢之

悦我口。(《告子》篇)

（二）人同具"善端"。董仲舒说（引书同上）："性有善端，动之爱父母。善于禽兽，则谓之善。此孟子之善。"这话说孟子的大旨很恰当。孟子说人性本有种种"善端"，有触即发，不待教育。他说：

> 人皆有不忍人之心。……今人乍见孺子将入于井，皆有怵惕恻隐之心：非所以内交于孺子之父母也；非所以要誉于乡党朋友也；非恶其声而然也。由是观之，无恻隐之心，非人也；无羞恶之心，非人也；无辞让之心，非人也；无是非之心，非人也。恻隐之心，仁之端也；羞恶之心，义之端也；辞让之心，礼之端也；是非之心，智之端也。人之有是四端也，犹其有四体也（《公孙丑》。参看上文所引《告子》篇语。那段中，辞让之心，作恭敬之心，余皆同）。

（三）人同具良知良能。孟子的知识论全是"生知"（Knowledge a priori）一派。所以他说四端都是"我固有之也"，"非由外铄我也"。四端之中，恻隐之心、羞恶之心和恭敬之心，都近于感情的方面。至于是非之心，便近于知识的方面了。

孟子自己却不曾有这种分别。他似乎把四端包在"良知良能"之中；而"良知良能"却不止这四端。他说：

人之所不学而能者，其良能也。所不虑而知者，其良知也。孩提之童，无不知爱其亲也。及其长也，无不知敬其兄也。亲亲，仁也。敬长，义也。(《尽心》)

"良"字有善义。孟子既然把一切不学而能、不虑而知的都认为"良"，所以他说：

　　大人者，不失其赤子之心者也。(《离娄》)

以上所说三种(官能、善端及一切良知良能)，都包含在孟子叫作"性"的里面。孟子以为这三种都有善的可能性，所以说性是善的。

二、人的不善都由于"不能尽其才"。人性既然是善的，一切不善的，自然都不是性的本质。孟子以为人性虽有种种善的可能性，但是人多不能使这些可能性充分发达。正如《中庸》所说："惟天下至诚为能尽其性。"天下人有几个这样"至诚"的圣人？因此便有许多人渐渐地把本来的善性湮没了，渐渐地变成恶人。并非性有善恶，只是因为人不能充分发达本来的善性，以致如此。所以他说：

　　若夫为不善，非才之罪也。……或相倍蓰而无算者，不能尽其才者也。

推原人所以"不能尽其才"的缘故，约有三种：

（一）由于外力的影响。孟子说：

> 人性之善也，犹水之就下也。人无有不善，水无有不下。
> 今夫水搏而跃之，可使过颡；激而行之，可使在山。是岂水
> 之性哉？ 其势则然也。人之可使为不善，其性亦犹是也。(《告
> 子》)

> 富岁子弟多赖，凶岁子弟多暴。非天之降才尔殊也。其
> 所以陷溺其心者然也。今夫麰麦，播种而耰之，其地同，树
> 之时又同，浡然而生，至于日至之时皆熟矣。虽有不同，则
> 地有肥硗，雨露之养，人事之不齐也。(《告子》)

这种议论，认定外界境遇对于个人的影响，和当时的生物进
化论（见第九篇）颇相符合。

（二）由于自暴自弃。外界的势力，还有时可以无害于本性。
即举舜的一生为例：

> 舜之居深山之中，与木石居，与鹿豕游，其所以异于深
> 山之野人者，几希。及其闻一善言，见一善行，若决江河，
> 沛然莫之能御也。(《尽心》)

但是人若自己暴弃自己的可能性，不肯向善，那就不可救了。

所以他说：

> 自暴者，不可与有言也。自弃者，不可与有为也。言非礼义，谓之自暴也。吾身不能居仁由义，谓之自弃也。(《离娄》)

又说：

> 虽存乎人者，岂无仁义之心哉？其所以放其良心者，亦犹斧斤之于木也。旦旦而伐之，可以为美乎？其日夜之所息，平旦之气，其好恶与人相近也者，几希。则其旦昼之所为，有梏亡之矣。梏之反覆，则其夜气不足以存。夜气不足以存，则其违禽兽不远矣。人见其禽兽也，而以为未尝有才焉者，是岂人之情也哉？(《告子》)

(三)由于"以小害大，以贱害贵"。还有一个"不得尽其才"的原因，是由于"养"得错了。孟子说：

> 体有贵贱，有小大。无以小害大，无以贱害贵。养其小者为小人，养其大者为大人。(《告子》)

哪一体是大的贵的？哪一体是小的贱的呢？孟子说：

耳目之官不思，而蔽于物。物交物，则引之而已矣。心之官则思，思则得之，不思则不得也，此天之所与我者。先立乎其大者，则其小者不能夺也。此为大人而已矣。(《告子》)

其实这种议论，大有流弊。人的心思并不是独立于耳目五官之外的。耳目五官不灵的，还有什么心思可说？中国古来的读书人的大病根正在专用记忆力，却不管别的官能。到后来只变成一班四肢不灵、五官不灵的废物！

以上说孟子论性善完了。

个人的位置

上章说，《大学》《中庸》的儒学已把个人位置抬高了，到了孟子更把个人看得十分重要。他信人性是善的，又以为人生都有良知良能和种种"善端"。所以他说：

万物皆备于我矣。反身而诚，乐莫大焉！(《尽心》)

更看他论"浩然之气"：

其为气也，至大至刚，以直养而无害，则塞于天地之间。（《公孙丑》）

又看他论"大丈夫"：

居天下之广居，立天下之正位，行天下之大道。得志与民由之，不得志独行其道。

富贵不能淫，贫贱不能移，威武不能屈：此之谓大丈夫。（《滕文公》）

因为他把个人的人格看得如此之重，因为他以为人性都是善的，所以他有一种平等主义。他说：

圣人与我同类者。（《告子》）

何以异于人哉？ 尧舜与人同耳。（《离娄》）

彼丈夫也，我丈夫也。吾何畏彼哉？（《滕文公》）

舜何人也，予何人也。有为者亦若是。（同上）

但他的平等主义，只是说人格平等，并不是说人的才智德行都平等。孟子很明白经济学上"分工"的道理。即如《滕文公》篇许行一章，说社会中"有大人之事，有小人之事"，"或劳心，或劳力"，说得何等明白！

又如孟子的政治学说很带有民权的意味。他说：

> 民为贵，社稷次之，君为轻。(《尽心》)
> 君之视臣如土芥，则臣视君如寇仇。(《离娄》)

这种重民轻君的议论，也是从他的性善论上生出来的。

教育哲学

孟子的性善论，不但影响到他的人生观，并且大有影响于他的教育哲学。他的教育学说有三大要点，都与后世的教育学说大有关系。

（一）自动的。孟子深信人性本善，所以不主张被动的和逼迫的教育，只主张各人自动的教育。他说：

> 君子深造之以道，欲其自得之也。自得之，则居之安。居之安，则资之深。资之深，则取之左右逢其原。故君子欲其自得之也。(《离娄》)

《公孙丑》篇论养气的一段，可以与此印证：

必有事焉而勿正。心勿忘，勿助长也。无若宋人然，宋
人有闵其苗之不长而揠之者，芒芒然归，谓其人曰："今日病
矣！予助苗长矣！"其子趋而往视之，苗则槁矣。天下之不
助苗长者，寡矣。以为无益而舍之者，不耘苗者也。助之长者，
揠苗者也。非徒无益，而又害之。

孟子说"君子之所以教者五"，那第一种是"有如时雨化之
者"。不耘苗也不好，揠苗也不好，最好是及时的雨露。

（二）养性的。人性既本来是善的，教育的宗旨只是要使这本
来的善性充分发达。孟子说：

人之所以异于禽兽者几希，庶民去之，君子存之。（《离娄》）

教育只是要保存这"人之所以异于禽兽"的人性。《孟子》书
中说此点最多，不用细举了。

（三）标准的。教育虽是自动的，却不可没有标准。孟子说：

羿之教人射必志于彀，学者亦必志于彀。大匠诲人必以
规矩，学者亦必以规矩。（《告子》）

又说：

大匠不为拙工改废绳墨，羿不为拙射变其彀率。君子引而不发，跃如也。中道而立，能者从之。(《尽心》)

这标准的教育法，依孟子说来，是教育的快捷方式。他说：

　　圣人既竭目力焉，继之以规矩准绳，以为方圆平直，不可胜用也。既竭耳力焉，继之以六律正五音，不可胜用也。(《离娄》)

前人出了多少力，才造出这种种标准。我们用了这些标准，便可不劳而得前人的益处了。这是标准的教育法的原理。

政治哲学

　　孟子的政治哲学很带有尊重民权的意味，上文已略说过了。孟子的政治哲学与孔子的政治哲学有一个根本不同之处。孔子讲政治的中心学说是"政者，正也"，他的目的只要"正名""正己""正人"，以至于"君君、臣臣、父父、子子"的理想的郅治。孟子生在孔子之后一百多年，受了杨墨两家的影响（凡攻击某派最力的人，便是受那派影响最大的人。孟子攻杨墨最力，其实他受杨墨影响最大。荀子攻击辩者，其实他得辩者的影响很大。宋儒攻击佛家，其实若没有佛家，又哪有宋儒），故不但尊重个人，尊重百姓过于君主（这是老子、杨朱一派的影响。有这种无形的影响，故孟子的性善论遂趋于极端，遂成"万物皆备于我"的个人主义）；还要使百姓享受乐利（这是墨家的影响，孟子自不觉得）。孟子论政治不用孔子的"正"字，却用墨子的"利"字。但他又不肯公然用"利"字，故用"仁政"两字。他对当时的君主说道："你好色也不妨，好货也不妨，好田猎也不妨，好游玩也不妨，好音乐也不妨。但是你好色时，须念中国有怨女旷夫；你好货时，须念中国有穷人的饥寒；你出去打猎、作乐游玩时，须念中国的百姓有父子不相见，兄弟妻子离散的痛苦。总而言之，你须要能善推其所为，你须要行仁政。"这是孟子政治学说的中心点。这可不是孔子"正"字的政治哲学了。若用西方政治学的名词，我们可说孔子的，是"爸爸政策"（Paternalism 或译父性政策）；孟子的，是"妈妈政策"（Maternalism 或译母性政策）。爸爸政策要人正经规矩，要人有道德；妈妈政策要人快活安乐，要人享受幸福。故孟子所说如："五亩之宅，树之以桑，五十者可以衣帛矣。鸡豚狗彘之畜无失其时，七十者可以食肉矣。"这一类"衣帛食肉"的政治，简直是妈妈的政治。这是孔子、孟子不同之处（孔子有时也说富民，孟子有时也说格君心。但这都不是他们最注意的）。后人不知道这个区别代表一百多年儒家政治学说的进化，所以爸爸妈妈的分不清楚：一面说仁民爱物，一面又只知道正心诚意。这就是没有历史观念的大害了。

孟子的政治学说含有乐利主义的意味，这是万无可讳的。但他同时又极力把义利两字分得很严。他初见梁惠王，一开口便驳倒他的"利"字；他见宋牼，也劝他莫用"利"字来劝秦楚两国停战。细看这两章，可见孟子所攻击的"利"字只是自私自利的利。大概当时的君主官吏都是营私谋利的居多。这种为利主义，与利民主义绝相反对。故孟子说：

> 今之事君者皆曰："我能为君辟土地，充府库。"今之所谓良臣，古之所谓民贼也！（《告子》）
>
> 庖有肥肉，厩有肥马，民有饥色，野有饿莩：此率兽而食人也！（《梁惠王》）

孟子所攻击的"利"，只是这种利。他所主张的"仁义"，只是最大多数的最大乐利。他所怕的是言利的结果必至于"上下交征利"；必至于"君臣父子兄弟终去仁义，怀利以相接"。到了"上下交征利""怀利以相接"的地位，便要做出"率兽而食人"的政策了。所以孟子反对"利"的理由，还只是因为这种"利"究竟不是真利。

第十章

荀 子

荀子略传

荀子名况，字卿，赵人。曾游学于齐国，后来又游秦（《强国》篇应侯问入秦何见。按应侯做相当赵孝成王初年），又游赵（《议兵》篇孙卿议兵于赵孝成王前。〔赵孝成王当公历前265至前245〕），末后到楚。那时春申君当国，使荀卿做兰陵令（此事据《史记·年表》在楚考烈王八年〔前255〕）。春申君死后（前238），荀卿遂在兰陵住家，后来遂死在兰陵。

荀卿生死的年代，最难确定。请看王先谦《荀子集解》所录诸家的争论，便可见了。最可笑的是刘向的《孙卿书序》。刘向说荀卿曾与孙膑议兵。孙膑破魏在前341年。到春申君死时，荀卿至少是一百三四十岁了。又刘向与诸家都说荀卿当齐襄王时最为老师。襄王即位在前283年，距春申君死时，还有四十五年。荀卿死在春申君之后，大约在前230年左右。即使他活了八十岁，也不能在齐襄王时便"最为老师"了。我看这种种错误纷争，都由于《史记》的《孟子荀卿列传》。如今且把这一段《史记》抄在下面：

　　荀卿，赵人。年五十，始来游学于齐。驺衍（之术，迂大而闳辩。奭也文具难施。淳于髡久与处，时有得善言。故齐人颂曰："谈一衍，雕龙奭，炙毂过髡。"）田骈之属皆已死齐襄王时，而荀卿最为老师。齐尚修列大夫之缺，而荀卿三为祭酒焉。……

这段文字有两个易于误人之处：（一）荀卿"来游学于齐"以下，忽然夹入驺衍、驺奭、淳于髡三个人的事实，以致刘向误会了，以为荀卿五十岁游齐，正在稷下诸先生正盛之时（刘向序上称"方齐宣王威王之时"，下称"是时荀卿年五十始来游学"）。不知这一段不相干的事实，乃是上文论"齐有三驺子"一节的错简。本文当作"驺衍、田骈之属……"。那些荒谬的古文家，不知这一篇《孟子荀卿列传》最多后人添插的材料（如末段记墨翟的二十四字文理不通，或是后人加入的），却极力夸许这篇文字，文字变化不测、突兀神奇，还把他选来当古文读，说这是太史公的笔法，岂不可笑！（二）本文的"齐襄王时"四个字，当连上文，读"驺衍田骈之属，皆已死齐襄王时"。那些荒谬的人，不通文法，把这四字连下文，读成"齐襄王时，而荀卿最为老师"。不知这四字在文法上是一个"状时的读"；状时的读，与所状的本句，绝不可用"而"字隔开，隔开便不通了。古人也知这一段可疑，于是把"年五十"改为"年十五"（谢堵校，依《风俗通》改如此）。不知本文说的"年五十始来游学"。这个"始"字含有来迟了的意思。若是"年十五"，绝不必用"始"字了。

所以依我看来，荀卿游齐，大概在齐襄王之后，所以说他"年五十始来游学于齐，驺衍、田骈之属皆已死齐襄王时，而荀卿最为老师"。这文理很明显，并且与荀卿一生事迹都相合。如今且作一年表如下：

公历前	265至260	荀卿年五十游齐。
公历前	260至255	入秦，见秦昭王及应侯。
公历前	260至250	游赵，见孝成王。
公历前	250至238	游楚，为兰陵令。
公历前	230左右	死于兰陵。

至于《盐铁论》所说，荀卿至李斯做丞相才死，那更不值得驳了（李斯做丞相在前213年。当齐襄王死后五十二年了）。

我这一段考据，似乎太繁了。我的本意只因为古人对于这个问题，不大讲究，所以不嫌说得详细些，要望学者读古书总须存个怀疑的念头，不要做古人的奴隶。

《荀子》

《汉书·艺文志》:《孙卿子》三十二篇，又有赋十篇。今本《荀子》三十二篇，连赋五篇、诗两篇在内。大概今本乃系后人杂凑成的。其中有许多篇，如《大略》《宥坐》《子道》《法行》等，全是东拉西扯拿来凑数的。还有许多篇的分段全无道理：如《非相》篇的后两章，全与"非相"无干；又如《天论》篇的末段，也和《天论》无干。又有许多篇，如今都在大戴小戴的书中（如《礼论》《乐论》《劝学》诸篇），或在《韩诗外传》之中，究竟不知是谁抄谁。大概《天论》《解蔽》《正名》《性恶》四篇全是荀卿的精华所在。其余的二十余篇，即使真不是他的，也无关紧要了。

荀子与诸子的关系

研究荀子学说的人，须要注意荀子和同时的各家学说都有关系。他的书中，有许多批评各家的话，都很有价值。如《天论》篇说：

> 慎子有见于后，无见于先。老子有见于诎，无见于信（同伸）。墨子有见于齐，无见于畸。宋子有见于少，无见于多（宋子即宋钘。他说："人之情欲寡，而皆以己之情为欲多。"荀卿似是说他只有见于少数人的情性，却不知多数人的情性。杨倞注似有误解之处）。有后而无先，则群众无门。有诎而无信，则贵贱不分。有齐而无畸，则政令不施。有少而无多，则群众不化。

又如《解蔽》篇说：

> 墨子蔽于用而不知文。宋子蔽于欲而不知得。慎子蔽于法而不知贤。申子蔽于势而不知知。惠子蔽于辞而不知实。庄子蔽于天而不知人。故由用谓之，道尽利矣。由俗（杨云：俗当为欲）谓之，道尽嗛矣（杨云：嗛与慊同，快也）。由法谓之，道尽数矣。由势谓之，道尽便矣。由辞谓之，道尽论矣。由天谓之，道尽因矣。

又《非十二子》篇论它嚣、魏牟"纵情性，安恣睢，禽兽之行，不足以合文通治"。陈仲、史鰌"忍情性，綦溪利跂，苟以分异人为高，不足以合大众，明大分"。墨翟、宋钘"不知壹天下建国家之权称，上功用，大俭约，而僈差等，曾不足以容辨异，县君臣"。慎到、田骈"尚法而无法，下修而好作（"下修"王念孙校当作"不循"似是）……不足以经国定分"。惠施、邓析"好治怪说，玩琦辞，甚察而不惠（王校惠当作急）；辩而无用，多事而寡功，不可以为治纲纪"。子思、孟子"略法先王而不知其统……案往旧造说，谓之五行；甚僻远而无类，幽隐而无说，闭约而无解"（《韩诗外传》无子思孟子二人）。

此外尚有《富国》篇和《乐论》篇驳墨子的节用论和非乐论；又有《正论》篇驳宋子的学说；又有《性恶》篇驳孟子的性善论；又《正名》篇中驳"杀盗非杀人也"诸说。

这可见荀子学问很博，曾研究同时诸家的学说。因为他这样博学，所以他的学说能在儒家中别开生面，独创一种很激烈的学派。

参 考 书

《荀子》注以王先谦《荀子集解》为最佳。顷见日本久保爱之《荀子增注》，注虽不佳，而所用校勘之宋本、元本，颇足供参证。

天 与 性

论 天

荀子批评庄子的哲学道："庄子蔽于天而不知人。…… 由天谓之，道尽因矣。"这两句话不但是庄子哲学的正确评判，并且是荀子自己的哲学的紧要关键。庄子把天道看得太重了，所以生出种种的安命主义和守旧主义（说详第九篇）。荀子对于这种学说，遂发生一种激烈的反响。他说：

> 惟圣人为不求知天。（《天论》）

又说：

> 故君子敬其在己者，而不慕其在天者。小人错其在己者，而慕其在天者。君子敬其在己者，而不慕其在天者，是以日进也。小人错其在己者，而慕其在天者，是以日退也。(《天论》)

这是儒家本来的人事主义，和孔子的"未能事人，焉能事鬼"同一精神。即如"道"字，老子庄子都解作那无所不在、无时不存的天道，荀子却说：

> 道者，非天之道，非地之道，人之所以道也。君子之所道也。(《儒效》。此依宋本)

又说：

> 道者何也？曰：君道也。君者何也？曰：能群也。(《君道》)

所以荀子的哲学全无庄子一派的神秘气味。他说：

> 天行有常，不为尧存，不为桀亡。应之以治则吉，应之以乱则凶。强本而节用，则天不能贫；养备而动时，则天不

能病；循道而不贰（从王念孙校），则天不能祸。故水旱不能使之饥，寒暑不能使之疾，妖怪不能使之凶。……故明于天人之分，则可谓至人矣。不为而成，不求而得，夫是之为天职。如是者虽深，其人不加虑焉；虽大，不加能焉；虽精，不加察焉。夫是之谓不与天争职。天有其时，地有其财，人有其治。夫是之谓能参。舍其所以参，而愿其所参，则惑矣。（《天论》）

荀子在儒家中最为特出，正因为他能用老子一般人的"无意志的天"，来改正儒家、墨家的"赏善罚恶"有意志的天；同时却又能免去老子、庄子天道观念的安命守旧种种恶果。

荀子的"天论"，不但要人不与天争职，不但要人能与天地参，还要人征服天行以为人用。他说：

大天而思之，孰与物畜而制裁之？（王念孙云：依韵，制之当作裁之。适案依杨注，疑当作"制裁之"涉下误脱耳）从天而颂之，孰与制天命而用之？望时而待之，孰与应时而使之？因物而多之，孰与聘能而化之？思物而物之，孰与理物而勿失之也？愿于物之所以生，孰与有物之所以成？故错人而思天则失万物之情。（《天论》）

这竟是培根的"戡天主义"（Conquest of Nature）了。

论物类变化

　　荀卿的"戡天主义"，却和近世科学家的"戡天主义"不大相同。荀卿只要裁制已成之物，以为人用，却不耐烦做科学家"思物而物之"的功夫（下物字是动词，与《公孙龙子·名实论》"物以物其所物而不过焉"的下两物字同义。皆有"比类"的意思。物字可作"比类"解，说见王引之《经义述闻》卷三十一，物字条）。荀卿对于当时的科学家，很不满意。所以他说：

　　　　凡事行，有益于理者，立之；无益于理者，废之。夫是之谓中事。凡知说，有益于理者，为之；无益于理者，舍之。夫是之谓中说。……若夫充虚之相施易也，坚白同异之分隔也，是聪耳之所不能听也，明目之所不能见也，辩士之所不能言也，虽有圣人之知未能偻指也。不知无害为君子，知之无损为小人。工匠不知，无害为巧；君子不知，无害为治。王公好之则乱法，百姓好之则乱事。（《儒效》）

　　充虚之相施易（施同移），坚白同异之相分隔，正是当时科学家的话。荀子对于这一派人屡加攻击。这都由于他的极端短见的功用主义，所以有这种反对科学的态度。

他对于当时的生物进化的理论，也不赞成。我们曾说过，当时的生物进化论的大旨是"万物皆种也，以不同形相禅"。荀子所说，恰与此说相反。他说：

> 古今一度也类不悖，虽久同理（《非相》）（《韩诗外传》无度字，王校从之）。

杨倞注此段最妙，他说：

> 类，种类，谓若牛马也。……言种类不乖悖，虽久而理同。今之牛马与古不殊，何至人而独异哉？

这几句话便把古代万物同由种子以不同形递相进化的妙论，轻轻地推翻了。《正名》篇说：

> 物有同状而异所者，有异状而同所者，可别也。状同而为异所者，虽可合，谓之二实。状变而实无别，而为异者，谓之化（为是行为之为）。有化而无别，谓之一实。

荀子所注意的变化，只是个体的变迁，如蚕化为茧，再化为蛾，这种"状变而实无别而为异"的现象，叫作"化"。化来化去只是一物，故说"有化而无别，谓之一实"。既然只是一物，可见一切变化只限于本身，绝无万物"以不同形相禅"的道理。

如此看来，荀子是不主张进化论的。他说：

> 欲观千岁，则数今日。欲知亿万，则审一二。欲知上世，则审周道。（《非相》）

这就是上文所说"古今一度也"之理。他又说：

> 夫妄人曰："古今异情，其所以治乱者异道。"（今本作"以其治乱者异道"。王校云：《韩诗外传》正作"其所以治乱异道"。今从王校改）而众人惑焉。彼众人者，愚而无说，陋而无度者也。其所见焉，犹可欺也。而况于千世之传也？妄人者，门庭之间，犹可诬欺也，而况于千世之上乎？（《非相》）

这竟是痛骂那些主张历史进化论的人了。

法 后 王

荀卿虽不认历史进化古今治乱异道之说，他却反对儒家"法先王"之说。他说：

圣王有百，吾孰法焉？曰（曰字上旧有故字，今依王校删）：文久而息，节族久而绝，守法教之有司，极礼而褫。故曰：欲观圣王之迹，则于其粲然者矣，后王是也。……舍后王而道上古，譬之是犹舍己之君而事人之君也。（《非相》）

但是他要"法后王"，并不是因为后王胜过先王，不过是因为上古的制度文物都不可考，不如后王的制度文物"粲然"可考。所以说：

五帝之外无传人，非无贤人也，久故也。五帝之中无传政，非无善政也，久故也。禹汤有传政，而不若周之察也，久故也（察也下旧有"非无善政也"五字，此盖涉上文而衍，今删去）。传者久，则论略，近则论详。略则举大，详则举小。愚者闻其略而不知详，闻其细（旧作详，今依外传改）而不知其大也，故文久而灭，节族久而绝。（《非相》）

论　性

荀子论天，极力推开天道，注重人治。荀子论性，也极力压倒天性，注重人为。他的天论是对庄子发的，他的性论是对孟子发的。孟子说人性是善的（说见第十篇），荀子说：

人之性恶，其善者伪也。(《性恶》)

　　这是荀子性恶论的大旨。如今且先看什么叫作"性"，什么叫作"伪"。荀子说：

　　　不可学，不可事，而在人者，谓之性；可学而能，可事而成之在人者，谓之伪。(《性恶》)

　　又说：

　　　生之所以然者，谓之性。性之和所生，精合感应，不事而自然，谓之性。性之好恶喜怒哀乐，谓之情。情然而心为之择，谓之虑。心虑而能为之动，谓之伪（"所以能之在人者谓之能"）。虑积焉，能习焉，而后成，谓之伪。(《正名》)

　　依这几条界说看来，性只是天生成的，伪只是人力做的（"伪"字本训"人为"）。后来的儒者读了"人之性恶，其善者伪也"，把"伪"字看作真伪的伪，便大骂荀卿，不肯再往下读了。所以荀卿受了许多冤枉。中国自古以来的哲学家都崇拜"天然"过于"人为"。老子、孔子、墨子、庄子、孟子都是如此。大家都以为凡是"天然的"，都比"人为的"好。后来渐渐地把一切"天然的"都看作"真的"，一切"人为的"都看作"假的"。所以后来"真"字竟可代"天"字（例如《庄子·大宗师》："而已反其真，而我犹为人猗。"以真对人，犹以天对人也。又此篇屡用"真人"皆作"天然的人"解。如曰"不以心楫道，不以人助天，是之谓真人"，又"而况其真乎？"郭注曰："夫真者，不假于物，而自然者也。"此更明显矣）。而"伪"字竟变成"讹"字（《广雅·释诂》二："伪，为也。"《诗·兔爰》"尚无造"，笺云："造，伪也。"此伪字本义）。独有荀子极力反对这种崇拜天然的学说，以为"人为的"比"天然的"更好。所以他的性论，说性是恶的，一切善都是人为的结果。这样推崇"人为"过于"天然"，乃是荀子哲学的一大特色。

如今且看荀子的性恶论有何根据。他说：

> 今人之性，生而有好利焉。顺是，故争夺生而辞让亡焉。生而有疾恶焉。顺是，故残贼生而忠信亡焉。生而有耳目之欲，有好声色焉。顺是，故淫乱生而礼义文理亡焉。然则从人之性，顺人之情，必出于争夺，合于犯分乱理，而归于暴。是故必将有师法之化，礼义之道，然后出于辞让，合于文理，而归于治。用此观之，然则人之性恶明矣，其善者伪也。（《性恶》）

这是说人的天性有种种情欲，若顺着情欲做去，定做出恶事来。可见得人性本恶。因为人性本恶，故必须有礼义法度，"以矫饰人之情性而正之，以扰化人之情性而导之"，方可以为善。可见人的善行，全靠人为。故又说：

> 故枸木必将待檃栝烝矫然后直；钝金必将待砻厉然后利；今人之性恶，必将待师法然后正，得礼义然后治。……故性善则去圣王息礼义矣；性恶则兴圣王贵礼义矣。故檃栝之生，为枸木也；绳墨之起，为不直也；立君上，明礼义，为性恶也。（《性恶》）

这是说人所以必须君上礼义，正是性恶之证。

孟子把"性"字来包含一切"善端"，如恻隐之心之类，故说性是善的。荀子把"性"来包含一切"恶端"，如好利之心，耳目之欲之类，故说性是恶的。这都由于根本观点不同之故。孟子又以为人性含有"良知良能"，故说性善。荀子又不认此说。他说人人虽有一种"可以知之质，可以能之具"（此即吾所谓"可能性"），但是"可以知"未必就知，"可以能"未必就能。故说：

> 夫工匠农贾未尝不可以相为事也，然而未尝能相为事也。用此观之，然则"可以为"未必为"能"也。虽不"能"，无害"可以为"，然则"能不能"之与"可不可"，其不同远矣。（《性恶》）

例如"目可以见，耳可以听"。但是"可以见"未必就能见得

"明"，"可以听"未必就能听得"聪"。这都是驳孟子"良知良能"之说。依此说来，荀子虽说性恶，其实是说性可善可恶。

教 育 学 说

孟子说性善，故他的教育学说偏重"自得"一方面。荀子说性恶，故他的教育学说趋向"积善"一方面。他说：

> 性也者，吾所不能为也，然而可化也。情也者，非吾所有也，然而可为也。注错习俗，所以化性也；并一而不二，所以成积也。习俗移志，安久移质。……涂之人百姓积善而全尽，谓之圣人。彼求之而后得，为之而后成，积之而后高，尽之而后圣。故圣人也者，人之所积也。人积耨耕而为农夫，积斫削而为工匠，积反货而为商贾，积礼义而为君子。工匠之子莫不继事，而都国之民安习其服。居楚而楚，居越而越，居夏而夏，是非天性也，积靡使然也。(《儒效》)

荀子书中说这"积"字最多。因为人性只有一些"可以知之质，可以能之具"，正如一张白纸，本来没有什么东西，所以须要一点一滴地"积"起来，才可以有学问，才可以有道德。所以荀子的教育学说只是要人积善。他说："学不可以已。"(《劝学》)又说："骐

骥一跃，不能十步；驽马十驾，功在不舍。锲而舍之，朽木不折；锲而不舍，金石可镂。"（《劝学》）

荀子的教育学说以为学问须要变化气质，增益身心。不能如此，不足为学。他说：

> 君子之学也，入乎耳，著乎心，布乎四体，形乎动静；端而言，蠕而动，一可以为法则。小人之学也，入乎耳，出乎口：口耳之间，则四寸耳，曷足以美七尺之躯哉？（《劝学》）

又说：

> 不闻不若闻之，闻之不若见之，见之不若知之，知之不若行之。学至于行之而已矣。行之，明也。明之为圣人。圣人也者，本仁义，当是非，齐言行，不失毫厘。无它道焉，已乎行之矣。（《儒效》）

这是荀子的知行合一说。

礼 乐

荀子的礼论乐论只是他的广义的教育学说。荀子以为人性恶，故不能不用礼义音乐来涵养节制人的情欲。看他的《礼论》篇道：

> 礼起于何也？曰：人生而有欲，欲而不得则不能无求，求而无度量分界，则不能不争。争则乱，乱则穷。先王恶其乱也，故制礼义以分之，以养人之欲而给人之求。使欲必不穷乎物，物必不屈（杨注：屈，竭也）。于欲，两者相持而长：是礼之所起也。故礼者，养也。……君子既得其养，又好其别。曷谓别？曰贵贱有等，长幼有差，贫富轻重皆有称者也。

这和《富国》篇说政治社会的原起，大略相同：

> 人伦并处，同求而异道，同欲而异知，性也。皆有所可也，知愚同。所可异也，知愚分。势同而知异，行私而无祸，纵欲而不穷，则民奋而不可说也。如是，则知者未得治也……群众未县也。群众未县，则君臣未立也。无君以制臣，无上以制下，天下害生纵欲。欲恶同物，欲多而物寡。寡则必争矣。百技所成所以养一人也（言人人须百技所成。杨注以一人为君上，大误）。而能不能兼技，人不能兼官。离居不相待，则穷。群而无分，则争。……男女之合，夫妇之分，婚姻聘内，送逆无礼：如是，则人有失合之忧，而有争色之祸矣。故知者为之分也。

161

礼只是一个"分"字；所以要"分"，只是由于人生有欲，无分必争。《乐论》篇说：

> 夫乐者，乐也，人情之所不能免也。故人不能无乐。乐则必发于声音，形于动静：人之道也（此四字旧作"而人之道"，今依《礼记》改）。故人不能无乐，乐则不能无形。形而不为道，则不能无乱。先王恶其乱也，故制雅颂之声以道之，使其声足以乐而不流；使其文足以纶而不息；使其曲直繁省，廉肉节奏，足以感动人之善心；使夫邪污之气无由得接焉。……故乐者，所以道乐也。金石丝竹，所以道德也。……故乐者，治人之盛者也（此节诸道字，除第一道字外，皆通导）。

荀子的意思只为人是生来就有情欲的，故要作礼制，使情欲有一定的范围，不致有争夺之患；人又是生来爱快乐的，故要作正当的音乐，使人有正当的娱乐，不致流于淫乱。这是儒家所同有的议论。但是荀子是主张性恶的。性恶论的自然结果，当主张用严刑重罚来裁制人的天性。荀子虽自己主张礼义师法，他的弟子韩非、李斯却老老实实地主张用刑法治国了。

第十一章

古代哲学
的终局

前三世纪之思潮

公历前四世纪（前400年到前301年，安王二年至赧王十四年）和前三世纪的前七十年（前300年至前230年，周赧王十五年至秦始皇十七年），乃是中国古代哲学极盛的时代。我们已讲过"别墨"、惠施、公孙龙、孟子、庄子、荀子的哲学了。但是除了这几个重要学派以外，还有许多小学派发生于前四世纪的下半和前三世纪的上半。因为这几家学派成熟的时期大概多在前三世纪的初年，故统称为"前三世纪的思潮"。这一篇所说，以各家的人生哲学和政治哲学为主。

慎到、彭蒙、田骈

据《史记》，慎到是赵国人，田骈是齐国人。《史记》又屡说："淳于髡、慎到、环渊、接子、田骈、驺奭之徒。"（《孟子荀卿列传》及《田完世家》）似乎慎到、田骈的年代大概相去不远。《庄子·天下》篇说田骈学于彭蒙。《尹文子》下篇记田子、宋子、彭蒙问答一段，又似乎田骈是彭蒙之师。但道藏本的《尹文子》无此段，或是后人加入的。大概我们还应该根据《天下》篇，说慎到稍在前，彭蒙次之，田骈最后。他们的时代大概当前三世纪初年。《汉书·艺文志》有《慎子》四十二篇，《田子》二十五篇，今多不传。《慎子》唯存佚文若干条，后人集成《慎子》五篇。《汉书》云："慎子先申韩，申韩称之。"此言甚谬（慎子在申子后）。

《庄子·天下》篇说：

> 彭蒙、田骈、慎到……齐万物以为首。曰：天能覆之而不能载之；地能载之而不能覆之；大道能包之而不能辩之。知万物皆有所可，有所不可。故曰：选则不遍，教则不至，道则无遗者矣（道通导字）。

这种根本观念，与《庄子·齐物论》相同。"万物皆有所可，有所不可"，象虽大，蚂蚁虽小，各有适宜的境地，故说万物平等。《齐物论》只是认明万物之不齐，方可说齐。万物即各有个性的不齐，故说选择不能遍及，教育不能周到，只导因万物的自然，或者还可以不致有遗漏。"道"即是因势利导。故下文接着说：

> 是故慎到弃知去己而缘不得已。泠汰于物以为道理（郭注："泠汰犹听放也。"郭说似是。泠汰犹今人说冷淡）。……謑髁无任，而笑天下之尚贤也。纵脱无行，而非天下之大圣。椎拍輐断，与物宛转。舍是与非，苟可以免；不师知虑，不

知前后。魏然而已矣。

"弃知去己而缘不得已","椎拍輐断，与物宛转"，即是上文"道"字的意思。庄子所说的"因"，也是此理。下文又申说这个道理：

> 推而后行，曳而后往；若飘风之还，若羽之旋，若磨石之隧；全而无非，动静无过，未尝有罪。是何故？夫无知之物，无建己之患，无用知之累，动静不离于理，是以终身无誉。故曰：至于无知之物而已。无用贤圣，夫块不失道。豪杰相与笑之曰："慎到之道，非生人之行而至死人之理，适得怪焉。"

这一段全是说"弃知去己而缘不得已"的道理。老子说的"圣人之治，虚其心，实其腹；弱其志，强其骨：常使民无知无欲"，即是这个道理。老子要人做一个"顽似鄙"的"愚人"。慎到更进一层，要人做土块一般的"无知之物"。

如今所传的《慎子》五篇，及诸书所引，也有许多议论可说明《天下》篇所说。上文说："夫无知之物，无建己之患，无用知之累，动静不离于理。"反过来说，凡有知之物，不能尽去主观的私见，不能不用一己的小聪明，故动静定不能不离于理。这个观念用于政治哲学上，便主张废去主观的私意，建立物观的标准。《慎子》说：

措钧石，使禹察之，不能识也。悬于权衡，则厘发识矣。

权衡钧石都是"无知之物"，但这种无知的物观标准，辨别轻重的能力，比有知的人还高千百倍。所以说：

有权衡者，不可欺以轻重；有尺寸者，不可差以长短；有法度者，不可巧以诈伪。

这是主张"法治"的一种理由。孟子说过：

徒善不足以为政，徒法不能以自行。诗云："不愆不忘，率由旧章。"遵先王之法而过者，未之有也。圣人既竭目力焉，继之以规矩准绳，以为方圆平直，不可胜用也。既竭耳力焉，继之以六律，（以）正五音，不可胜用也。既竭心思焉，继之以不忍人之政，而仁覆天下矣。

孟子又说：

规矩，方圆之至也；圣人，人伦之至也。（皆见《离娄》篇）

孟子所说的"法"，还只是一种标准模范，还只是"先王之法"。当时的思想界，受了墨家"法"的观念的影响，都承认治国不可不用一种"标准法"。儒家的孟子主张用"先王之法"，荀子主张用"圣王为师"，这都是"法"字模范的本义。慎子的"法治主义"，便比儒家进一层了。慎子所说的"法"，不是先王的旧法，乃是"诛赏予夺"的标准法。慎子最明"法"的功用，故上文首先指出"法"的客观性。这种客观的标准，如钧石权衡，因为是"无知之物"，故最正确，最公道，最可靠。不但如此，人治的赏罚，无论如何精明公正，总不能使人无德无怨。这就是"建己之患，用知之累"。若用客观的标准，便可免去这个害处。《慎子》说：

> 君人者，舍法而以身治，则诛赏予夺从君心出。然则受赏者，虽当，望多无穷；受罚者，虽当，望轻无已。君舍法，以心裁轻重，则同功殊赏，同罪殊罚矣。怨之所由生也。

这是说人治"以心裁轻重"的害处。《慎子》又说：

> 法虽不善，犹愈于无法。所以一人心也。夫投钩以分财，投策以分马，非钩策为均也，使得美者不知所以美，得恶者不知所以恶。此所以塞怨望也。

这是说客观的法度可以免"以心裁轻重"的大害。此处慎子用钩策比"法"，说法之客观性最明白。此可见中国法治主义的第一个目的只要免去专制的人治"诛赏予夺从君心出"的种种祸害。此处慎到虽只为君主设想，其实是为臣民设想，不过他不敢说明罢了。儒家虽也有讲到"法"字的，但总脱不了人治的观念，总以为"惟仁者宜在高位"（孟子语，见《离娄》篇）。慎到的法治主义首先要去掉"建己之患，用知之累"：这才是纯粹的法治主义。

慎到的哲学根本观念——"弃知去己而缘不得已"——有两种结果：第一是用无知的法治代有知的人治，这是上文所说过了的。第二是因势主义。《天下》篇说："选则不遍，教则不至，道则无遗者矣。"慎子也说：

> 天道因则大，化则细（因即《天下》篇之"道"，化即《天下》篇之"教"）。因也者，因人之情也。人莫不自为也。化而使之为我，则莫可得而用。……人人不得其所以自为也，则上不取用焉。故用人之自为，不用人之为我，则莫不可得而用矣。此之谓因。

这是老子杨朱一支的嫡派。老子说为治须要无为无事。杨朱说人人都有"存我"的天性，但使人人不拔一毛，则天下自然太平了。慎到说的"自为"，即是杨朱说的"存我"。此处说的"因"，只是要因势利用人人的"自为"心（此说后来《淮南子》发挥得最好。看本书中卷论《淮南子》）。凡根据于天道自然的哲学，多趋于这个观念。欧洲十八世纪的经济学者所说的"自为"观念（参看亚丹·斯密《原富》部甲第二篇），便是这个道理。

上文引《天下》篇说慎到的哲学道，"推而后行，曳而后往；若飘风之远，若羽之旋，若磨石之隧"。这也是说顺着自然的趋势。慎到因势主义，有两种说法：一种是上文说的"因人之情"；一种是他的"势位"观念。《韩非子·难势》篇引慎子道：

> 慎子曰："飞龙乘云，腾蛇游雾。云罢雾霁而龙蛇与蚓蚁同矣，则失其所乘也。贤人而诎于不肖者，则权轻位卑也。不肖而能服于贤者（适按服字下之于字系衍文，后人不通文法，依上句妄加者也），则权重位尊也。尧为匹夫，不能治三人；而桀为天子，能乱天下。吾以此知势位之足恃而贤智之不足慕也。夫弩弱而矢高者，激于风也。身不肖而令行者，得助于众也。尧教于隶属而民不听，至于南面而王天下，令则行，禁则止。由此观之，贤智未足以服众，则势位足以任贤者也。"

这个观念，在古代政治思想发达史上很是重要的。儒家始终脱不了人治的观念，正因为他们不能把政权与君主分开来看，故说："徒法不能以自行。"又说："惟仁者宜在高位。"他们不知道法的自身虽不能施行，但行法的并不必是君主，乃是政权，乃是"势位"。知道行政法所靠的是政权，不是圣君明主，这便是推翻人治主义的第一步。慎子的意思要使政权（势位）全在法度，使君主"弃知去己"，做一种"虚君立宪"制度。君主成了"虚君"，故不必一定要有贤智的君主。荀子批评慎子的哲学，说他"蔽于法而不知贤"，又说"由法谓之，道尽数矣"。（《解蔽》篇）不知这正是慎子的长处。

以上说慎到的哲学。《天下》篇说田骈、彭蒙的哲学与慎到大旨相同，都以为"古之道人，至于莫之是、莫之非而已矣"。这就是上文"齐万物以为首"的意思。

宋钘、尹文

宋钘，又作宋牼，大概与孟子同时。尹文曾说齐湣王（见《吕氏春秋·正名》篇。又见《说苑》《汉书·艺文志》作说齐宣王），大概死在孟子之后，若作公历计算，宋钘是纪元前360至前290年，尹文是纪元前350至前270年。

《汉书·艺文志》有《宋子》十八篇，列在小说家；《尹文子》一篇，列在名家。今《宋子》已不传了。现行之《尹文子》有上下两篇。

《庄子·天下》篇论宋钘、尹文道：

> 不累于俗，不饰于物，不苟于人，不忮于众；愿天下之安宁，以活民命；人我之养，毕足而止，以此白心（白，《释文》云，或作任）。古之道术有在于是者，宋钘、尹文闻其风而悦之，作为华山之冠以自表。接万物以别宥为始。……见侮不

辱，救民之斗；禁攻寝兵，救世之战。以此周行天下，上说下教，虽天下不取，强聒而不舍者也。…… 以禁攻寝兵为外，以情欲寡浅为内。……

这一派人的学说与上文慎到、田骈一派有一个根本的区别。慎到一派"齐万物以为道"，宋钘、尹文一派"接万物以别宥为始"。齐万物是要把万物看作平等，无论他"有所可，有所不可"，只是听其自然。"别宥"便不同了。宥与囿通。《吕氏春秋·去宥》篇说："夫人有所宥者，因以昼为昏，以白为黑。…… 故凡人必别宥，然后知。别宥则能全其天矣。"别宥只是要把一切蔽囿心思的物事都辨别得分明。故慎到一派主张无知，主张"莫之是，莫之非"；宋钘、尹文一派主张心理的研究，主张正名检形，明定名分。

《尹文子》也有"禁暴息兵，救世之斗"的话。《孟子》记宋牼要到楚国去劝秦楚停战。这都与《天下》篇相印证。《孟子》又说宋牼游说劝和的大旨是"将言其不利"。这个正与墨家非攻的议论相同。《天下》篇说宋钘、尹文"其为人太多，其自为太少"（此亦与慎到"自为"主义不同），又说："先生恐不得饱，弟子虽饥，不忘天下，日夜不休，曰：我必得活哉！"这都是墨家"日夜不休，以自苦为极"的精神。因此我疑心宋钘、尹文一派是墨家的一支，稍偏于"宗教的墨学"一方面，故不与"科学的别墨"同派。若此说是真的，那么今本《尹文子》中"大道治者，则儒墨名法自废；以儒墨名法治者，则不得离道"等句，都是后人加入的了（《荀子·非十二子》篇也以墨翟、宋钘并称）。

"见侮不辱，救民之斗"，乃是老子、墨子的遗风。老子的"不争"主义，即含有此意。墨子也有此意。《耕柱》篇说：

> 子墨子曰："君子不斗。"子夏之徒曰："狗豨犹有斗，恶有士而无斗矣。"子墨子曰："伤矣哉！言则称于汤文，行则譬于狗豨！伤矣哉！"

但宋钘的"见侮不辱"说，乃是从心理一方面着想的，比老子、墨子都更进一层。《荀子·正论》篇述宋子的学说道：

> 子宋子曰：明见侮之不辱，使人不斗。人皆以见侮为辱，故斗也。知见侮之为不辱，则不斗矣（《正名》篇亦言："见侮不辱"）。

宋子的意思只要人知道"见侮"不是可耻的事，便不至于争斗了（娄师德的"唾面自干"便是这个道理）。譬如人骂你"猪狗"，你便大怒；然而你的老子对人称你为"豚儿"，为"犬子"，何以不生气呢？你若能把人骂你用的"猪狗"看作"豚儿"之豚，"犬子"之犬，那便是做到"见侮不辱"的地位了。

宋子还有一个学说，说人的性情是爱少不爱多的，是爱冷淡不爱浓挚的。《庄子·天下》篇称为"情欲寡浅"说（欲是动词，即

"要"字)。《荀子·正论》篇说：

> 子宋子曰："人之情欲（欲是动词）寡，而皆以己之情为欲多，是过也。"故率其群徒，辨其谈说，明其譬称，将使人知情之欲寡也（《正名》篇亦有"情欲寡"句）。

这种学说大概是针对当时的"杨朱主义"（纵欲主义）而发的。宋子要人寡欲，因说人的情欲本来是要"寡浅"的，故节欲与寡欲并不是逆天拂性，乃是顺理复性。这种学说正如儒家的孟子一派要人为善，遂说性本是善的，同是偏执之见（看《荀子》的《驳论》）。但宋钘、尹文都是能实行这个主义的，看《天下》篇所说，便可见了。

尹文的学说，据现有的《尹文子》看来，可算得当时一派重要学说。尹文是中国古代一个法理学大家。中国古代的法理学乃是儒墨道三家哲学的结果。老子主张无为，孔子也说无为，但他却先要"正名"，等到了"君君、臣臣、父父、子子"的地位，方可以"无为而治"了。孔子的正名主义已含有后来法理学的种子。看他说不正名之害可使"刑罚不中 …… 民无所措手足"，便可见名与法的关系。后来墨家说"法"的观念，发挥得最明白。墨家说"名"与"实"的关系也说得最详细。尹文的法理学的大旨在于说明"名"与"法"的关系。《尹文子》说：

名者，名形者也。形者，应名者也。……故必有名以检形，形以定名；名以定事，事以检名；（疑当作"名以检事，事以正名"）……善名命善，恶名命恶。故善有善名，恶有恶名。圣贤仁智，命善者也。顽嚚凶愚，命恶者也。……使善恶尽然有分，虽未能尽物之实，犹不患其差也。……今亲贤而疏不肖，赏善而罚恶。贤、不肖、善、恶之名宜在彼；亲、疏、赏、罚之称宜在我。……名宜属彼，分宜属我。我爱白而憎黑，韵商而舍徵，好膻而恶焦，嗜甘而逆苦：白、黑、商、徵、膻、焦、甘、苦，彼之名也；爱、憎、韵、舍、好、恶、嗜、逆，我之分也。定此名分，则万事不乱也。

　　这是尹文的法理学的根本观念。大旨分为三层说：一是形，二是名，三是分。形即是"实"，即是一切事物。一切形都有名称，名须与实相应，故说："名者，名形者也。形者，应名者也。"尹文的名学好像最力于儒家的正名主义，故主张名称中须含有褒贬之意，所以说："善名命善，恶名命恶。……使善恶尽（疑当作画）然有分。"这完全是寓褒贬，别善恶，明贵贱之意。命名既正当了，自然会引起人心对于一切善恶的正当反动。这种心理的反动，这种人心对于事物的态度，便叫作"分"。例如我好好色而恶恶臭，爱白而憎黑：好色、恶臭、白、黑是名；好、恶、爱、憎是分。名是根据于事物的性质而定的，故说"名宜属彼"。分是种种名所引起的态度，故说"分宜属我"。有什么名，就该引起什么分。

名不正，则分不正。例如匈奴子娶父妻，不以为怪；中国人称此为"烝"，为"乱伦"，就觉得是一桩大罪恶。这是因为"烝"与"乱伦"二名都能引起一种罪恶的观念。又如中国妇女缠足，从前以为"美"，故父母狠起心肠来替女儿裹足，女儿也忍着痛苦要有这种"美"的小脚。现今的人说小脚是"野蛮"，缠足是"残忍非人道"，于是缠足的都要放了，没有缠的也不再缠了。这都因为"美"的名可引起人的羡慕心，"野蛮""残忍"的名可引起人的厌恶心。名一变，分也变了。正名的宗旨只是要"善有善名，恶有恶名"；只是要善名发生羡慕爱做的态度，恶名发生厌恶不肯做的态度。故说"定此名分，则万事不乱也"。

以上所说，尹文的法理学与儒家的正名主义毫无分别。但儒家如孔子想用"春秋笔法"来正名，如荀卿想用国家威权来制名，多不主张用法律。尹文便不同了。《尹文子》道：

> 故人以度审长短，以量受多少，以衡平轻重，以律均清浊，以名稽虚实，以法定治乱。以简治烦惑，以易御险难。以万事皆归一，百度皆准于法。归一者，简之至；准法者，易之极。如此，顽嚚聋瞽可与察慧聪明同其治也。

从纯粹儒家的名学一变遂成纯粹的法治主义。这是中国法理学史的一大进步，又可见学术思想传授沿革的线索最不易寻，绝非如刘歆、班固之流划分作六艺九流就可完事了的。

许行、陈相、陈仲

当时的政治问题和社会问题最为切要，故当时的学者没有一人不注意这些问题的。内中有一派，可用许行做代表。许行和孟子同时。《孟子·滕文公》篇说：

> 有为神农之言者许行，自楚之滕，踵门而告文公曰："远方之人，闻君行仁政，愿受一廛而为氓。"文公与之处。其徒数十人，皆衣褐，捆屦，织席以为食。……陈相见孟子，道许行之言曰："滕君则诚贤君也，虽然，未闻道也。贤者与民并耕而食，饔飧而治。今也滕有仓廪府库，则是厉民而以自养也。恶得贤？"

这是很激烈的无政府主义。《汉书·艺文志》论"农家"，也说他们"以为无所事圣王，欲使君臣并耕，悖上下之序"。大概这一派的主张有三端：第一，人人自食其力，无有贵贱上下，人人都该劳动。故许行之徒自己织席子，打草鞋，种田；又主张使君主与百姓"并耕而食，饔飧而治"。第二，他们主张一种互助的社会生活。他们虽以农业为主，但并不要废去他种营业。陈相说："百工之事，固不可耕且为也。"因此，他们只要用自己劳动的产品与他人交易，如用米换衣服、锅、甑、农具之类。因为是大家共同互助的社会，故谁也不想赚谁的钱，都以互相辅助，互相供给为目的。因此他们理想中的社会是：

> 从许子之道，则市价不贰，国中无伪。虽使五尺之童适市，莫之或欺。布帛长短同，则价相若。麻缕丝絮轻重同，则价相若。五谷多寡同，则价相若。屦大小同，则价相若。

因为这是互助的社会，故商业的目的不在赚利益，乃在供社会的需要。孟子不懂这个道理，故所驳全无精彩。如陈相明说"屦大小同，则价相若"，这是说屦的大小若相同，则价也相同；并不是说大屦与小屦同价。孟子却说："巨屦小屦同价，人岂为之哉"；这竟是"无的放矢"的驳论了。第三，因为他们主张互助的社会，故他们主张不用政府。《汉书》所说"无所事圣王，欲使君臣并耕"；《孟子》所说"贤者与民并耕而食，饔飧而治"，都是主张社会以互助为治，不用政府。若有政府，便有仓廪府库，便是"厉民而以自养"，失了"互助"的原意了〔这种主义，与近人托尔斯泰（Tolstoy）所主张最近〕。

以上三端，可称为互助的无政府主义。只可惜许行、陈相都无书籍传下来，遂使这一学派湮没至今。《汉书·艺文志》记"农家"有《神农》二十篇，《野老》十七篇，及他书若干种，序曰：

> 农家者流，盖出于农稷之官，播百谷，劝耕桑，以足衣
> 食 …… 此其所长也。及鄙者为之，以为无所事圣王，欲使君
> 臣并耕，悖上下之序。

却不知序中所称"鄙者"，正是这一派的正宗。这又可见《艺文志》分别九流的荒谬了（参看江瑔《读子卮言》第十六章《论农家》）。

陈仲子（也称田仲。田、陈古同音），也是孟子同时的人。据《孟子》所说：

> 仲子，齐之世家也。兄戴，盖禄万钟。以兄之禄为不义
> 之禄而不食也；以兄之室为不义之室而不居也。辟兄离母，
> 处于於陵。
>
> ……
>
> 居於陵，三日不食，耳无闻，目无见也。井上有李，螬
> 食实者过半矣，匍匐往将食之，三咽，然后耳有闻，目有见。
>
> 仲子所居之室，所食之粟 …… 彼身织屦，妻辟纑以易之
> 也。

陈仲这种行为，与许行之徒主张自食其力的，毫无分别。《韩非子》也称陈仲"不恃仰人而食"。可与《孟子》所说互相证明。《荀子·非十二子》篇说陈仲一般人"忍情性，綦溪利跂，苟以分异人为高，不足以合大众，明大分"。这一种人是提倡极端的个人主义

的，故有这种特立独行的行为。《战国策》记赵威后问齐王的使者道：

> 於陵仲子尚存乎？是其为人也，上不臣于王，下不治其
> 家，中不索交诸侯，此率民而出于无用者。何为至今不杀乎？

这可见陈仲虽不曾明白主张无政府，其实也是一个无政府的
人了。

驺 衍

驺衍，齐人。《史记》说他到梁时，梁惠王郊迎；到赵时，平
原君"侧行襒席"；到燕时，燕昭王"拥彗先驱"。这几句话很不
可靠。平原君死于公历前251年，梁惠王死于前319年（此据《纪
年》，若据《史记》，则在前335年），梁惠王死时，平原君还没有
生呢。《平原君传》说驺衍过赵在信陵君破秦存赵之后（前257年），
那时梁惠王已死六十二年了（若依《史记》，则那时惠王已死了
七十八年），燕昭王已死二十二年了。《史记集解》引刘向《别录》
也有驺衍过赵见平原君及公孙龙一段，那一段似乎不是假造的。
依此看来，驺衍大概与公孙龙同时，在本章所说诸人中，要算最
后的了（《史记》亦说衍后孟子）。

《汉书·艺文志》有《驺子》四十九篇，又《驺子终始》五十六

篇，如今都不传了。只有《史记·孟荀列传》插入一段，颇有副料的价值。《史记》说：

> 驺衍睹有国者益淫侈不能尚德……乃深观阴阳消息而作怪迂之变，终始大圣之篇，十余万言。其语闳大不经，必先验小物，推而大之，至于无垠。

这是驺衍的方法。这方法其实只是一种"类推"法。再看这方法的应用：

> 先序今，以上至黄帝，学者所共术，大并世盛衰，因载其机祥度制，推而远之，至天地未生，窈冥不可考而原也。先列中国名山、大川、通谷、禽兽，水土所殖，物类所珍。因而推之，及海外人之所不能睹。

驺衍这个方法，全是由已知的推想到未知的。用这方法稍不小心便有大害。驺衍用到历史地理两种科学，更不合宜了。历史全靠事实，地理全靠实际观察调查，驺衍却用"推而远之"的方法，以为"想来大概如此"，岂非大错？《史记》又说：

> 称引天地剖判以来，五德转移，治各有宜，而符应若兹。

这是阴阳家的学说。大概当时的历史进化的观念已很通行。但当时的科学根据还不充足，故把历史的进化看作了一种终始循环的变迁。驺衍派又附会五行之说，以为五行相生相胜，演出"五德转移"的学说。《墨辩·经下》说：

> 五行无常胜，说在宜。说曰：五合水土火，火离然（五当作互）。火铄金，火多也。金靡炭，金多也。合之府水（《道藏》本、吴抄本作木），木离木。

此条有脱误，不可全懂。但看那可懂的几句，可知这一条是攻击当时的"五行相胜"说的。五行之说大概起于儒家，《荀子·非十二子》篇说子思"案往旧造说，谓之五行"，可以为证。驺衍用历史附会五德，于是阴阳五行之说遂成重要学说。到了汉朝这一派更盛。从此儒家遂成"道士的儒学"了。

驺衍的地理学虽是荒诞，却有很大胆的思想。《史记》说他：

> 以为儒者所谓"中国"者，于天下乃八十一分居其一分耳，中国名曰赤县神州……中国外，如赤县神州者九，乃所谓"九州"也。于是有稗海环之，人民禽兽莫能相通者……乃为一洲。如此者九，乃有大瀛海环其外，天地之际焉。

这种地理，虽是悬空理想，但很可表示当时理想的大胆，比那些人认中国为"天下"的，可算得高十百倍了！

《史记·平原君传》，《集解》引刘向《别录》有驺衍论《辩》一节，似乎不是汉人假造的。今引如下：

> 驺子曰：……辩者，别殊类使不相害，序异端使不相乱；抒意通指，明其所谓；使人与知焉，不务相迷也。故胜者不失其所守，不胜者得其所求。若是，故辩可为也。及至烦文以相假，饰辞以相悖，巧譬以相移，引人声使不得及其意。如此，害大道。不能无害君子。

这全是儒家的口吻，与荀子论"辩"的话相同。

参考书

马骕：《绎史》卷一百十九。

所谓法家

论"法家"之名

古代本没有什么"法家"。读了上章的人当知道慎到属于老子、杨朱、庄子一系；尹文的人生哲学近于墨家，他的名学纯粹是儒家。又当知道孔子的正名论，老子的天道论，墨家的法的观念，都是中国法理学的基本观念。故我以为中国古代只有法理学，只有法治的学说，并无所谓"法家"。中国法理学当公历前三世纪时，最为发达，故有许多人附会古代有名的政治家如管仲、商鞅、申不害之流，造出许多讲法治的书。后人没有历史眼光，遂把一切讲法治的书统称为"法家"，其实是错的。但法家之名，沿用已久了，故现在也用此名。但本章所讲，注重中国古代法理学说，并不限于《汉书·艺文志》所谓"法家"。

所谓"法家"的人物及其书

一、管仲与《管子》。管仲在老子、孔子之前。他的书大概是前三世纪的人假造的，其后又被人加入许多不相干的材料。但此书有许多议论可作前三世纪史料的参考。

二、申不害与《申子》。申不害曾做韩昭侯的国相。昭侯在位当公历前358至前333年。大概申不害在当时是一个大政治家。（《韩非子》屡称申子。《荀子·解蔽》篇也说："申子蔽于势而不知智。由势谓之，道尽便矣。"）《韩非子·定法》篇说："申不害言术而公孙鞅为法"。又说："韩者，晋之别国也。晋之故法未息，而韩之新法又生；先君之令未收，而后君之令又下。申不害不擅其法，不一其宪令。……故托万乘之劲韩，七十年（顾千里校疑当作十七年），而不至于霸王者，虽用术于上，法不勤饰于官之患也。"依此看来，申不害虽是一个有手段（所谓术也）的政治家，却不是主张法治主义的人。今《申子》书已不传了。诸书所引佚文，有"圣君任法而不任智，任数而不任说……置法而不变"等语，似乎不是申不害的原著。

三、商鞅与《商君书》。卫人公孙鞅于公历前361年入秦，见孝公，劝他变法。孝公用他的话，定变法之令，"设告相坐而责其实，连什伍而同其罪（《史记》云："令民为什伍而相收司连坐。不告奸者腰斩，告奸者与斩敌同赏，匿奸者与降敌同罚。"与此互相印证）。赏厚而信，刑重而必"（《韩非子·定法》篇）。公孙鞅的政策只是用赏罚来提倡实业，提倡武力（《史记》所谓"变法修刑，内务耕稼，外劝战死之赏罚"是也）。这种政策功效极大，秦国渐渐富强，立下后来吞并六国的基础。公孙鞅后封列侯，号商君，但他变法时结怨甚多，故孝公一死，商君遂遭车裂之刑而死（公历前338年）。商君是一个大政治家，主张用严刑重赏来治国。故他立法："斩一首者爵一级，欲为官者为五十石之官；斩二首者爵二级，欲为官者为百石之官。"（《韩非子·定法》篇）。又"步过六尺者有罚，弃灰于道者被刑"（《新序》）。这不过是注重刑赏的政策，与法理学没有关系。今世所传《商君书》二十四篇（《汉书》作二十九篇），乃是商君死后的人所假造的书。如《徕民》篇说："自魏襄以来，三晋之所亡于秦者，不可胜数也。"魏襄王死在公历前296年，商君已死四十二年，如何能知他的谥法呢？《徕民》篇又称"长平之胜"，此事在前260年，商君已死七十八年了。书中又屡称秦王。秦称王在商君死后十余年。此皆可证《商君书》是假书。商君是一个实行的政治家，没有法理学的书。

以上三种都是假书，况且这三个人都不配称为"法家"。这一流的人物——管仲、子产、申不害、商君——都是实行的政治家，不是法理学家，故不该称为"法家"。但申不害与商君同时，皆当前四世纪的中叶。他们的政策都很有成效，故发生一种思想上的影响。有了他们那种用刑罚的政治，方有学理的"法家"。正如先有农业，方有农学；先有文法，方有文法学；先有种种美术品，方有美学。这是一定的道理。如今且说那些学理的"法家"和他们的书：

四、慎到与《慎子》。见上章。

五、尹文与《尹文子》。见上章。（《汉书·艺文志》尹文在"名家"是错的。）

六、尸佼与《尸子》。尸佼，楚人（据《史记·孟荀列传》及《集解》引刘向《别录》。班固以佼为鲁人，鲁灭于楚，鲁亦楚也，或作晋人，非）。古说相传，尸佼曾为商君之客；商君死，尸佼逃入蜀（《汉书·艺文志》）。《尸子》书二十卷，向来列在"杂家"。今原书已亡，但有从各书里辑成的《尸子》两种（一为孙星衍的，一为汪继培的。汪辑最好）。据这些引语看来，尸佼是一个儒家的后辈，但他也有许多法理的学说，故我把他排在这里。即使这些话不真是尸佼的，也可以代表当时的一派法理学者。

七、韩非与《韩非子》。韩非是韩国的公子，与李斯同受学于荀卿。当时韩国削弱，韩非发愤著书，攻击当时政府"所养非所用，所用非所养"；因主张极端的"功用"主义，要国家变法，重刑罚，去无用的蠹虫，韩王不能用。后来秦始皇见韩非的书，想收用他，遂急攻韩。韩王使韩非入秦说存韩的利益。（按《史记》所说。李斯劝秦王急攻韩欲得韩非，似乎不可信。李斯既举荐韩非，何以后来又杀害他。大概韩王遣韩非入秦说秦王存韩，是事实。但秦攻韩未必是李斯的主意。）秦王不能用，后因李斯、姚贾的谗言，遂收韩非下狱。李斯使人送药与韩非，叫他自杀。韩非遂死狱中，时为公历前233年。

《汉书·艺文志》载《韩非子》五十五篇。今本也有五十五篇。但其中很多不可靠的。如《初见秦》篇乃是张仪说秦王的话，所以劝秦王攻韩。韩非是韩国的王族，岂有如此不爱国的道理？况且第二篇是《存韩》。既劝秦王攻韩，又劝他存韩，是绝无之事。第六篇《有度》，说荆、齐、燕、魏四国之亡。韩非死时，六国都不曾亡。齐亡最后，那时韩非已死十二年了。可见《韩非子》绝非原本，其中定多后人加入的东西。依我看来，《韩非子》十分之中，仅有一二分可靠，其余都是加入的。那可靠的诸篇如下：

《显学》《五蠹》《定法》《难势》

《诡使》《六反》《问辩》

此外，如《孤愤》《说难》《说林》《内外储》，虽是司马迁所举的篇名，但是司马迁的话是不很靠得住的（如所举《庄子》中《渔父》《盗跖》诸篇，皆为伪作无疑）。

我们所定这几篇，大都以学说内容为根据。大概《解老》《喻老》诸篇，另是一人所作。《主道》《扬榷》（今作扬权，此从顾千里校）诸篇，又另是一派"法家"所作。《外储说·说左上》似乎还有一部分可取。其余的更不可深信了。

法

按《说文》："灋，刑也。平之如水，从水；廌，所以触不直者去之，从廌去（廌，解廌兽也。似牛一角。古者决讼，令触不直者。象形）。法，今文省。佱，古文。"据我个人的意见看来，大概古时有两个"法"字。一个作"佱"，从亼从正，是模范之法。一个作"灋"，《说文》云："平之如水，从水；廌，所以触不直者去之，从廌去"，是刑罚之法。这两个意义都很古，比较看来，似乎模范的"佱"更古。《尚书·吕刑》说："苗民弗用灵，制以刑，惟作五虐之刑，曰法。"如此说可信，是罚刑的"灋"字乃是后来才从苗民输入中国本部的。灋字从廌从去，用廌兽断狱，大似初民状态，或本是苗民的风俗，也未可知。大概古人用法字，起初多含模范之义。《易·蒙》"初六"云："发蒙利用刑人，用说。（句）桎梏以往，吝。"《象》曰："利用刑人，以正法也。"此明说"用人"即是

"用正法"。"刑"是刑范，"法"是模范，"以"即是用。古人把"用说桎梏以往"六字连读，把言说的说解作脱字，便错了。又《系辞传》："见乃谓之象，形乃谓之器，制而用之谓之法。"法字正作模范解。（孔颖达《正义》："垂为模范，故云谓之法。"）又如《墨子·法仪》篇云：

> 天下从事者，不可以无法仪。……虽至百工从事者亦皆有法。百工为方以矩，为圆以规，直以绳，正以县。无巧工不巧工，皆以此四者为法。

这是标准模范的"法"（参看《天志》上、中、下，及《管子·七法》篇）。到了墨家的后辈，"法"字的意义讲得更明白了。《墨辩·经上》说：

> 法，所若而然也。佴，所然也。《经说》曰：佴，所然也者，民若法也。

佴字，《尔雅·释言》云："贰也。"郭注："佴次为副贰。"《周礼》："掌邦之六典八法八则之贰。"郑注："贰，副也。"我们叫抄本做"副本"，即是此意。譬如摹拓碑帖，原碑是"法"，拓本是"佴"，是"副"。墨家论法，有三种意义：

（一）一切模范都是法（如上文所引《法仪》篇）。

（二）物事的共相可用物事的类名作代表的，也是法。

（三）国家所用来齐一百姓的法度也是法，如上文所引《墨辩》"佴所然也者，民若法也"的话，便是指这一种齐一百姓的法度。荀子说："墨子有见于齐，无见于畸。"（《天论》篇）墨子的"尚同主义"要"壹同天下之义"，使"上之所是，必皆是之；上之所非，必皆非之"。故荀子说他偏重"齐"字，却忘了"畸"字，畸即是不齐。后来"别墨"论"法"字，要使依法做去的人都有一致的行动，如同一块碑上摹下来的拓本一般；要使守法的百姓都如同法的"佴"。这种观念正与墨子的尚同主义相同，不过墨子的尚同主义含有宗教的性质，"别墨"论法便没有这种迷信了。

上文所引《墨辩》论"法"字，已把"法"的意义推广，把瀍金两个字合成一个字。《易经·噬嗑卦·象传》说："先王以明罚饬法。"法与刑罚还是两事。大概到了"别墨"时代（四世纪中叶以后），法字方包括模范标准的意义和刑律的意义。如《尹文子》说：

> 法有四呈：一曰不变之法，君臣上下是也。二曰齐俗之法，能鄙同异是也。三曰治众之法，庆赏刑罚是也。四曰平准之法，律度权衡是也。

《尹文子》的法理学很受儒家的影响（说见上章），故他的第一种"法"，即是不变之法，近于儒家所谓天经地义。第二种"齐俗之法"指一切经验所得或科学研究所得的通则，如"火必热""圆无直"（皆见《墨辩》）等等。第三种是刑赏的法律，后人用"法"字单指这第三种（佛家所谓法〔达摩〕，不在此例）。第四种"平准之法"乃金字本义，无论儒家、墨家、道家，都早承认这种标准的法（看《孟子·离娄》《荀子·正名》《墨子·法仪》《墨子·天志》《管子·七法》等篇及《慎子》《尹文子》等书）。当时的法理学家所主张的"法"，乃是第三种"治众之法"。他们的意思只是要使刑赏之法，也要有律度权衡那样的公正无私、明确有效（看上章论慎到尹文）。故《韩非子·定法》篇说：

> 法者，宪令著于官府，刑罚必于民心；赏存乎慎法，而罚加乎奸令者也。

又《韩非子·难三》篇说：

> 法者，编著之图籍，设之于官府，而布之于百姓者也。

又《慎子》佚文说：

> 法者，所以齐天下之动，至公大定之制也。（见马骕《绎史》百十九卷所辑）

这几条界说，讲"法"字最明白。当时所谓"法"，有这几种性质：

（一）是成文的（编著之图籍）；

（二）是公布的（布之于百姓）；

（三）是一致的（所以齐天下之动，至公大定）；

（四）是有刑赏辅助施行的功效的（刑罚必于民心，赏存乎慎法而罚加乎奸令）。

"法"的哲学

以上述"法"字意义变迁的历史，即是"法"的观念进化的小史。如今且说中国古代法理学（法的哲学）的几个基本观念。

要讲法的哲学，先须要说明几件事。第一，千万不可把"刑罚"和"法"混作一件事。刑罚是从古以来就有了的，"法"的观念是战国末年方发生的。古人早有刑罚，但刑罚并不能算是法理学家所称的"法"。譬如，现在内地乡人捉住了做贼的人便用私刑拷打；又如，那些武人随意枪毙人，这都是用刑罚，却不是用"法"。第二，须知中国古代的成文的公布的法令，是经过了许多反对，方渐渐产生的。春秋时的人不明"成文公布法"的功用，以为刑律是愈秘密愈妙，不该把来宣告国人。这是古代专制政体的遗毒。虽有些出色人才，也不能完全脱离这种遗毒的势力。所以郑国子产铸刑书时（昭六年，公历前536年），晋国叔向写信与子产道：

> 先王议事以制，不为刑辟，惧民之有争心也。……民知
> 有辟，则不忌于上，并有争心，以征于书而徼幸以成之，弗
> 可为矣。……锥刀之末，将尽争之。乱狱滋丰，贿赂并行，
> 终子之世，郑其败乎！

后二十九年（昭二十九年，前513年），叔向自己的母国也作
刑鼎，把范宣子所作刑书铸在鼎上。那时孔子也极不赞成，他说：

> 晋其亡乎！失其度矣。……民在鼎矣，何以尊贵？（尊
> 字是动词，贵是名词。）贵何业之守？……

这两句话很有趣味。就此可见刑律在当时，都在"贵族"的掌
握。孔子恐怕有了公布的刑书，贵族便失了他们掌管刑律的"业"
了。那时法治主义的幼稚，看此两事，可以想见。后来公布的成
文法渐渐增加，如郑国既铸刑书，后来又采用邓析的竹刑。铁铸
的刑书是很笨的，到了竹刑更方便了。公布的成文法既多，法理
学说遂渐渐发生。这是很长的历史，我们见惯了公布的法令，以
为古代也自然是有的，那就错了。第三，须知道古代虽然有了刑
律，并且有了公布的刑书，但是古代的哲学家对于用刑罚治国，
大都有消极怀疑的心，并且有极力反对的。例如，老子说的："法
令滋彰，盗贼多有"，"民不畏死，奈何以死惧之"。又如，孔子

说的："道之以政，齐之以刑，民免而无耻；道之以德，齐之以礼，有耻且格。"这就可见孔子不重刑罚，老子更反对刑罚了。这也有几层原因：

（一）因当时的刑罚本来野蛮得很，又没有限制（如《诗》："此宜无罪，女反收之，彼宜有罪，女覆脱之。"又如《左传》所记诸虐刑），实在不配做治国的利器。

（二）因为儒家大概不能脱离古代阶级社会的成见，以为社会应该有上下等级：刑罚只配用于小百姓们，不配用于上流社会。上流社会只该受"礼"的裁制，不该受"刑"的约束。如《礼记》所说"礼不下庶人，刑不上大夫"；《荀子·富国》篇所说"由士以上，则必以礼乐节之；众庶百姓，则必以法数制之"，都可为证。近来有人说，儒家的目要使上等社会的"礼"普及全国，法家要使下级社会的"刑"普及全国（参看梁任公《中国法理学发达史》）。这话不甚的确。其实那种没有限制的刑罚，是儒法两家所同声反对的。法家所主张的，并不是用刑罚治国。他们所说的"法"，乃是一种客观的标准法，要"宪令著于官府，刑罚必于民心"，百姓依这种标准行动，君主官吏依这种标准赏罚。刑罚不过是执行这种标准法的一种器具。刑罚成了"法"的一部分，便是"法"的刑罚，便是有了限制，不是从前"诛赏予夺从心出"的刑罚了。

懂得上文所说三件事，然后可讲法理学的几个根本观念。中国的法理学虽到前三世纪方发达，但他的根本观念来源很早。今分述于下：

第一，无为主义。中国的政治学说，自古代到近世，几乎没有一家能逃得出老子的无为主义。孔子是极力称赞"无为而治"的，后来的儒家多受了孔子"恭己正南面"的话的影响（宋以后更是如此），无论是说"正名""仁政""王道""正心诚意"，都只是要归到"无为而治"的理想的目的。平常所说的"道家"一派，更不用说了。法家中如慎到一派便是受了老子一系的无为主义的影响；如《尸子》，如《管子》中《禁藏》《白心》诸篇，如《韩非子》中《扬权》《主道》诸篇，便是受了老子、孔子两系的无为主义的影响。宋朝王安石批评老子的无为主义，说老子"知无之为车用，无之为天下用，然不知其所以为用也。故无之所以为车用者，以有毂辐也；无之所以为天下用者，以有礼乐刑政也。如其废毂辐于车，废礼乐刑政于天下，而坐求其无之为用也，则亦近于愚"（王安石《老子论》）。这段话很有道理。法家虽信"无为"的好处，但他们以为必须先有"法"；然后可以无为。如《管子·白心》篇说："名正法备，则圣人无事。"又如《尸子》说："正名去伪，事成若化。……正名覆实，不罚而威。"这都是说有了"法"便可做到"法立而不用，刑设而不行"（用《管子·禁藏》篇语）的无为之治了。

第二，正名主义。上章论尹文的法理学时，已说过名与法的关系（参看上章）。尹文的大旨是要"善有善名，恶有恶名"，使人一见善名便生爱做的心，一见恶名便生痛恶的心。"法"的功用只是要"定此名分"，使"万事皆归于一，百度皆准于法"。这可见儒家的正名主义乃是法家哲学的一个根本观念。我且再引《尸子》

几条作参证：

> 天下之可治，分成也。是非之可辨，名定也。

> 明王之治民也……言寡而令行，正名也。君人者苟能正
> 名，愚智尽情；执一以静，令名自正，赏罚随名，民莫不敬（参
> 看《韩非子·扬榷》篇云："执一以静，使名自命，令事自定。"
> 又看《主道》篇）。

> 言者，百事之机也。圣王正言于朝，而四方治矣。是故曰：
> 正名去伪，事成若化；以实覆名，百事皆成。……正名覆实，
> 不罚而威。

> 审一之经，百事乃成；审一之纪，百事乃理。名实判为两，
> 分为一。是非随名实，赏罚随是非。

这几条说法治主义的逻辑，最可玩味。他的大旨是说天下万
物都有一定的名分，只看名实是否相合，便知是非：名实合，便
是"是"；名实不合，便是"非"。是非既定，赏罚跟着来。譬如，
"儿子"是当孝顺父母的，如今说"此子不子"，是名实不合，便
是"非"，便有罚了。"名"与"法"其实只是同样的物事。两者都
是"全称"（Universal），都有驾驭个体事物的效能。"人"是一名，
可包无量数的实。"杀人者死"是一法，可包无数杀人的事实。所
以说"审一之经"，又说"执一以静"。正名定法，都只要"控名责
实"，都只要"以一统万"——孔子的正名主义的弊病在于太注重

"名"的方面，就忘了名是为"实"而设的，故成了一种偏重"虚名"的主张，如《论语》所记"尔爱其羊，我爱其礼"，及《春秋》种种正名号的笔法，皆是明例。后来名学受了墨家的影响，趋重"以名举实"，故法家的名学，如尹文的"名以检形，形以定名；名以定事，事以检名"（疑当作"名以检事，事以定名"）；如尸子的"以实覆名……正名覆实"；如韩非子的"形名参同"（《主道》篇、《扬榷》篇），都是墨家以后改良的正名主义了。

第三，平等主义。儒家不但有"礼不下庶人，刑不上大夫"的成见，还有"亲亲""贵贵"种种区别，故孔子有"子为父隐，父为子隐"的议论；孟子有瞽瞍杀人，舜窃负而逃的议论。故我们简直可说儒家没有"法律之下，人人平等"的观念。这个观念得墨家的影响最大。墨子的"兼爱"主义直攻儒家的亲亲主义，这是平等观念的第一步。后来"别墨"论"法"字，说道：

> 一法者之相与也尽类，若方之相合也。《经说》曰：一方尽类，俱有法而异。或木或石，不害其方之相合也。尽类犹方也，物俱然。

这是说同法的必定同类。无论是科学的通则，是国家的律令，都是如此。这是法律平等的基本观念。所以法家说："如此，则顽嚚聋瞽可与察慧聪明同其治也。"（《尹文子》）"法"的作用要能"齐天下之动"。儒家所主张的礼义，只可行于少数的"君子"，不能遍行全国。韩非说得最好：

> 夫圣人之治国，不恃人之为吾善也，而用其不得为非
> 也。恃人之为吾善也，境内不什数。用人不得（为）非，一
> 国可使齐。为治者用众而舍寡，故不务德而务法。夫恃自
> 直之箭，百世无矢；恃自圜之木，百世无轮矣。自直之箭，
> 自圜之木，百世无有一，然而世皆乘车射禽者，隐栝之道
> 用也。虽有不恃隐栝而自直之箭，自圜之木，良工弗贵也。
> 何则？乘者非一人，射者非一发也。不恃赏罚而自善之民，
> 明主弗贵也。何则？国法不可失，而所治非一人也。（《显学》
> 篇）

第四，客观主义。上章曾说过慎到论"法"的客观性，慎到的
大旨以为人的聪明才智，无论如何高绝，总不能没有偏私错误。
即使人没有偏私错误，总不能使人人心服意满。只有那些"无知
之物，无建己之患，无用知之累"，可以没有一毫私意，又可以不
至于陷入偏见的蒙蔽。例如，最高明的才智，总比不上权衡、斗
斛、度量等物的正确无私。又如，投钩分钱，投策分马，即使不
如人分的均平，但是人总不怨钩策不公。这都是"不建己，不用知"
的好处。不建己，不用知，即是除去一切主观的弊害，专用客观
的标准。法治主义与人治主义不同之处，根本即在此。慎到说得
最好：

君人者，舍法而以身治，则诛赏予夺从君心出。然则受赏者，虽当，望多无穷；受罚者，虽当，望轻无已。……法虽不善，犹愈于无法。……夫投钩以分财，投策以分马，非钩策为均也，使得美者不知所以美，得恶者不知所以恶，此所以塞怨望也。

这是说用法可以塞怨望。韩非子说：

释法术而心治，尧不能正一国。去规矩而妄意度，奚仲不能成一轮。……使中主守法术，拙匠守规矩尺寸，则万不失矣。君人者能去贤巧之所不能，守中拙之所万不失，则人力尽而功名立。(《用人》)

故设柙非所以备鼠也，所以使怯弱能服虎也。立法非所以避曾史也，所以使庸主能止盗跖也。(《守道》)

这是说，若有了标准法，君主的贤不贤都不关紧要。人治主义的缺点在于只能希望"惟仁者宜在高位"，却免不了"不仁而在高位"的危险。法治的目的在于建立标准法，使君主遵守不变。现在所谓"立宪政体"，即是这个道理。但中国古代虽有这种观念，却不曾做到施行的地步。所以秦孝公一死，商君的新法都可推翻；秦始皇一死，中国又大乱了。

第五，责效主义。儒家所说"为政以德""保民而王""恭己正南面而天下治"等话，说来何尝不好听，只是没有收效的把握。法治的长处在于有收效的把握。如《韩非子》说的：

> 法者，宪令著于官府，刑罚必于民心；赏存乎慎法，而罚加乎奸令者也。

守法便是效（效的本义为"如法"。《说文》："效，象也。"引申为效验，为功效），不守法便是不效。但不守法即有罚，便是用刑罚去维持法令的效能。法律无效，等于无法。法家常说"控名以责实"，这便是我所说的"责效"。名指法（如"杀人者死"），实指个体的案情（如"某人杀人"）。凡合于某法的某案情，都该依某法所定的处分：这便是"控名以责实"（如云"凡杀人者死。某人杀人，故某人当死"）。这种学说，根本上只是一种演绎的论理。这种论理的根本观念只要"控名责实"，要"形名参同"，要"以一统万"。这固是法家的长处，但法家的短处也在此。因为"法"的目的在"齐天下之动"，却不知道人事非常复杂，有种种个性的区别，绝不能全靠一些全称名词便可包括了一切。例如，"杀人"须分故杀与误杀。故杀之中，又可分别出千百种故杀的原因和动机。若单靠"杀人者死"一条法去包括一切杀人的案情，岂不要冤枉杀许多无罪的人吗？中国古代以来的法理学只是一个刑名之学，今世的"刑名师爷"，便是这种主义的流毒。"刑名之学"只是一个

"控名责实"。正如"刑名师爷"的责任只是要寻出各种案情（实），合于刑律的第几条第几款（名）。

韩 非

"法家"两个字，不能包括当时一切政治学者。法家之中，韩非最有特别的见地，故我把他单提出来，另列一节。

我上文说过，中国古代的政治学说大都受了老子的"无为"两个字的影响。就是法家也逃不出这两个字。如上文所引《尸子》的话："君人者苟能正名，愚智尽情；执一以静，令名自正。"又说："正名去伪，事成若化。…… 正名覆实，不罚而威。"又如《管子·白心》篇说的："名正法备，则圣人无事。"这都是"无为"之治。他们也以为政治的最高目的是"无为而治"，有了法律，便可做到"法立而不用，刑设而不行"的无为之治了。这一派的法家，我们可称为保守派。

韩非是一个极信历史进化的人，故不能承认这种保守的法治主义（若《显学》《五蠹》诸篇是韩非的书，则《主道》《扬权》诸篇绝不是韩非的书。两者不可并立）。他的历史进化论，把古史分作上古、中古、近古三个时期；每一时期，有那时期的需要，便有那时期的事业。故说：

今有构木钻燧于夏后氏之世者，必为鲧禹笑矣。有决渎于殷周之世者，必为汤武笑矣。然则今有美尧舜禹汤武之道于当今之世者，必为新圣笑矣。是以圣人不期修古，不法常可。论世之事，因为之备。(《五蠹》)

韩非的政治哲学，只是"论世之事，因为之备"八个字。所以说："事因于世而备适于事。"又说："世异则事异，事异则备变。"他有一则寓言说得最好：

宋人有耕田者，田中有株，兔走触株，折颈而死，因释其耒而守株，冀复得兔。……
今欲以先王之政治当世之民，皆守株之类也。(《五蠹》)

后人多爱用"守株待兔"的典故，可惜都把这寓言的本意忘了。韩非既主张进化论，故他的法治观念，也是进化的。他说：

故治民无常，惟治为法。法与时转则治，治与世宜则有功。……时移而治不易者乱。(《心度》)

韩非虽是荀卿的弟子，他这种学说却恰和荀卿相反。荀卿骂那些主张"古今异情，其所以治乱者异道"的人都是"妄人"。如此说来，韩非是第一个该骂了！其实荀卿的"法后王"说，虽不根据于进化论，却和韩非有点关系。荀卿不要法先王，是因为先王的制度文物太久远了，不可考了，不如后王的详备。韩非说得更畅快：

> 孔子墨子俱道尧舜而取舍不同，皆自谓真尧舜。尧舜不复生，将谁使定儒墨之诚乎？……不能定儒墨之真，今乃欲审尧舜之道于三千岁之前，意者其不可必乎？无参验而必之者，愚也。弗能必而据之者，诬也。故明据先王必定尧舜者，非愚则诬也。（《显学》）

"参验"即是证据。韩非的学说最重试验，他以为一切言行都该用实际的"功用"做试验。他说：

> 夫言行者，以功用为之的彀者也。夫砥砺杀矢，而以妄发，其端未尝不中秋毫也。然而不可谓善射者，无常仪的也。设五寸之的，引十步之远，非羿、逢蒙不能必中者，有常仪的也。故有常仪的，则羿、逢蒙以五寸的为巧。无常仪的，则以妄发之中秋毫为拙。今听言观行，不以功用为之的彀，言虽至察，行虽至坚，则妄发之说也（《问辩》。旧本无后面三个"仪的"，今据《外储说·左上》增）。

言行若不以"功用"为目的，便是"妄发"的胡说胡为，没有存在的价值。正如《外储说·左上》举的例：

> 郑人有相与争年者（其一人曰："我与尧同年。"〔旧无此九字，今据马总《意林》增〕），其一人曰："我与黄帝之兄同年。"讼此而不决，以后息者为胜耳。

言行既以"功用"为目的，我们便可用"功用"来试验那言行的是非善恶。故说：

> 人皆寐则盲者不知；皆嘿则喑者不知。觉而使之视，问而使之对，则喑盲者穷矣。……明主听其言必责其用，观其行必求其功，然则虚旧之学不谈，矜诬之行不饰矣。（《六反》）

韩非的"功用主义"和墨子的"应用主义"大旨相同，但韩非比墨子还要激烈些。他说：

> 故不相容之事，不两立也。斩敌者受上赏，而高慈惠之行；拔城者受爵禄，而信兼爱之说（兼旧误作廉）；坚甲厉兵以备难，而美荐绅之饰；富国以农，距敌恃卒，而贵文学之士；废敬上畏法之民，而养游侠私剑之属：举行如此，治强不可得也。国贫养儒侠，难至用介士：所利非所用，所用非所利。是故服事者简其业而游于学者日众，是世之所以乱也。且世

之所谓贤者，贞信之行也。所谓智者，微妙之言也。微妙之言，上智之所难知也。今为众人法而以上智之所难知，则民无从识之矣。……夫治世之事，急者不得，则缓者非所务也。今所治之政，民间之事，夫妇所明知者不用，而慕上知之论，则其于治反矣。故微妙之言，非民务也。……今境内之民皆言治，藏商管之法者家有之，而国愈贫。言耕者众，执耒者寡也。境内皆言兵，藏孙吴之书者家有之，而兵愈弱。言战者多，被甲者少也。故明主用其力，不听其言；赏其功，必禁无用。（《五蠹》）

这种极端的"功用主义"，在当时韩非对于垂亡的韩国，固是有为而发的议论。但他把一切"微妙之言""商管之法""孙吴之书"，都看作"无用"的禁品。后来他的同门弟兄李斯把这学说当真实行起来，遂闹成焚书坑儒的大劫。这便是极端狭义的功用主义的大害了。

古代哲学之中绝

本书所述，乃系中国古代哲学忽然中道消灭的历史。平常的人都把古学中绝的罪归到秦始皇焚书、坑儒两件事。其实这两件事虽有几分关系，但都不是古代哲学消灭的真原因。现在且先记焚书、坑儒两件事：

焚　书

　　秦始皇于公历前230年灭韩，前228年灭赵，前225年灭魏，前223年灭楚，明年灭燕，又明年灭齐。前221年，六国都亡，秦一统中国，始皇称皇帝，用李斯的计策，废封建制度，分中国为三十六郡；又收天下兵器，改铸钟锯铁人；于是统一法度、衡石、丈尺；车同轨，书同文：为中国有历史以来第一次造成统一的帝国（此语人或不以为然。但古代所谓一统，不是真一统，至秦始真成一统耳。当日李斯等所言"上古以来未尝有，五帝所不及"并非妄言）。李斯曾做荀卿的弟子，荀卿本是主张专制政体的人（看他的《正名》篇），以为国家对于一切奇辞邪说，应该用命令刑罚去禁止他们。李斯与韩非同时，又曾同学于荀卿，故与韩非同有历史进化的观念，又同主张一种狭义的功用主义。故李斯的政策，一是注重功用的，二是主张革新变法的，三是很用专制手段的。后来有一班守旧的博士如淳于越等反对始皇的新政，以为"事不师古而能长久者，非所闻也"。始皇把这议交群臣会议。李斯回奏道：

　　　　五帝不相复，三代不相袭，各以治。非其相反，时变异也（看上章论韩非一节）。今陛下创大业，建万世之功，固

206

非愚儒所知。且越言乃三代之事，何足法也（此等话全是韩非《显学》《五蠹》两篇的口气，《商君书》论变法也有这等话。但《商君书》是假造的，〔考见上章〕不可深信）。异时诸侯并争，厚招游学。今天下已定，法令出一；百姓当家则力农，士则学习法令，辟禁。今诸生不师今而学古，以非当世，惑乱黔首。丞相臣斯昧死言：古者天下散乱，莫之能一，是以诸侯（侯字当作儒）并作，语皆道古以害今，饰虚言以乱实。人善其所私学，以非上之所建立。今皇帝并有天下，别黑白而定一尊。而私学相与非法教（而字本在学字下）。人闻令下，则各以其学议之；入则心非，出则巷议；夸主以为名，异取以为高，率群下以造谤。如此弗禁，则主势降乎上，党与成乎下。禁之便。臣请史官非秦记，皆烧之。非博士官所职，天下敢有藏《诗》《书》、百家语者，悉诣守尉杂烧之。有敢偶语诗书者，弃市。以古非今者，族。吏见知不举者，与同罪。令下三十日不烧，黥为城旦。所不去者，医药卜筮种树之书。若有欲学法令（"有""欲"二字原本误倒。今依王念孙校改），以吏为师。（此奏据《史记·秦始皇本纪》《史记·李斯列传》）

始皇赞成此议，遂实行烧书。近人如康有为（《新学伪经考》卷一）、崔适（《史记探源》卷三）都以为此次烧书，"但烧民间之书，若博士所职，则诗书百家自存"。又以为李斯奏内"若有欲学法令，以吏为师"一句，当依徐广所校及《李斯列传》，删去"法令"二字,"吏"即博士,"欲学诗书六艺者,诣博士受业可矣"（此康有为之言）。康氏、崔氏的目的在于证明六经不曾亡缺。其实这种证据是很薄弱的。法令既说"偶语诗书者弃市",绝不至又许"欲学诗书六艺者,诣博士受业",这是显然的道理。况且"博士所职"四个字泛得很,从《史记》各处合看起来,大概秦时的"博士"多是"儒生",绝不至兼通"文学百家语"。即使如康氏、崔氏所言,"六经"是博士所职,但他们终不能证明"百家"的书都是博士所守。《秦始皇本纪》记始皇自言:"吾前收天下书不中用者,尽去之。"大概烧的书自必很多,博士所保存的不过一些官书,未必肯保存诸子百家之书。但是政府禁书,无论古今中外,是禁不尽绝的。秦始皇那种专制手段,还免不了博浪沙的一次大惊吓;十日的大索也捉不住一个张良。可见当时犯禁的人一定很多,偷藏的书一定很不少。试看《汉书·艺文志》所记书目,便知秦始皇烧书的政策,虽不无小小的影响,其实是一场大失败。所以我说烧书一件事不是哲学中绝的一个真原因。

坑　儒

坑儒一事,更不重要了。今记这件事的历史于下:

　　侯生卢生相与谋曰:"始皇为人天性刚戾自用。起诸侯,并天下，意得欲从，以为自古莫能及己。专任狱吏，狱吏得亲幸。博士虽七十人，特备员弗用。丞相诸大臣皆受成事，倚办于上，上乐以刑杀为威……下慑伏谩欺以取容。秦法不得兼方，不验，辄死。然候星气者至三百人，皆良士，畏忌讳谀，不敢端言其过。天下之事无大小皆决于上。上至以衡石量书，日夜有呈，不中呈不得休息。贪于权势至如此，未可为求仙药。"遂亡去。始皇闻亡，乃大怒曰："吾前收天下书不中用者，尽去之；悉召文学方术士甚众，欲以兴太平；方士欲练以求奇药。今闻韩众去不报，徐市等费以巨万计，终不得药，徒奸利相告日闻。卢生等，吾尊赐之甚厚。今乃诽谤我以重吾不德也（也通耶字）！诸生在咸阳者，吾使人廉问，或为妖言以乱黔首。"于是使御史悉按问诸生，诸生传相告引，乃自除犯禁者四百六十余人，皆坑之咸阳，使天下知之，以惩后。益发谪徙边。（《史记·秦始皇本纪》）

细看这一大段，可知秦始皇所坑杀的四百六十余人，乃是一班望星气、求仙药的方士（《史记·儒林列传》也说："秦之季世坑术士"）。这种方士，多坑杀了几百个，于当时的哲学只该有益处，不该有害处。故我说坑儒一件事也不是哲学中绝的真原因。

现今且问：中国古代哲学的中道断绝究竟是为了什么缘故呢？依我的愚见看来，约有四种真原因：（一）是怀疑主义的名学，（二）是狭义的功用主义，（三）是专制的一尊主义，（四）是方士派的迷信。我且分说这四层如下：

第一，怀疑的名学。在哲学史上，"怀疑主义"乃是指那种不认真理为可知，不认是非为可辩的态度。中国古代的哲学莫盛于"别墨"时代。看《墨辩》诸篇，所载的界说，可想见当时科学方法和科学问题的范围。无论当时造诣的深浅如何，只看那些人所用的方法和所研究的范围，便可推想这一支学派，若继续研究下去，有人继长增高，应该可以发生很高深的科学和一种"科学的哲学"。不料这支学派发达得不多年，便受一次根本上的打击。这种根本上的打击就是庄子一派的怀疑主义。因为科学与哲学发达的第一个条件，就是一种信仰知识的精神：以为真理是可知的，是非是可辩的，利害嫌疑治乱都是可以知识解决的。故"别墨"论"辩"以为天下的真理都只有一个是非真伪，故说："彼，不可两不可也。"又说："辩也者，或谓之是，或谓之非，当者胜也。"这就是信仰知识的精神。到了庄子，忽生一种反动。庄子以为天下本没有一定的是非，"彼出于是，是亦因彼"；"是亦彼也，彼亦是也"。因此他便走入极端的怀疑主义，以为人生有限而知识无穷，用有限的人生去求无穷的真理，乃是最愚的事。况且万物无时不变，无时不移，此刻的是，停一刻已变为不是；古人的是，今人又以为不是了；今人的是，将来或者又变为不是了。所以庄子说，我又如何知道我所知的当真不是"不知"呢？又如何知道我所不知的或者倒是真"知"呢？这就是怀疑的名学。有了这种态度，便可把那种信仰知识的精神一齐都打消了。再加上老子传下来的"使民无知无欲"的学说，和庄子同时的慎到、田骈一派的"莫之是，莫之非"的学说，自然更容易养成一种对于知识学问的消极态度。因此，庄子以后，中国的名学简直毫无进步。名学便是哲学的方法。方法不进步，哲学科学自然不会有进步了。所以我说中国古代哲学中绝的第一个真原因，就是庄子的《齐物论》。自从这种怀疑主义出世以后，人人以"不谴是非"为高尚，如何还有研究真理的科学与哲学呢？

第二，狭义的功用主义。庄子的怀疑主义出世之后，哲学界又生出两种反动：一是功用主义，一是一尊主义。这两种都带有纠正怀疑主义的意味。他们的宗旨都在于寻出一种标准，可作为是非的准则。如今且先说功用主义。

我从前论墨子的应用主义时，曾引墨子自己的话，下应用主义的界说，如下：

> 言足以迁行者，常之。不足以迁行者，勿常。不足以迁行而常之，是荡口也。（《贵义》篇、《耕柱》篇）

这是说，凡理论学说须要能改良人生的行为，始可推尚。这是墨家的应用主义。后来科学渐渐发达，学理的研究越进越高深，于是有坚白同异的研究，有时间空间的研究。这些问题，在平常人眼里，觉得是最没有实用的诡辩。所以后来发生的功用主义，一方面是要挽救哲学的消极态度，一方面竟是攻击当时的科学家与哲学家。如《荀子·儒效》篇说：

凡事行，有益于理者，立之；无益于理者，废之。……若夫充虚之相施易也（施通移），坚白同异之分隔也，是聪耳之所不能听也，明目之所不能见也……虽有圣人之知，未能偻指也。不知无害为君子，知之无损为小人。

这种学说，以"有益于理""无益于理"做标准。一切科学家的学说如"充虚之相施易"（充是实体，虚是虚空。物动时只是从这个地位，换到那个地位，故说充虚之相移易。《墨辩》释动为"域徙也"，可以参看），如"坚白同异之分隔"，依儒家的眼光看来，都是"无益于理"。《荀子·解蔽》篇也说：

若夫非分是非，非治曲直，非辨治乱，非治人道，虽能之，无益于人；不能，无损于人。案（乃也）直将治怪说，玩奇辞，以相挠滑也。……此乱世奸人之说也。

墨家论辩的目的有六种：（一）明是非，（二）审治乱，（三）明同异之处，（四）察名实之理，（五）处利害，（六）决嫌疑（见《小取》篇）。《荀子》所说只有（一）（二）两种，故把学问知识的范围更狭小了。因此，我们可说荀子这一种学说为"狭义的功用主义"，以别于墨家的应用主义（墨子亦有甚狭处）。

这种主义到韩非时，更激烈了，更褊狭了。韩非说：

> 夫言行者，以功用为之的彀者也。……今听言观行，不
> 以功用为之的彀，言虽至察，行虽至坚，则妄发之说也。是
> 以乱世之听言也，以难知为察，以博文为辩。其观行也，以
> 离群为贤，以犯上为抗。……是以儒服带剑者众，而耕战之
> 士寡；坚白无厚之辞章，而宪令之法息。(《问辩》篇)

这种学说，把"功用"两字解作富国强兵立刻见效的功用。因此，一切"坚白无厚之辞"(此亦指当时的科学家。《墨辩》屡言"无厚"，见《经说上》，惠施也有"无厚不可积也"之语)，同一切"上智之论，微妙之言"，都是没有用的，都是该禁止的(参观上章论韩非一段)。后来秦始皇说："吾前收天下书不中用者，尽去之。"便是这种狭义的功用主义的自然结果。其实这种短见的功用主义乃是科学与哲学思想发达的最大阻力。科学与哲学虽然都是应用的，但科学家与哲学家却须要能够超出眼前的速效小利，方能够从根本上着力，打下高深学问的基础，预备将来更大更广的应用。若哲学界有了一种短见的功用主义，学术思想自然不会有进步，正用不着焚书坑儒的摧残手段了。所以我说古代哲学中绝的第二个真原因，便是荀子、韩非一派的狭义的功用主义。

第三，专制的一尊主义。上文说怀疑主义之后，中国哲学界生出两条挽救的方法：一条是把"功用"定是非，上文已说过了；还有一条是专制的一尊主义。怀疑派的人说道：

计人之所知，不若其所不知；其生之时，不若其未生之时。以其至小，求穷其至大之域，是故迷乱而不能自得也。（《庄子·秋水》篇）

这是知识上的悲观主义。当时的哲学家听了这种议论，觉得很有道理。如荀子也说：

凡（可）以知，人之性也。可知，物之理也。以可以知之性，求可知之理，而无所疑止之（疑，定也），则没世穷年不能遍也。其所以贯理焉，虽亿万已，不足以浃万物之变，与愚者若一。学老身长子而与愚者若一，犹不知错，夫是之谓妄人。

这种议论同庄子的怀疑主义有何分别？但荀子又转一句，说道："故学也者，固学止之也。"这九个字便是古学灭亡的死刑宣言书！学问无止境，如今说学问的目的在于寻一个止境：从此以后还有学术思想发展的希望吗？荀子接着说道：

恶乎止之？曰：止诸至足。曷谓至足？曰：圣王也。圣也者，尽伦者也；王也者，尽制者也。两尽者，足以为天下法极矣。故学者以圣王为师，案（荀子用案字，或作乃解，或作而解。古音案、而、乃等字皆在泥纽，故相通）以圣王之制为法。（《解蔽》篇）

这便是我所说的"专制的一尊主义"。在荀子的心里，这不过是挽救怀疑态度的一个方法，不料这种主张便是科学的封门政策，便是哲学的自杀政策。荀子的正名主义全是这种专制手段。后来他的弟子韩非、李斯和他的"私淑弟子"董仲舒（董仲舒作书美荀卿，见刘向《荀卿书序》），都是实行这种师训的人。《韩非子·问辩》篇说：

> 明主之国，令者，言最贵者也；法者，事最适者也。言无二贵，法不两适。故言行而不轨于法令者，必禁。

这就是李斯后来所实行"别黑白而定一尊"的政策。哲学的发达全靠"异端"群起，百川竞流。（端，古训一点。引申为长物的两头。异端不过是一种不同的观点。譬如一根手杖，你拿这端，我拿那端。你未必是，我未必非。）一到了"别黑白而定一尊"的时候，一家专制，罢黜百家；名为"尊"这一家，其实这一家少了四围的敌手与批评家，就如同刀子少了磨刀石，不久就要锈了，不久就要钝了。故我说中国古代哲学灭亡的第三个真原因，就是荀子、韩非、李斯一系的专制的一尊主义。

第四，方士派迷信的盛行。中国古代哲学的一大特色就是几乎完全没有神话的迷信。当哲学发生之时，中华民族的文化已脱离了幼稚时代，已进入成人时代，故当时的文学（如《国风》《小雅》)、史记（如《春秋》）、哲学，都没有神话性质。老子第一个提出自然无为的天道观念，打破了天帝的迷信，从此以后，这种天道观念遂成中国"自然哲学"（老子、杨朱、庄子、淮南子、王充以及魏晋时代的哲学家）的中心观念。儒家的孔子、荀子都受了这种观念的影响，故多有破除迷信的精神。但中国古代通行的宗教迷信，有了几千年的根据，究竟不能一齐打破。这种通行的宗教，简单说来，约有几个要点：

（一）是一个有意志知觉，能赏善罚恶的天帝；

（二）是崇拜自然界种种质力的迷信，如祭天地日月山川之类；

（三）是鬼神的迷信，以为人死有知，能作祸福，故必须祭祀供养他们。

这几种迷信，可算得是古中国的国教。这个国教的教主即是"天子"（天子之名，乃是古时有此国教之铁证）。试看古代祭祀颂神的诗歌（如《周颂》及《大雅》《小雅》），及天子祭天地，诸侯祭社稷，大夫祭宗庙等等礼节，可想见当时那种半宗教半政治的社会阶级。更看《春秋》时人对于一国宗社的重要，也可想见古代的国家组织实含有宗教的性质。周灵王时，因诸侯不来朝，苌弘为那些不来朝的诸侯设位，用箭去射，要想用这个法子使诸侯来朝。这事虽极可笑，但可考见古代天子对于各地诸侯，不单是政治上的统属，还有宗教上的关系。古代又有许多宗教的官，如祝、宗、巫、觋之类。后来诸国渐渐强盛，周天子不能统治诸侯，政治权力与宗教权力都渐渐消灭。政教从此分离，祝、宗、巫、觋之类也渐渐散在民间。哲学发生以后，宗教迷信更受一种打击。老子有"其鬼不神，其神不伤人"的话；儒家有无鬼神之论（见《墨子》）。《春秋》时人叔孙豹说"死而不朽"，以为立德、立功、立言，是三不朽；至于保守宗庙，世不绝祀，不可谓之不朽。这已是根本的推翻祖宗的迷信了。但是后来又发生几种原因，颇为宗教迷信增添一些势焰。一是墨家的明鬼尊天主义。二是儒家的丧礼祭礼。三是战国时代发生的仙人迷信（仙人之说，古文学如《诗》三百篇中皆无之。似是后起的迷信）。四是战国时代发生的阴阳五行之说（看论驺衍一节）。五是战国时代发生的炼仙药求长生之说。——这五种迷信，渐渐混合，遂造成一种方士的宗教。这五项之中，天鬼、丧祭、阴阳五行三件都在别篇说过了。最可怪的是战国时代哲学科学正盛之时，何以竟有仙人的迷信同求长生仙药的迷信？依我个人的意见看来，大概有几层原因：

（一）那个时代乃是中国本部已成熟的文明开化四境上各种新民族的时代（试想当日开化中国南部的一段历史）。新民族吸收中原文化，自不必说。但是新民族的许多富于理想的神话也随时输入中国本部。试看屈原、宋玉一辈人的文学中所有的神话，都是北方文学所无，便是一证。或者神仙之说也是从这些新民族输入中国文明的。

（二）那时生计发达，航海业也渐渐发达，于是有海上三神山等等神话自海边传来。

（三）最要紧的原因是当时的兵祸连年，民不聊生，于是出世的观念也更发达。同时的哲学也有杨朱的厌世思想和庄子一派的出世思想，可见当时的趋势。庄子书中有许多仙人的神话（如"列子御风""藐姑射仙人"之类），又有"真人""神人""大浸稽天而不溺，大旱金石流，土山焦而不热"种种出世的理想。故仙人观念之盛行，其实只是那时代厌世思想流行的表示。

以上说"方士的宗教"的小史。当时的君主，很有几人迷信这种说话的。齐威王、宣王与燕昭王都有这种迷信。燕昭王求长生药，反被药毒死。秦始皇一统天下之后，功成意得，一切随心所欲，只有生死不可知，于是极力提倡这种"方士的宗教"：到处设祠，封泰山，禅梁父，信用燕齐海上的方士，使徐市带了童男女数千人入海求仙人，使卢生去寻仙人羡门子高，使韩终（又作韩众）、侯生等求不死之药，召集天下"方术士"无数，"候星气者多至三百人"。这十几年的热闹，遂使老子到韩非三百年哲学科学的中国，一变竟成一个方士的中国了。古代的哲学，消极一方面，受了怀疑主义的打击，受了狭义功用主义的摧残，又受了一尊主义的压制；积极一方面，又受了这十几年最时髦的方士宗教的同化，古代哲学从此遂真死了！所以我说，哲学灭亡的第四个真原因，不在焚书，不在坑儒，乃是方士的迷信。

第十二章

齐学

中古时代

暂定从秦始皇到宋真宗，约计一千二百年（公元前220年—公元1020年），为中国的中古时代。

中古时代的特别色彩

（一）统一国家的造成。

（二）新民族的侵入与同化。

（三）宗教化的普遍。

中古思想的两大分段

第一段，古代思想的混合与演变（公元前200年—公元300年）。

第二段，印度宗教与思想的侵入与演变（公元300年—公元1000年）。

中古思想的特别色彩

（一）思想的宗教化。

1.黄老之学　2.汉及以后的儒教　3.道教　4.佛教

（二）人生观的印度化。

由贵生重己变到佛教徒的焚臂遗身；由忠孝变到"出家""出世"；由朴实的"皆务为治"变到冥想静观。

（三）中国思想与印度思想的暗斗。

1.印度思想的胜利。

2.中国思想的反抗。

3.中国思想从中古佛教下逐渐抬起头来，但带着极大的伤痕。

中古思想的重要性

文化史是一串不断的演变。古代文化都先经过这一千多年的"中古化"，然后传到近世。不懂得"中古化"的历程与方向，我们绝不能了解近世七八百年的中国文化，也绝不能了解汉以前的文化。宋明的理学固然不是孔孟的思想，清朝的经学也不能脱离中古思想的气味。汉学家无论回到东汉，或回到西汉，都只是在中古世界里兜圈子。所以我们必须研究中古思想，方可望了解古代思想的本来面目，又可望了解近世思想的重要来历。

参考书分见以下各讲。学者应先读：

1.《汉书·郊祀志》及《五行志》。

2.《魏书·释老志》。

中古思想史料，除以下各讲所举各书外，有几部绝大的史料丛书，学者当向图书馆中随时翻看，知道这些史料在什么地方，有些什么东西：

1.严可均辑的《全上古三代两汉三国六朝文》。

2.《全唐文》。

3.《大藏经》（频伽精舍本、日本缩刷本、日本大正新修本）。

4.《续藏经》（日本本、商务印书馆影印本）。

5.《道藏》（影印本）。

思想混合的趋势

从老子、孔子到荀卿、韩非，从前六世纪到前三世纪，是中国古代思想的分化时期。这时期里的思想家都敢于创造，勇于立异；他们虽然称道尧舜，称述先王，终究遮不住他们的创造性，终究压不住他们的个性。其实尧舜先王便是他们创作的一部分，所以韩非说："孔子、墨子俱道尧舜，而取舍不同，皆自谓真尧舜"，孔氏有孔氏的尧舜，墨者有墨者的尧舜，其实都是创作的。在这个自由创造的风气里，在这个战国对峙的时势里，中国的思想界确然放了三百多年的异彩，建立了许多独立的学派，遂使中国古代思想成为世界思想史的一个重要时代。

但我们细看这三百多年的古代思想史，已觉得在这极盛的时代便有了一点由分而合的趋势。这三百多年的思想，大致可以分作两个时期，前期趋于分化，而后期便渐渐倾向折中与混合。前期的三大明星，老子站在极左，孔子代表中派而微倾向左派，墨子代表右派，色彩都很鲜明。老子提出那无为而无不为的天道观念，用那自然主义的宇宙观来破坏古来的宗教信仰，用那无为而治的政治思想来攻击当日的政治制度，用那无名和虚无的思想来抹煞当日的文化，这都是富于革命性的主张，故可以说是极左派。孔子似乎受了左派思想的影响，故也赞叹无为，也信仰定命，也怀疑鬼神，也批评政治。然而孔子毕竟是个富于历史见解的人，不能走这条极端破坏的路，所以他虽怀疑鬼神，而教人"祭如在，祭神如神在"；虽赞叹无为，虽信仰天命，而终身栖栖遑遑，知其不可而为之；虽批评政治，却不根本主张无治，只想改善政治；虽不满意于社会现状，却不根本反对文化，总希望变无道为有道。老子要无名，孔子只想正名；老子要无知无欲，孔子却学而不厌，诲人不倦；老子说："不出户，知天下；其出弥远，其知弥少"；孔子却说："学而不思则罔，思而不学则殆。"故孔子的思想处处都可以说是微带"左倾"的中派。墨子的思想从民间的宗教信仰出发，极力拥护那"尊天事鬼"的宗教：一方面想稍稍洗刷那传统的天鬼宗教，用那极能感动人的"兼爱"观念来做这旧宗教的新信条；一方面极力攻击一切带有宗教革命的危险性的"左倾"思想。他主张兼爱，说兼爱即是天志，这便是给旧宗教加上一个新意义。他要证明鬼的存在，这便是对怀疑鬼神的人作战。他要非命，因为"命"的观念正是"左倾"的自然主义的重要思想，人若信死生有命，便不必尊天事鬼了，故明鬼的墨教不能不"非命"。墨子的兼爱主义和乐利主义的人生哲学，和他的三表法的论理，都只是拥护那尊天明鬼的宗教的武器。故墨家的思想在当日是站在右派的立场的。

这是古代思想第一期的分野。后来老子一系的思想走上极端的个人主义，成了杨朱的为我，以至于许行、陈仲的特立独行，都是左派思想的发展。孔子一系的思想演成"孝"的宗教，想用人类的父子天性来做人生行为的制裁，不必尊天明鬼而教人一举足，一出言，都不敢忘父母。同时他们又极力提倡教育，保存历史掌故，提倡礼义治国。这都是中派思想的本色。直到孟轲，还是这样。孟轲说仁义，重教育，都是中派的遗风；而他信命，信性善，讲教育则注重个人的自得，谈政治则提倡人民的尊贵，这又都是"左倾"的中派的意味。至于右派的墨者，在这发展的时期里，造成"巨子"的领袖制度，继续发展他们的名学，继续发挥兼爱的精神，养成任侠的风尚，并且在实际政治上做偃兵的运动，这都是直接墨子教义的发展。

这三大系思想的产生和发展，都属于我们所谓古代思想史的前期。在这一期里，三系都保存他们的个别精神，各有特异的色彩，故孟轲在前四世纪还能说："逃墨必归于杨，逃杨必归于儒。"他攻击杨子为我，又反对墨者的爱无差等说，都还可见三系的色彩。

但前四世纪以后，思想便有趋向混合的形势了。这时代的国际局势也渐渐趋向统一，西方的秦国已到了最强国的地位，关外的各国都感觉有被吞并的危险。国际上的竞争一天一天更激烈了，人才的需要也就一天一天更迫切了。这时代需要的人才不外三种：军事家，内政人才，外交人才。这是廉颇、李牧、申不害、范雎、张仪、苏秦的时代，国家的需要在于实用的人才，思想界的倾向自然也走上功利的一条路上去。苏秦、张仪、范雎、蔡泽诸人造成游说的风气。游说是当时的外交手段的一种，游说的方法是只求达目的，不择手段的。冷眼的哲学家眼见这个"是非无度而可与不可日变"的世界，于是向来的左派的营垒里出来了一些哲人，彭蒙、田骈、庄周等，他们提倡一种"不遣是非"的名学，说"万物皆有所可，有所不可"；说"彼出于是，是亦因彼"；说"是亦一无穷，非亦一无穷"；说"无物不然，无物不可"。庄子这一派的思想指出，是非善恶都不是绝对的，都只是相对的，都是时时变迁的。这种名学颇能解放人的心思，破除门户的争执，同时也就供给了思想界大调和混合的基础。《庄子》书中说的：

恶乎然？然于然。恶乎不然？不然于不然。物固有所然，

物固有所可。无物不然，无物不可。故为是举莛与楹（莛是屋梁，楹是屋柱），厉与西施，恢恑憰怪，道通为一。(《齐物论》)

这种"无物不然，无物不可"的逻辑，便是思想大调和的基础。

这时代不但是游说辩士的时代，又是各国提倡变法的时代。商鞅（前395—前338）的变法，使秦国成为第一强国。赵武灵王的胡服骑射（前307—前295）也收了很大的效果。在变法已有功效的时代，便有一种变法的哲学起来。如韩非说的"圣人不务循古，不法常可，论世之事，因为之备"，"世异则事异，事异则备变"，"法与时转则治，时移而治不易则乱"，便是变法的哲学。(《战国策》记赵武灵王变法的议论 —— 也见于《史记·赵世家》，和《史记·商君列传》里讨论变法的话，太相像了，大概同出于一个来源，都是后人用韩非的变法论来敷衍编造的。)这种思想含有两个意义：一是承认历史演变的见解（"三代不同服，五帝不同教"）；一是用实际上需要和利便来做选择的标准（"苟可以利其民，不一其用；苟可以便其事，不同其礼"）。这两个意义都可以打破门户的成见和拘守的习惯。历史既是变迁的，那么，一切思想也没有拘守的必要了，我们只需看时势的需要和实际的利便充分采来应时济用便是了。所以前三世纪的变法的思想也是造成古代思想的折中调和的一个大势力。

当时的法治学说便是这个折中调和的趋势的一种表示。前四世纪与前三世纪之间的"法家"便是三百年哲学思想的混合产物。"法"的观念，从"模范"的意义演变为齐一人民的法度，这是墨家的贡献。法家注意正名责实，这便和孔门的正名主义和墨家的名学都有关系。法家又以为法治成立之后便可以无为而治，这又是老子以下的无为主义的影响了。法家又有法律平等的观念，所谓"齐天下之动，至公大定之制"，所谓"顽嚚聋瞽可与察慧聪明同其治"，这里面便有墨家思想的大影响。当时古封建社会的阶级虽然早已崩坏了，但若没有墨家"爱无差等"的精神，恐怕古来的阶级思想还不容易打破。（荀子说："墨子有见于齐，无见于畸。"可见儒家不赞成平等的思想。）故我们可以说，当时所谓"法家"其实只是古代思想的第一次折中混合。其中人物，如慎到便是老庄一系的思想家，如尹文的正名便近于儒家，他们非攻偃兵，救世之斗，又近于墨家；又如韩非本是荀卿的弟子，而他的极端注重功用便近于墨子，他的历史进化观念又像曾受庄子的思想影响，他的法治观念也是时代思潮的产儿。故无论从思想方面或从人物方面，当日的法治运动正是古代思想调和折中的结果。

以上略述古代思想由分而合的趋势。到了前四世纪与前三世纪之间，这个思想大混合的倾向已是很明显的了。在那个时代，东方海上起来了一个更伟大的思想大混合，一面总集合古代民间和智识阶级的思想信仰，一面打开后来两千年中国思想的变局。这个大混合的思想集团，向来叫"阴阳家"，我们也可以叫他做"齐学"。

齐学的正统

战国的晚期，齐国成为学术思想的一个重镇。《史记》说：

> 宣王（齐宣王的年代颇有疑问。依《史记·六国表》，当公历纪元前342—前324年。依《资治通鉴》，当前332—前314年）喜文学游说之士，自如驺衍、淳于髡、田骈、接子、慎到、环渊之徒七十六人，皆赐列第，为上大夫，不治而议论。是以齐稷下学士复盛，且数百千人。（《史记》四六）

《史记》的《孟子荀卿列传》里也说：

> 自驺衍与齐之稷下先生，如淳于髡、慎到、环渊、接子、田骈、驺奭之徒，各著书言治乱之事，以干世主，岂可胜道哉？（《史记》七四）
>
> 齐有三驺子。其前驺忌，以鼓琴干威王，因及国政，封为成侯，而受相印，先孟子。
>
> 其次驺衍，后孟子。……驺奭者，齐诸驺子，亦颇采驺衍之术以纪文。
>
> 于是齐王嘉之，自如淳于髡以下，皆命曰列大夫，为开

第康庄之衢，高门大屋，尊宠之，览天下诸侯宾客，言齐能致天下贤士也。（同上）

《史记》记齐国的事，最杂乱无条理，大概是因为史料散失的缘故。《孟子荀卿列传》更杂乱不易读。但"稷下"的先生们，似乎确有这么一回事；虽然不一定有"数百千人"的数目，大概当时曾有一番盛况，故留下"稷下先生"的传说（彭更问孟子："后车数十乘，从者数百人，以传食于诸侯，不以泰乎？"此可见稷下"数百千人"也不是不可能的事）。我们可以说，前四世纪的晚年，齐国因君主的提倡，召集了许多思想家，"不治而议论"，造成了稷下讲学的风气（稷下有种种解说：或说稷是城门，或说是山名）。稷下的先生们不全是齐人，但这种遗风便造成了"齐学"的历史背景。

司马迁说：

齐带山海，膏壤千里，宜桑麻，人民多文彩布帛鱼盐。……其俗宽缓阔达而足智，好议论。（《史记》一二九）

班固引刘向、朱赣诸人之说，也道：

太公以齐地负海舄卤，少五谷而人民寡，乃劝以女工之业，通鱼盐之利，而人物辐凑。……其俗弥侈，织作冰纨绮

229

绣纯丽之物，号为"冠带衣履天下"。……至今其土（士？）
多好经术，矜功名，舒缓阔达而足智。其失夸奢朋党，言与
行缪，虚诈不情。（《汉书》二八）

这个民族有迂缓阔达而好议论的风气，有足智的长处，又有
夸大虚诈的短处。足智而好议论，故其人勇于思想，勇于想象，
能发新奇的议论。迂远而夸大，故他们的想象力往往不受理智的
制裁，遂容易造成许多怪异而不近情实的议论。《庄子》里说："齐
谐者，志怪者也。"孟子驳咸丘蒙道："此非君子之言，齐东野人之
语也。"可见齐人的夸诞是当时人公认的。这便是"齐学"的民族
的背景。

齐民族自古以来有"八神将"的崇拜，《史记·封禅书》说得
很详细。八神将是：

（1）天主　（2）地主　（3）兵主　（4）阴主

（5）阳主　（6）月主　（7）日主　（8）四时主

这个宗教本是初民拜物拜自然的迷信，稍稍加上一点组织，
便成了天地日月阴阳四时兵的系统了。试看天主祠在"天齐"，天
齐是临菑的一个泉水，有五泉并出，民间以为这是天的脐眼，故
尊为"天脐"。这里还可见初民的迷信状态。拜天的脐眼，和拜"阴
主、阳主"，同属于初民崇拜生殖器的迷信。由男女而推想到天地
日月，以天配地，以日配月，都成了男女夫妇的关系。再进一步，
便是从男女的关系上推想出"阴""阳"两种势力来。阴阳的信仰

起于齐民族，后来经过齐鲁儒生和燕齐方士的改变和宣传，便成了中国中古思想的一个中心思想。这也是齐学的民族的背景。

梁启超先生曾说：

> 《仪礼》全书中无阴阳二字，其他三经（《诗》《书》《易》之卦辞爻辞）所有……"阴"字……皆用云覆日之义……或覆蔽之引申义。……其"阳"字皆……以阳为日……或用向日和暖之引申义。（《阴阳五行说之来历》，《饮冰室文集》卷六十七）

他又指出，《老子》中只有"负阴而抱阳"一句；《彖传》《象传》里也只有一个阴字，一个阳字。他又说：

> 至《系辞》《说卦》《文言》诸传，则言之较多。诸传……中多有"子曰"字样，论体例应为七十子后学者所记也。（同上）

他的结论是：

> 春秋战国以前所谓"阴阳"，所谓"五行"，其语甚希见，其义极平淡。且此二事从未尝并为一谈。诸经及孔老墨孟荀韩诸大哲皆未尝齿及。
>
> 然则造此邪说以惑世诬民者，谁耶？其始盖起于燕齐方

士，而其建设之，传播之，宜负罪责者三人焉……曰驺衍，曰董仲舒，曰刘向。（同上）

梁先生的结论是大致不错的。阴阳的崇拜是齐民族的古宗教的一部分。五行之说大概是古代民间常识里的一个观念。古印度人有地、水、火、风，名为"四大"。古希腊人也认水、火、土、气为四种原质。五行是水火金木土，大概是中华民族所认为五种原质的。《墨子·经下》有"五行毋常胜，说在宜"一条，而《荀子·非十二子》篇批评子思、孟轲道：

案往旧造说，谓之五行，甚僻违而无类，幽隐而无说，闭约而无解。案（乃）饰其辞而祗敬之曰，"此真先君子之言也"。子思唱之，孟轲和之。

今所传子思、孟轲的文字中，没有谈五行的话。但当时人既说是"案往旧造说"，可见五行之说是民间旧说，初为智识阶级所轻视，后虽偶有驺鲁儒生提出五行之说，终为荀卿所讥弹。但这个观念到了"齐学"大师的手里，和阴阳的观念结合成一个系统，用来解释宇宙，范围历史，整理常识，笼罩人生，从此便成了中古思想的绝大柱石了。

齐学的最伟大的建立者，自然要算驺衍。他的生平事实，古书记载甚少。《史记》所记，多不甚可信。如说"驺衍后孟子"，又说他是齐宣王时人，又说：

> 驺子重于齐；适梁，梁惠王郊迎，执宾主之礼。适赵，平原君侧行撇（拂）席；如燕，昭王拥彗先驱，请列弟子之座而受业，筑碣石宫，身亲往师之。(《史记》七四)

他若是齐宣王、梁惠王同时的人，便不在孟子之后了，况且梁惠王死于前335年（此依《史记》，《通鉴》改为前319年），齐宣王死于前324年（此依《史记》，《通鉴》作前314年），燕昭王在位年代为前311年至前279年，而平原君第一次做相在前298年，死在前251年（均依《史记》）。《史记·平原君列传》说驺衍过赵在信陵君破秦救赵（前257年）之后，那时梁惠王已死七十八年了，齐宣王也已死六十七年了（《史记集解》引刘向《别录》也说驺衍过赵见平原君及公孙龙）。《史记·封禅书》又说："自齐威、宣时，驺子之徒论著终始五德之运。"这便是把他更提到宣王以前的威王时代了。威王死于前333年，与梁惠王同时。驺衍若与梁惠王同时，绝不能在前三世纪中叶见平原君。

《史记》所以有这样大矛盾者，一是因为《史记》往往采用战国策士信口开河的议论作史料；二是因为《史记》有后人妄加的部分；三是因为齐国有三个驺子，而驺衍的名声最大，故往往顶替了其余二驺子的事实，驺忌相齐威王，驺衍在其后，大概当齐宣王、湣王的时代。湣王（《史记》，当前323—前284年。依《通

鉴》，当前313—前284年）与燕昭王同时，驺衍此时去齐往燕
（《战国策》二九记燕昭王师事郭隗，而"驺衍自齐往"），也是可
能的事。平原君此时已做赵相（前298年），故他见平原君也是可
能的事，但绝不能在信陵君救赵（前257年）之后。他和孟子先后
同时，而年岁稍晚。他的年代约当前350—前280年（此是我修正
《古代哲学史》的旧说）。

《史记》说：

> 驺衍睹有国者益淫侈，不能尚德，若《大雅》整之于身，
> 施及黎庶矣。乃深观阴阳消息而作怪迂之变，《终始》《大圣》
> 之篇，十余万言。

这是他著书的动机。他要使有国的人知所警戒，先《大雅》"整
之于身"，然后可以恩及百姓。所以《史记》下文又说，"然要其归，
必止乎仁义节俭，君臣上下六亲之施"。他要达到这个目的，故利
用当时民间的种种知识，种种信仰，用他的想象力，组成一个伟
大的系统："其语闳大不经，必先验小物，推而大之，至于无垠。"
这是他的方法，其实只是一种"类推"法，从小物推到无垠，从今
世推到古代：

> 先序今以上至黄帝，学者所共术。大（大似是张大之意）
> 并世盛衰，因载其机祥度制，推而远之，至天地未生，窈冥

不可考而原也。先列中国名山、大川、通谷、禽兽，水土所殖，物类所珍，因而推之，及海外人之所不能睹。

这就是"类推"的方法。从"并世"推到天地未生时，是类推的历史；从中国推到海外，是类推的地理。

驺衍的地理颇有惊人的见解。他说：

> 儒者所谓中国者，于天下乃八十一分居其一分耳。中国名曰赤县神州，赤县神州内自有九州。禹之序九州是也。不得为"州"数。中国外，如赤县神州者九，乃所谓九州也。于是有裨海（小海）环之，人民禽兽莫能相通者（以字衍）。如一区中者，乃为一州。如此者九，乃有大瀛海环其外，天地之际焉。（参看桓宽《盐铁论·论驺》篇，及王充《论衡·谈天》篇）

这种伟大的想象，只有齐东海上的人能做。我们看这种议论，不能不敬叹齐学的伟大。

他的历史学其实是一种很"怪迂"的历史哲学。如上文所引，他先张大"并世盛衰，因载其机祥（机祥即是吉凶、祸福）度制"。这里虽不曾明说盛衰和机祥度制有连带关系，但我们可以揣想驺衍本意大概是这样的。因为《史记》下文又说他：

称引天地剖判以来，五德转移，治各有宜，而符应若兹。（以上均见《史记》七四）

这便是他的"五德终始论"，又叫作"大圣终始之运"（见《盐铁论》五三）。他的十余万言，现在都不传了。但刘歆《七略》说：

骑子有"终始五德"，从所不胜：土德后，木德继之，金德次之，火德次之，水德次之。（引见《文选·魏都赋》注）

《吕氏春秋·应同》篇也有这种学说：

凡帝王者之将兴也，天必先见祥乎下民。黄帝之时，天先见大螾（蚯蚓）大蝼（蝼蛄）。黄帝曰："土气胜。"土气胜，故其色尚黄，其事则土。及禹之时，天先见草木秋冬不杀。禹曰："木气胜。"木气胜，故其色尚青，其事则木。及汤之时，天先见金刃生于水。汤曰："金气胜。"金气胜，故其色尚白，其事则金。及文王之时，天先见火赤乌衔丹书，集于周社。文王曰："火气胜。"火气胜，故其色尚赤，其事则火。代火者，必将水。天且先见水气胜，水气胜，故其色尚黑，其事则水。水气至而不知，数备将徙于土。

这个"土—木—金—火—水"的系统便是骑衍的五德终始

论。后来秦始皇统一天下，便采用这种思想。《史记》说：

> 始皇推终始五德之传，以为周得火德，秦代周，德从所
> 不胜。方今水德之始，改年始，朝贺皆自十月朔。衣服旄旌
> 节旗皆上黑。数以六为纪，符、法冠皆六寸，而舆六尺，六
> 尺为步，乘六马。更名河（黄河）曰德水，以为水德之始。(《史
> 记》六)

《史记》又说：

> 自齐威、宣之时，驺子之徒论著终始五德之运，及秦帝，
> 而齐人奏之，故始皇采用之。(《史记》二八)

其实齐学的五德终始论在秦未称帝之前，早已传到西方，早
已被吕不韦的宾客收在《吕氏春秋》里了(《吕氏春秋》成于前239
年)。到秦始皇称帝（前221年）以后，也许又有齐人重提此议，
得始皇的采用，于是驺衍的怪迂之论遂成为中国国教的一部分了。
五德终始之运，只是把五德相胜（水胜火，火胜金，金胜木，木
胜土，土胜水）的观念适用到历史里去，造成一种历史变迁的公
式，故是一种历史哲学。又因为五德的终始都先见于祥符应，故
这种历史哲学其实又是一种宗教迷信。五德终始与阴阳消息两个
观念又可以适用到宇宙间的一切现象，可以支配人生的一切行为，

可以解释政治的得失和国家的盛衰，故这种思想竟成了一个无所不包的万宝全书。但我们推想，邹衍立说之初，大概如《史记》所记，注意之点在于政治；他的用意在于教人随着世变做改制的事业。故汉朝严安引邹衍曰："政教文质，所以云救也，当时则用，过则舍之，有易则易也。"（《汉书》六四下）这可见此种历史哲学在政治上的用意，在于改革度制，在于从种种方面证明"五德转移，治各有宜，而符应若兹"。《史记》所说的"机祥度制"，现在虽不传了，但我们可以揣想《吕氏春秋》所收的五德终始论代表邹衍的学说，而《吕氏春秋》所采取的"十二月令"也就代表邹衍的"机祥度制"的纲领。五德终始论是用五行转移的次第来解释古往今来的历史大变迁。《月令》是用五行的原则来安排一年之中的"四时之大顺"，来规定"四时、八位、十二度、二十四节，各有教令"（用司马谈语）。这种分月的教令便是"机祥度制"了。

现存的《月令》出于《吕氏春秋》，其中似以十月为岁首（季秋月令，"为来岁受朔日"）。又有秦官名，大概其中已有吕不韦的宾客改作的部分了。但其中全用五行来分配四时、十二月、五帝、五虫、五音、五味、五臭、五祀、五脏；每月各有机祥度制，错行了这种教令，便有种种灾害，如孟春《月令》说：

孟春行夏令，则风雨不时，草木早槁，国乃有恐（高注：春，木也，夏，火也。木德用事，法当宽仁，而行夏令，火性炎上，故使草木槁落，不待秋冬，故曰天气不和，国人惶恐也）。行秋令，则民大疫疾，风暴雨数至，藜莠蓬蒿并兴（高注：木仁，金杀，而行其令，气不和，故民疫病也。金生水，与水相干，故风雨数至，荒秽滋生）。行冬令，则水潦为败，霜雪大挚，首种不入（高注：春阳，冬阴也，而行其令，阴乘阳，故水潦为败，雪霜大挚，伤害五谷。郑注：旧说，首种谓稷）。

这正是一年之中的"五德转移，治各有宜，而符应若兹"。故我们用《月令》来代表驺衍的机祥度制，大概是不错的。《吕氏春秋》采驺衍的五德终始论，不提他的姓名；采《月令》全部，也不提及来源，这大概是因为吕氏的宾客曾做过一番删繁摘要的工作。从驺子的十余万言里撷取出一点精华来，也许还稍稍改造过，故不须提出原来的作者了。而驺衍的十余万言的著作，当日曾经震惊一世，使"王公大人初见其术，瞿然顾化"，自从被《吕氏春秋》撷取精要之后，那"闳大不经"的原书也渐渐成了可有可无之物，终于失传了。更到后来，这分月的机祥度制竟成了中国思想界的公共产业，《淮南王书》收作《时则训》，《礼记》收入《明堂阴阳记》一类，即名为《月令》，而伪造的《逸周书》又收作《时训解》，于是蔡邕、王肃诸人竟认此书是周公所作了（看孔颖达《礼记疏》卷十四《月令》题下疏，其中列举四证，证明此书不合周制）。从此以后，《月令》便成了中国正统思想的一部分，很少人承认它是秦时作品，更无人敢说它出于"齐学"了。

齐学的成立，必不单靠驺衍一人。《汉书·艺文志》，"阴阳家"有：

《驺子》四十九篇（原注：名衍，齐人）

《驺子终始》五十六篇（师古曰：亦驺衍所说）

《驺奭子》十二篇（原注：齐人，号雕龙奭）

《公梼生终始》十四篇（原注：传驺奭《终始书》）

依《汉书》原注看来，驺奭的书也叫作《终始》，正是驺衍的嫡派。《史记》曾说："驺者，齐诸驺子，亦颇采驺衍之术以纪文。"是驺奭在驺衍之后，继续发挥五德终始之说，而公梼生又在驺奭之后，又传驺奭的《终始书》。这都是齐学的开山三祖。《艺文志》又有：

《公孙发》二十二篇（原注：六国时）

《乘丘子》五篇（原注：六国时）

《杜文公》五篇（原注：六国时）

《黄帝泰素》二十篇（刘向《别录》云：或言韩诸公孙之所作也，言阴阳五行，以为黄帝之道也。故曰《泰素》）

《南公》三十一篇（原注：六国时）

《容成子》十四篇

《闾丘子》十三篇（原注：名快，魏人，在南公前）

《冯促》十三篇（原注：郑人）

《将钜子》五篇（原注：六国时，见南公，南公称之）

《周伯》十一篇（原注：齐人，六国时）

这些人大概是齐学的传人，其人其书皆未必全出于六国时代，其中也许有秦汉人假托的。如《宋司星子韦》三篇，假托于春秋时宋景公的司星子韦，列在《艺文志》阴阳家的第一名，但《论衡·变虚》篇引有《子韦书录序奏》，大概即是刘向所假造奏上的。如果《艺文志》所录诸书真是六国时作品，那么，在驺衍、驺奭之后，这个学派已传播很远，怪不得吕不韦的宾客著书之时已大受齐学的影响了。

以上所列，限于"九流"之中的"阴阳家"，即是司马谈所论"六家"中的"阴阳家"。司马谈说：

> 阴阳之术，大祥而众忌讳（大祥是说此一派注重机祥之应。《汉书》六十二引此文，误作大详），使人拘而多所畏。然其序四时之大顺，不可失也。……
>
> 夫阴阳、四时、八位、十二度、二十四节各有教令，曰"顺之者昌，逆之者不死则亡"。未必然也。故曰"使人拘而多所畏"。夫春生夏长，秋收冬藏，此天道之大经也，弗顺则无以为天下纲纪。故曰"四时之大顺，不可失也"。（《史记》百三十）

《艺文志》也说：

> 阴阳家者流，盖出于羲和之官（此语是刘歆瞎说）。敬顺昊天，历象日月星辰，敬授民时，此其所长也。及拘者为之，则牵于禁忌。泥于小数，舍人事而任鬼神。

这里所说的阴阳家，是齐学的正统，还是以政治为主体，用阴阳消息与五德转移为根据，教人依着"四时之大顺"设施政教。他们主张"治各有宜"，本是一种变法哲学，不幸他们入了迷，发了狂，把四时十二月的政制教令都规定作刻板文章，又造出种种禁忌，便成了"使人拘而多所畏""舍人事而任鬼神"的中古宗教了。

齐学本从民间宗教出来，想在机祥祸福的迷信之上建立一种因时改制的政治思想，结果是灾祥迷信的黑雾终于埋灭了政制变法的本意，只剩下一大堆禁忌，流毒于无穷。这是齐学的命运。

第十三章

黄老之学

汉之哲学

汉兴时，儒生如叔孙通之流颇得信用。儒家重"辨上下，定民志"，故叔孙通所定朝仪使汉高祖叹赏道："吾乃今日知为皇帝之贵也！"那时的儒生眼见叔孙通"得君行道"，都以为"叔孙生圣人，知当世务！"叔孙通不但制定朝仪，还制定了汉朝的"宗庙仪法"及"汉诸仪法"，在儒家发达史上，要算第一个大功臣，理该配享孔子！

但是那时的儒生，在政治上虽占势力，在思想界却比不上"道家"。

汉初的功臣如张良的"学道，欲轻举""愿弃人间事从赤松子游"，又造出"圯下受书""谷城黄石"等等邪说，便隐隐地种下了汉代的"道士的宗教"。同时的曹参尊重"治黄老言"的胶西盖公，实行"贵清静而民自定"的治道。

文帝实行薄葬短丧，也不是一个儒教信徒。文帝的窦皇后，最好"黄帝老子言"，故"景帝及诸窦不得不读《老子》，尊其术"（《汉书·外戚传上》）。

景帝、武帝时，淮南王安招致方术之士，著书二十一篇，为道家最完备的书。又有"中篇八卷，言神仙黄白之术"（《汉书·本传》）。当时的学者如司马谈之流，极崇拜道家，以为兼有诸家的长处。所以我们可说汉初的一百年（高帝至武帝），是道家发达的时代。

汉武帝建元元年，卫绾奏"所举贤良或治申、商、韩非、苏秦、张仪之言，乱国政，请皆罢"。诏可。五年，置五经博士。后来董仲舒对策，"以为诸不在六艺之科、孔子之术者，皆绝其道，勿使并进"。武帝竟实行"罢黜百家，表章六经"（此事不知在何年）。从此儒学成为"国教"了！

但无论何种学说，无论何种宗教，一到了"一尊"的地位，便是死期已到，更无进化的希望。

所以罗马的君士但丁大帝认天主教为国教，而基督教死；汉武帝认儒术为国教，而儒学死。况且当时汉武帝名为尊重儒术，其实他年年求神仙，任方士，祠五畤，想天赐祥瑞！所行所为，全是当日的方士迷信。所以那时的儒者如董仲舒一流人，也不能跳出这种方士的迷信。于是有阴阳五行灾异图纬的儒学。所以汉代自武帝到东汉初年的一百多年，是"道士的儒学"时代。

这种"道士的儒学"，在东汉时，并不曾消灭。后来道家的道士派，和道士派的儒家，互相帮助，互相影响，到了汉末，遂发生张道陵的道教。但是东汉思想界，却出了几个人物，极力攻击"道士派"的道家和"道士派"的儒家。这班人物的第一个先锋是王充。

王充的《论衡》抱定"疾虚妄"的宗旨，建立一种"评判的哲学"。这种"评判"的精神，起于王充。张衡继起，也攻击图谶的虚妄。汉末的"人伦""月旦"的风气，也只是这种"评判精神"的表示。

后来评判的风气，变成了政治的评判，遂造成十八年的党锢大祸。献帝建安年间，思想家如孔融、祢衡、仲长统诸人，一方面代表这种评判的精神，一方面遂开魏晋人自由旷达的风气。

所以汉代思想的第三时期，自王充到仲长统，可以叫作"评判的时代"，这是汉代思想变迁的大势。

道　家

我在上节说汉代哲学的第一时代是道家全盛时代。如今须说"道家"之名作何意义。古代本没有什么"道家"。道是一个"达名"，所包极广。《庄子·天下》篇所举老聃、关尹、墨翟、慎到、庄周等等，都称"道术"。道即是路，即是方法。故老子、孔子、墨子……所要得的，都只是"道"。但其间却有个分别。老子的道，完全是天道，是自然之理。孔子、荀子、孟子的道，偏重人道，是人事之理。墨子所说，以"天志"为本，是有意志的天道。

后来这个"达名"的道，渐渐地范围狭小下来，单指老子一派的自然之理。《庄子》《韩非子》所说的道，都属于此派。"达名"竟变成"类名"了。

到了后来，"道家"一名竟成"私名"，起初单指那一派以天道（自然）作根本的哲学，后来汉末道教发生，道家竟成了道士的名称。自从道教称"道家"以后，那一派自然哲学便改称"老氏"，或混称"老庄"，不叫作"道家"了。

汉代的道家乃是专指那自然派的哲学。当秦汉之际，儒墨之争虽已消灭，儒法之争却甚激烈。那时的焚书大祸，便是儒法之争的结果。秦时法家战胜，儒家大失败。

到了汉初，如上章所说，儒生又战胜了。这个时代，只有那与人无忤与世无争的自然派哲学，不曾受政治上的影响。这一派的哲学，当秦汉之际，不但没有消灭，还能吸收各家的长处，融会贯通，渐渐地变成一个集大成的学派。

依我看来，汉初一百年的道家哲学竟可以算得是中国古代哲学的一个大结束。古代的学派，除了墨家一支之外，所有精华，都被道家吸收进去，所以能成一个集大成的学派。这是汉代道家的特色。如今且引司马谈《论六家要旨》的话作我这段议论的证据。他说：

> 夫阴阳、儒、墨、名、法、道德，此务为治者也。直所从言之异路，有省有不省耳。（此下论各家得失）……道家使人精神专一，动合无形，赡足万物。其为术也，因阴阳之大顺，采儒墨之善，撮名法之要。与时推移，应物变化，立俗施事，无所不宜。指约而易操，事少而功多。……（此下分论各家

得失）道家无为，又曰无不为，其实易行，其辞难知。其术以虚无为本，以因循为用。无成势，无常形，故能究万物之情。不为物先，不为物后，故能为万物主。有法无法，因时为业。有度无度，因物与合。故曰：圣人不朽，时变是守。

虚者，道之常也。因者，君之纲也。群臣并至，使各自明也。其实中其声者谓之端，实不中其声者谓之窾（音款，空也）。

窾言不听，奸乃不生，贤不肖自分，白黑乃形。在所欲用耳，何事不成。乃合大道，混混冥冥，光耀天下，复反无名。

凡人所生者，神也；所托者，形也。神大用则竭，形大劳则散，形神离则死。……不先定其神，而曰我有以治天下，何由哉？（《史记》卷一三〇）

看他说道家"因阴阳之大顺，采儒墨之善，撮名法之要"，便是说道家是一个集大成的学派。

读者须知"集大成"三个字，不过是"折中派"的别名。看得起他，就说是"集大成"；看不起他，就说是"折中派"。汉代道家属于折中派，自不可讳。但这一派却真能融合各家的好处，真能把各家的学说格外发挥得明白晓畅，所以我觉得他颇当得起"集大成"的称号。

汉代的道家哲学最完备的莫如《淮南子》一部书。故下章用这书代表道家的哲学。

道家的来源与宗旨

战国晚年以后，中国思想多倾向于折中混合，无论什么学派，都可以叫作"杂家"。总括起来，这时候有三个大思想集团都可以称为"杂家"：

1. 秦学，可用《吕氏春秋》和李斯做代表。

2. 鲁学，即儒家。

3. 齐学，即"黄老"之学，又叫作"道家"。

秦学已在前面详细说过了，鲁学在下文另有专篇，在本章里我要讨论齐学的道家。

秦学与齐学同是复合学派，同用自然主义的思想做中心，而其中颇有根本的不同。秦是一个得志的强国，有吞并天下的野心，故凡可以有为的人才，凡可以实行的思想，在秦国都有受欢迎的机会。故吕不韦、李斯的思想里很少玄想的成分，而很多实用的政论。

秦学也侧重自然主义，也提倡无知无为的君道，而同时又特别反对偃兵，又特别提倡变法的哲学；他注重个人主义，提倡贵生重己，却还没有出世的意味；燕齐海上的阴阳家言已在混合之中了，但神仙方术之说还不见称述（秦始皇统一之后，大信神仙之事，此是齐学的胜利）。

故秦学还不失为一个有为的国家的政术，虽然称道无为，而韩非、李斯的成分很浓厚，故见于政治便成为秦帝国的急进政策。

齐学便不然。燕齐海上之士多空想，故迂怪大胆的议论往往出于其间。司马迁说：

> 齐带山海，膏壤千里，宜桑麻，人民多文采布帛鱼盐。……其俗宽缓阔达而足智，好议论。（《史记》一二九）

齐民族的原始宗教有八神将：天主、地主、兵主、阴主、阳主、月主、日主、四时主（《史记》二八）。阴阳五德之说，神仙之说，都起于这个民族，毫不足奇怪。《封禅书》说：

> 蓬莱、方丈、瀛洲，此三神山者，其传在渤海中，去人不远。患且至，则船风引而去。盖尝有至者，诸仙人及不死之药皆在焉。其物禽兽尽白，而黄金银为宫阙。未至，望之如云；及到，三神山反居水下。临之，风辄引去，终莫能至云。世主莫不甘心焉。（《史记》二八）

《史记》记阴阳家和神仙方术的混合，很值得我们的注意。《封禅书》说：

> 自齐威、宣之时，驺子之徒论著终始五德之运 …… 而宋

毋忌、正伯侨、充尚（《汉书》二五作元尚）、羡门子高最后，皆燕人，为方仙道，形解销化，依于鬼神之事。驺衍以阴阳主运，显于诸侯，而燕齐海上之士传其术，不能通，然则（则字疑衍）怪迂阿谀苟合之徒自此兴，不可胜数也。

这个齐系的思想和别的思想一样有"托古改制"的必要。儒墨都称道尧舜，尧舜成了滥套，不足借重了，故后起的齐系思想用老子一系的哲学思想做底子，造出了无数半历史半神话的古人的伪书。其中，最古最尊的便是那骑龙上天的仙人黄帝。他们讲神仙，必须归到清静寡欲，适性养神；他们讲治术，必须归到自然无为的天道。阴阳的运行，五行的终始，本是一种自然主义的宇宙论；但他们又注重机祥灾异，便已染上了墨教的色彩了。大概民间宗教迷信的影响太大，古代不甚自觉的自然主义抵抗不住民间迷信的势力，于是自然主义的阴阳五行遂和机祥灾异的阴阳五行混在一处了。又如，清静适性也本是自然主义的人生观。但他们又去寻种种丹药和方术来求长生不死，形解尸化，这便不是自然主义的本意了。然而当日的学者却没有这种自觉，于是，这些思想也就混成一家了。老子太简单了，不能用作混合学派的基础，故不能不抬出黄帝等人来；正如儒家孔子之外不能不有周公、尧、舜等人一样。于是这一个大混合的思想集团就叫作"黄老之学"。因为这一系思想都自附于那个自然变化的天道观念，故后来又叫作"道家"。

秦以前没有"道家"之名，"道家"只是指那战国末年以至秦汉之间新起来的黄老之学。汉朝学者也知道这个学派起来甚晚。《汉书·艺文志》道家有《黄帝四经》四篇，《黄帝铭》六篇，《黄帝君臣》六篇，原注云："起六国时，与《老子》相似也。"

又《杂黄帝》五十八篇，原注云："六国时贤者所作。"又《力牧》二十二篇，原注云："六国时所做，托之力牧。力牧，黄帝相。"

司马迁也说：

> 百家言黄帝，其文不雅驯，荐绅先生难言之。(《史记》一)

《汉书·艺文志》很明白地说黄帝、力牧之书出于六国时。其实，此派起于六国末年，成于秦汉之际。司马迁在《乐毅传》末说得最明白：

> 乐氏之族有乐瑕公、乐巨公 (今本作乐臣公，《集解》与《索隐》皆云，臣一作巨。《汉书》三七《田叔传》作乐巨公，可证原本作巨，讹作臣。今改正)，赵且为秦所灭 (在始皇十八九年，前229—前228)，亡之齐高密。乐巨公善修黄帝、老子之言，显闻于齐，称贤师。
>
> 太史公曰 …… 乐巨公学黄帝、老子，其本师号曰河上丈人，不知其所出。河上丈人教安期生，安期生教毛翕公，毛翕公教乐瑕公，乐瑕公教乐巨公，乐巨公教盖公。盖公教于

齐高密、胶西，为曹相国师。

安期生《封禅书》里称为"仙者"，大概河上丈人也是乌有先生一流的仙人。毛翕公以下，大概是黄老之学的初期之师。他们的地域不出于高密、胶西一带，时代不过秦始皇到汉高祖时，三四十年而已。

在这时期里，热衷的人便跑出去宣传"方仙道"，替秦始皇帝候星气，求神仙去了。一些冷淡的学者、亡国的遗民，如乐瑕、乐巨之流，他们不愿在新朝献媚求荣，便在高密、胶西一带编造古书，讲述黄帝、老子。这便是"黄老之学"的起源。

在秦始皇时代，齐学曾得着皇帝的宠用。齐人徐市（即徐福）说动了始皇，带了童男女数千人入海求仙。卢生、韩终、侯公、石生（皆燕齐之士）等都被派入海求神仙，求不死之药。

但这一位皇帝是不容易服侍的，他是要求实效的，"不验辄死"。后来徐市入海不返，韩终去不报，卢生、侯生也逃走了。始皇大怒，于是有坑杀术士儒生四百六十人的惨剧。

不久，天下又大乱了。大乱之后，直到汉武帝时，七八十年中，求神仙的风气因为没有热心的君主提倡，故稍稍衰歇。而齐学之中的黄老清静无为的思想却因为时势的需要，得着有力的提倡，成为西汉初期的"显学"。

韩非在前三世纪中叶说"世之显学"，只举儒墨二家，其时齐学还不够为显学。黄老之学成为显学，始于汉初，而第一个黄老

学者受尊崇的，便是高密乐巨公的弟子胶西盖公。盖公是汉相国曹参的老师。（详见下节）

这一个学派本来只叫作"黄老之学"。"道家"之名不知起于何时。陈平晚年曾有"我多阴谋，是道家之所禁"的话（《史记》五六）。后来武帝初年有儒道争政权的一案，司马迁记此事，有云：

> 窦太后好黄老之言，而魏其、武安、赵绾、王臧等务隆推儒术，贬道家言。（《史记》一○七）

这里上文说"黄老之言"，而下文说"道家言"，可见这两个名词是同义的了。

从秦始皇到汉武帝，这一百多年的道家学者可考见的，略如下表：

毛翕公

乐瑕公

田叔（学黄老术于乐巨公，至景帝时尚生存，见《汉书》三七本传）

盖公（当前200年尚生存）

曹参（前190年死）

陈平（《史记》传赞说他学黄老）

王生（见《张释之传》，"善为黄老言"，至景帝初年尚生存。《魮阳传》有"齐人王先生，年八十余，多奇计"，似同是

一个人）

黄生（景帝时，约当前二世纪中叶）

邓章（见《晁错传》之末，约当武帝时，"以修黄老言，显诸公间"）

邻氏（有《老子经传》四篇）

傅氏（有《老子经说》三十七篇）

徐氏（字少季，临淮人，有《老子经说》六篇。以上三人时代不明，见《艺文志》）

捷子（齐人，有《捷子》二篇，《艺文志》云，武帝时）

曹羽（有书二篇，《艺文志》云，"楚人，武帝时说于齐王"）

郎中婴齐（有书十二篇，《艺文志》云，武帝时）

司马谈（前110年死；"学道论于黄生"）

汲黯（前112年死；《史记》一二〇说他"学黄老之言"）

郑当时（约前100年死；《史记》一二〇说他"好黄老之言"）

杨王孙（武帝时人，学黄老之术，家颇富，厚自奉养，实行"养生"的主义。后来他有病，先立遗嘱，说："吾欲裸葬，以反吾真。死则为布囊盛尸，入地七尺，既下，从足引脱其囊，以身亲土。"他的朋友劝阻他，他说："吾裸葬，将以矫世也。"《汉书》六七有传。据《西京杂记》，王孙名贵，京兆人）

在秦始皇坑术士之后，汉武帝大求神仙丹药之前，这七八十年中的道家似乎经过了一番刷清作用，神仙迂怪之说退居不重要的地位，而清静无为的思想特别被尊崇，故这时期的道家思想差不多完全等于清静无为的政术。故曹参师事盖公，治齐治汉，都用黄老术，清静无为，以不扰民为主。故窦太后信黄老之言，而"孝景即位十六年，祠官各以岁时祠如故，无有所兴"（《史记》二八）。故汲黯"学黄老之言，治官理民好清静，择丞史而任之，其治责大指而已，不苛小。黯多病，卧闺阁内不出，岁余，东海大治，称之。上闻，召以为主爵都尉，列于九卿，治务在无为而已，弘大体，不拘文法。天子方招文学儒者，上曰吾欲云云，黯对曰：'陛下内多欲而外施仁义，奈何欲效唐虞之治乎？'"（《史记》百二十）这都是道家的政治思想，重在清静无为，重在不扰民，与民休息。

司马谈学天文于方士唐都，受《易》于杨何，习道论于黄生，可算是一个杂博的学者。他在建元、元封之间（前140—前110）做太史令，也不得不跟着一班方士儒生议祠后土，议泰畤坛（均见《史记》二八）。但他的"论六家之要指"（《史记》百三十）述道家的宗旨仍是这自然无为的治道。他说：

> 《易·大传》曰："天下一致而百虑，同归而殊途。"夫阴阳儒墨名法道德，此务为治者也，直所从言之异路，有省不省耳。

他把一切学派的思想都看作"务为治"的政术，不过出发点有不同——"所从言之异路"——有省不省的分别，故主张也有不同。

他从这个论点观察各家，指出他们各有长处，也各有短处。只有道家是"无所不宜"的一种治道。他说：

> 道家使人精神专一，动合无形，赡足万物。其为术也，因阴阳之大顺，采儒墨之善，撮名法之要，与时迁移，应物变化，立俗施事，无所不宜。指约而易操，事少而功多。

这是说道家无所不包，无所不宜。他又说：

> 道家无为，又曰无不为。其实易行，其辞难知。其术以虚无为本，以因循为用。无成势，无常形，故能究万物之情。不为物先，不为物后，故能为万物主。有法无法，因时为业。有度无度，因物与合。故曰，圣人不朽，时变是守。

道家承认一个无为而无不为的天道，道是自然流动变迁的，故"无成势，无常形"。一切依着自然变迁的趋势，便是"因循"，便是守"时变"。时机未成熟，不能勉强，故"不为物先"。时机已成熟了，便须因时而动，故"不为物后"。在政治上的态度便是既不顽固，也不革命，只顺着时变走。这是道家的无为主义。无为并不是不做事，只是"不为物先"，只是"因时为业"。这便是《淮南王》所谓：

> 漠然无为而无不为也，澹然无治而无不治也。所谓无为者，不先物为也；所谓无不为者，因物之所为也。所谓无治者，不易自然也；所谓无不治者，因物之相然也。（《原道训》）

大凡无为的政治思想，本意只是说人君的聪明有限，本领有限，容易做错事情，倒不如装呆偷懒，少闹些乱子罢（《吕氏春秋·任数》篇说："耳目心智其所以知识甚阙，其所以闻见甚浅。"《君守》篇说："有识则有不备矣，有事则有不恢矣。"）。然而直说人君知识能力不够，究竟有点难为情，所以只好说："您老人家的贵体非同小可，请您保养精神，少操点心罢。"司马谈也有这样一种养神保形的政术，他说：

> 儒者则不然，以为人主天下之仪表也，主倡而臣和，主先而臣随。如此，则主劳而臣逸。至于大道之要，去健羡（健羡似是古时一种成语，有贪欲之意。《荀子·哀公》篇：孔子曰，无取健。杨倞注，"健羡之人。"下文孔子曰，健，贪也。杨注，"健羡之人多贪欲"），黜聪明。释此而任术，夫神大用则竭，形大劳而散。神形早衰，欲与天地长久，非所闻也。

他又说：

> 凡人所生者神也，所托者形也。神大用则竭，形大劳则
> 散，形神离则死。死者不可复生，离者不可复反，故圣人重之。
> 由是观之，神者生之本也，形者生之具也。不先定其神，而曰，
> "我有以治天下"，何由哉？

他这样反复叮咛，很像嘱咐小孩子一样，在我们今日看了似
乎好笑，但在当时为此说者自有一番苦心。

道家主张无为，实含有虚君政治之意，慎到所谓"块不失道"，
《吕氏春秋》所谓"无唱有和，无先有随；其所为少，其所因多；因
者，君术也，为者，臣道也"，都是这个意思。司马谈也主张"无
唱有和，无先有随"，故他反对儒家"主倡而臣和，主先而臣随"
的治道论，但君主之权既已积重难返了，学者不敢明说限制君权，
更不敢明说虚君，故只好说请人君保养精形，贵生而定神。人君
能"精神专一"，则能"动合无形，赡足万物"了。这是他们不得
已的说法。

试看司马迁记汲黯的事：

> 天子方招文学儒者，上曰吾欲云云，黯对曰："陛下内多
> 欲而外施仁义，奈何欲效唐虞之治乎？"上默然怒，变色而
> 罢朝。公卿皆为黯惧。上退，谓左右曰："甚矣，汲黯之戆

也！"（《史记》百二十）

这样一句话便使皇帝气得变色而罢朝，使满朝公卿都震惧。怪不得那些和平的道家学者只好委婉地提出保养精神的论调了。

无为的政治思想是弱者的哲学，是无力的主张。根本的缺陷只在于没有办法，没有制裁的能力。他们说："你们知识不够，不如无知罢。你们不配有为，不如无为罢。"但是君主愚而偏好自用，他们有什么办法呢？不配有为而偏要有为，他们又有什么办法呢？他们只好说："您老人家歇歇吧，不要主劳而臣逸。"但是君主偏不肯歇，偏爱骚动形神，他们又有什么办法呢？

汉初七十年的政治，可算是有点无为的意味，也不能说是没有成效。但我们仔细想想，汉初的无为政治都是由君主、丞相发动：孝惠的"垂拱"是因为他无权无能；吕后的"政不出房户"是因为她本来没有多大见识，又怕别人有为；曹参、窦太后的行黄老术都是强有力者的自动。等到汉武帝立志要有为，于是七十年的无为政治全推翻了。

七十年的道家政治

汉帝国的创立者都是平民。刘邦是个不事生产的无赖，萧何是个刀笔吏，樊哙是屠狗的，夏侯婴是个马夫，灌婴是个卖缯的，周勃是为人吹箫送丧的，彭越是打鱼的，黥布是个黥了面的囚徒，韩信是个"贫无行"的流氓。其中只有极少数的人，如张良、陈平，是受过教育的。这一群人起来参加革命，在几年之中，统一中国，建立了第二次的统一帝国。刘邦做了皇帝，这一群人都做了新朝的王侯将相。他们的妻妾也都成了新朝的贵妇人。刘邦的兄弟子侄也都封王建国。这一班乡下人统治之下的政治，确实有点可怕。彭越、韩信都死在一个残忍的妇人之手。高祖死后，吕后当国，至十五年之久（前194—前180），政治的污秽昏乱，人所共知。高帝在日，韩信曾冷笑自己竟同樊哙等为伍；高帝死后，樊哙和他的老婆吕媭便成了最有权势的人。吕后的一班兄弟诸侄都封王封侯。她的嬖幸审食其也封辟阳侯，拜左丞相，住在宫里，百官皆因而决事。右丞相陈平没有事可做，只能"日饮醇酒，戏妇女"。这样的做法，才能得吕后的欢心，才可避免吕媭的谗害（《史记》五六）。吕后的行为是最不人道的，她鸩杀的人，如赵王如意、赵王友、赵王恢等，不可胜计。她吃戚夫人的醋，"遂断戚夫人手足，去眼、辉耳、饮喑药，使居厕中，命曰'人彘'。"（《史记》九）

在这样的黑暗时代，一班稍有头脑的人都感觉多一事不如少一事，有为不如无为，良法美制都无用处，不如少出主意，少生事端。只要能维持国内的太平，使人民可以休息，可以恢复十几年兵祸毁坏的生产力，这便是大幸事了。《汉书·食货志》说：

> 汉兴，接秦之敝，诸侯并起，民失作业而大饥馑，凡米

石五千（《史记·平准书》作"米至石万钱"）。人相食，死者过半。高祖乃令民得卖子就食蜀汉。天下既定，民亡盖藏，自天子不能具醇驷（四匹马一色），而将相或乘牛车。

经济的状况如此，也不是可以有为的时势。所以鲁国的儒生对叔孙通说：

> 今天下初定，死者未葬，伤者未起，又欲起礼乐！礼乐所由起，积德百年而后可兴也。吾不忍为公所为。

所以陆贾也主张无为的政治（见上章）。最奇怪的是当日的武将，"身被七十创，攻城略地功最多"的平阳侯曹参，也极力主张无为的政治。曹参和韩信平定了齐地，高祖把韩信调开了，封他的长子肥为齐王，用曹参做齐相国（前202年）。曹参以战功第一的人，做韩信的继任者，他岂不明白高祖的用意？司马迁说：

> 参之相齐，齐七十城，天下初定，悼惠王富于春秋。参尽召长老诸生，问所以安集百姓如齐故俗。诸儒以百数，言人人殊，参未知所定。闻胶西有盖公，善治黄老言，使人厚币请之。既见盖公，盖公为言治道贵清静而民自定，推此类具言之。
> 参于是避正堂，舍盖公焉。其治要用黄老术，故相齐九

年（前202—前193），齐国安集，大称贤相。

惠帝二年（前193）……参去，嘱其后相曰："以齐狱市为寄，慎勿扰也。"后相曰："治无大于此者乎？"参曰："不然。夫狱市者，所以并容也。今君扰之，奸人安所容也？吾是以先之。"（《史记》五四）

曹参在齐相国任内，行了九年的清静无为的政治，已有成效了。故他到了中央做相国，也抱定这个无为不扰民的主义。

参代萧何为汉相国，举事无所变更，一遵萧何之约束。择郡国吏，木（《汉书》三九木字作"长大"二字，孟康说，年长大者）诎于文辞，重厚长者，即召除为丞相史；吏之言文刻深，欲务声名，辄斥去之。日夜饮醇酒。卿大夫已下吏及宾客，见参不事事，来者皆欲有言。至者，参辄饮以醇酒；间之，欲有所言，复饮之，醉而后去，终莫得开说。

相舍后园近吏舍，吏舍日饮歌呼，从吏恶之，无如之何，乃请参游园中，闻吏醉歌呼，从吏幸（希冀）相国召按之。乃反取酒张坐饮，亦歌呼与相应和。参见人之有细过，专掩匿覆盖之，府中无事。

惠帝看了曹参的行为，有点奇怪，叫他的儿子曹窋去规谏他。曹窋回去问他父亲为什么"日饮，无所请事"。曹参大怒，打了他二百下，说："天下事不是你应该说的！"第二天，惠帝只好老实说是他叫曹窋去说的：

> 参免冠谢，曰："陛下自察圣武孰与高帝？"
>
> 上曰："朕乃安敢望先帝乎？"
>
> 参曰："陛下观臣能孰与萧何贤？"
>
> 上曰："君似不及也。"
>
> 参曰："陛下言之是也。高帝与萧何定天下，法令既明，今陛下垂拱，参等守职，遵而勿失，不亦可乎？"
>
> 惠帝曰："善，君休矣。"

　　这里明明说出他的无为政治的意义是："我们都不配有为，还是安分点，少做点罢。"其实惠帝自己在吕后的淫威之下，也只能"日饮为淫乐，不听政，故有病"（《史记》九），不久即短命而死，只有二十三岁。后来王陵做右丞相，因为反对诸吕封王的事，就做不成丞相了。陈平和审食其做左右丞相，陈平也只能喝酒玩妇人，然而还免不了谗害。

> 吕媭……数谗曰："陈平为相，非治事，日饮醇酒，戏妇女。"
>
> 陈平闻，日益甚。吕太后闻之，私独喜，面质吕媭于陈平曰："鄙语曰，'儿妇人口不可用。'顾君与我何如耳。无畏

吕媭之谮也。"(《史记》五六）

吕太后听说陈平喝酒玩妇人不治事，为什么私心独欢喜呢？这就是说，当权的人不但自己不配有为，并且都不愿意谁有为。最庸碌的人如萧何，尚且时时受他的老朋友刘邦的猜忌。故萧何不能不"多买田地，贱赊贷，以自污"，高祖知道了便"大悦"。但萧何提议许百姓入上林空地去种田，高祖便大怒，把他"下廷尉，械系之！"（《史记》五三）吕后的喜，和她丈夫的大悦大怒，正是同一种心理作用，都是不愿人做有益的事功。这都是无为政治的背景。

但无为的政治却也有很好的效果。司马迁论曹参道：

> 参为汉相国，清静，极言合道。然百姓离秦之酷后，参与休息无为，故天下俱称其美矣。（《史记》五四）

他在《吕后本纪》的后面也说：

> 孝惠皇帝、高后之时，黎民得离战国之苦，君臣俱欲休息乎无为，故惠帝垂拱，高后女主称制，政不出房户，天下晏然，刑罚罕用，罪人是希，民务稼穑，衣食滋殖。（《史记》九）

班固《汉书·高后纪》的赞(《汉书》三),全抄此段。

班固又在《食货志》里说:"孝惠、高后之间,衣食滋殖。"(《汉书》二四)

可见当时的政治尽管龌龊,而"政不出房户",人民便受惠不少。几十年的无为,有这样大成效:

> 至今上(武帝)即位数岁,汉兴七十余年(前202—前130)之间,国家无事,非遇水旱之灾,民则人给家足,都鄙廪庾皆满,而府库余货财。京师之钱累巨万(万万为巨万),贯朽而不可校。太仓之粟陈陈相因,充溢露积于外,至腐败不可食。众庶街巷有马,阡陌之间成群,而乘字牝者傧而不得聚会。守闾阎者食粱肉,为吏者长子孙(吏不可时时更换,至生长子孙而不转职),居官者以为姓号。故人人自爱而重犯法,先行义而后绌耻辱焉。(《史记》三十)

孝惠、吕后之时的无为政治,如曹参的尊重盖公、实行黄老的思想,便已是有意地试行无为主义了。孝文、孝景二帝的政治也都含有一点自觉的无为政策。史家虽不明说文帝是黄老信徒,但他在位二十三年,所行政策,如除肉刑,除父母妻子同产相坐律,减赋税,劝农桑,以及对南越及匈奴的和平政策,都像是有意地与民休息。他的皇后窦氏便是一个尊信黄老的妇人,她做了二十三年的皇后,十六年的皇太后,六年的太皇太后,先后共四十五年（前179—前135）。《史记》（四九）说：

> 窦太后好黄帝、老子言，帝（景帝）及太子（即武帝）、诸
> 窦不得不读黄帝、老子，尊其术。

窦太后当文帝时，便因病把眼睛瞎了（《史记》四九）。故她的读老子、黄帝书应该在她早年。我们虽不知道文帝曾否受她影响，也不知道是否因文帝尊崇黄老而影响到她。但我们至少可以说，这位瞎眼睛太后是十分尊崇黄老哲学的，而她的权势足够影响汉家政治至几十年之久。当景帝时代，儒生辕固生说《老子》是"家人言"，得罪了窦太后，便被送到兽圈里去刺野猪（《史记》一二一）。武帝初年的赵绾、王臧的大狱，也是一件儒家与道家斗争的案子，值得史家的注意。《史记》说：

> 建元元年（前140）……魏其侯（窦婴）为丞相，武安侯
> （田蚡）为太尉。……魏其、武安俱好儒术，推毂赵绾为御史
> 大夫，王臧为郎中令，迎鲁申公，欲设明堂，令列侯就国，
> 除关除（关门之税），以礼为服制，以兴太平。举谪诸窦宗室
> 无节行者，除其属籍。

这是儒家、赵绾、王臧的变法政纲。

时诸外家列为侯，列侯多尚公主，皆不欲就国。以故，毁日至窦太后。太后好黄老之言，而魏其、武安、赵绾、王臧等务隆推儒术，贬道家言，是以窦太后滋不说魏其等。(《史记》一〇七)

二年（前139），御史大夫赵绾请毋奏事东宫(《汉书·武帝纪》作"请毋奏事太皇太后")。窦太后大怒曰："此欲复为新垣平耶？"（以上用《汉书》五二）使人微伺得赵绾等奸利事，召案绾、臧，绾、臧自杀，诸所兴为皆废（以上用《史记》二八）。免丞相婴、太尉蚡。以许昌为丞相，庄青翟为御史大夫。(《汉书》五二)

《史记·万石君列传》也说：

建元二年，郎中令王臧以文学获罪。皇太后以为儒者文多质少，今万石君（石奋）家不言而躬行，乃以长子建为郎中令，少子庆为内史。(《史记》一〇三)

这也是有意排斥儒生的一个例子。

但这位瞎眼的太皇太后不久就死了（前135）。七十年与民休息的政治，已造成了一个人给家足的中国，可以大有为了，于是武安侯田蚡为丞相。

绌黄老刑名百家之言，延文学儒者数百人，而公孙弘以
《春秋》布衣为天子三公，封以平津侯。天下之学士靡然向风
矣。(《史记》一二一)

第十四章

汉代儒教

儒教在汉代被确立为国教考

本文试图叙述儒家学说在公元前200—前100年期间的变迁史，并指出由于汉王朝把它奉为国教，因此而产生的后果，一直影响中国两千年的真正性质。

当秦始皇统一了整个中国，并建立起第一个中华帝国时，他和他的大将及政府官员们对盛行在战国时代的无数哲学学派抱非常敌视的态度。耗时空谈的时代过去了。提上日程的问题是怎样来统治这新成立的帝国。他们废除了世袭的诸侯分封制度，把帝国划分为三十六个郡县，建立起全国统一规格的道路，统一的文字书写形式和标准的度量衡制度。这些为了控制全国而计划进行的庞大的政策，常常遇到守旧的学者们的非难。政府为了镇压反抗就不得不使用激烈的迫害手段。几乎有五百人被活埋致死。公元前213年，政府下令一切属于私人所有的书必须烧掉。著名的焚书令中说：

> 史官非秦记皆烧之。非博士官所职，天下敢有藏《诗》《书》、百家语者，悉诣守、尉杂烧之。有敢偶语《诗》《书》者弃市，以古非今者，族。……所不去者，医药卜筮种树之书。

秦帝国只持续了十五年（公元前221—前206）。经过七年剧烈的战争，国家重新统一在汉王朝的统治下。到公元前195年内战仍未结束。长时间的革命和战争使国家遭到破坏，新建立起来的帝国是一片废墟。米价五千钱一石。由于战争和饥荒，人口减少了一半，帝国政府不得不颁布政令，允许人民为了生存可以出卖他们的孩子和移居西边各地。朝廷穷困到甚至找不出四匹同样颜色的马作为皇帝出门时乘坐的马车。大臣和将军们常常只能用牛车代步。

他们确实是处在困难时期。除了最迫切需要的和平和下令容许人民休养生息以外，其他都是不切实际和多余的。所以汉初的政治家们实施和平和放任政策。学者和思想家们都倾向于崇尚道家教人清静无为、顺乎自然的哲学。在某些情况下是有意识地鼓励这种道家哲学的做法。汉初的丞相之一曹参是道家盖公的信徒，有意实施放任自流的政治哲学。在他担任丞相的三年期间，他每天饮酒，他的部下来向他提新的建议时，他就请他们一同饮酒，直到酩酊大醉，无法谈论他们想提出的新建议方案时方休。另一位信奉道家哲学的统治者是窦太后（死于公元前135年），她是汉初四十年间最强有力的政治人物。她严格要求她的所有儿孙们学习老子哲学。

所以，汉初七十年间占统治地位的思想学派是道家。道家这一名称是这一时期提出来的，是公元前二世纪时出现的著名的折中主义哲学，它试图把先前哲学上众说纷纭时代涌现出来的各种思想学派中的基本学说都包括在内。这种不拘于一家之言的中心见解就是老子的自然主义哲学，和具体体现了"道"的概念的庄子，因此称为道教或道家。这一折中主义学派的最著名的著作是《淮南子》，是由一群哲学家在汉高祖的孙子淮南子的支持下编纂完成的。伟大史家司马迁的父亲司马谈在一篇文章里进一步概括地阐明了这种折中的见解。他说：

> 道家使人精神专一，动合无形，赡足万物。其为术也，因阴阳之大顺，采儒墨之善，撮名法之要，与时迁移，应物变化，立俗施事，无所不宜，指约而易操，事少而功多。……道家无为，又曰无不为，其实易行，其辞难知。其术以虚无为本，以因循为用。无成势，无常形，故能究万物之情。不为物先，不为物后，故能为万物主。

这就是道家哲学，它是顺从自然主义的、唯理主义的和宿命论的。这种主张革命者和改革者是不赞成的；但保守者也反对。它的政治含义是自由放任政策。由它顺从自然趋势，并保持这种状况。我在前面已经提到，这种态度正好与当时的时代趋势相适应，使人民在七十多年的时间里享受着和平和繁荣昌盛。

太史公司马迁说：

> 至今上即位数岁（武帝，公元前140—前87），汉兴七十

余年之间 …… 京师之钱累巨万，贯朽而不可校。太仓之粟陈陈相因，充溢露积于外，至腐败不可食。众庶街巷有马，阡陌之间成群，而乘字牝者傧而不得聚会。守闾阎者食粱肉，为吏者长子孙，居官者以为姓号。…… 当此之时，网疏而民富，役财骄溢，或至兼并豪党之徒，以武断于乡曲。

从这些同时代的证言，我们可以看到一个新时代的来到 —— 这是一个物产丰富、资财集中并崇尚奢侈豪华的时代。这一时代的到来，使一项更加独断的政治计划和帝国的向外扩张的时机成熟了，为更具独断精神的权势和儒教政治哲学安排好了活动的舞台。

汉代是第一个由下层社会人民建立起来的王朝。开国皇帝是个酒徒和无赖。他的一些大将曾经是屠夫和流氓。他们对知识阶层毫不尊重。汉高祖是出名的不喜欢儒家学者，用最轻蔑的方法去对待他们。他曾经摘掉儒生的帽子并用污物把它弄脏。他边接待儒生来访边由两名女子侍候为他洗脚；以憎恶的眼光看待学者阶层穿的飘拂的长袍。那些去求见的儒学经师为了避免受到嘲弄，不得不在供职时穿上短衫。

不过儒家学者在王朝初建的时候是有用的人，因为他们通晓历史传统，并精通社会和宗教的典礼仪式。他们还懂得法律和制度，并能用丰富的历史实例来谈治国方案。所有这些对于一个刚登上开国皇位的新军阀来说都是有用的。当儒生陆贾在汉高祖面前引用儒家经典时，高祖立即打断他的话并叱责说："你这个书呆子，老子在马背上得到天下，你的经书对我有什么用？"陆贾反驳说："是的，陛下，您能在马背上得天下，但是您能在马背上治天下吗？"皇上想想可能是那么回事，就让他写一本关于秦朝为什么会灭亡的书。这本书很快地写了出来，皇上一章接一章地读下去，他高兴了，给书取名为《新语》。这书一直保存至今。

另一个小故事在汉初的儒教史上也是很重要的。汉高祖首先宣布：所有旧的朝廷礼节制度对于他的那些原来出身低微、从来不讲礼貌的新任将军和贵族领导层来说统统废除不用。于是这些人在朝廷举行的酒宴上互相打骂，喝醉了酒大声喊叫，甚至拔出佩剑在宫廷的墙壁和柱子上乱砍乱刺，使汉高祖感到大大地受到了伤害，十分恼火。

一位儒家学者叔孙通为此提出建议：要有一套朝廷觐见的礼仪制度以维持秩序。高祖说："可以试试。但要简单明了，对我来说要容易执行。"于是叔孙通从孔夫子的老家山东请来了三十名儒生，由他们协助，再加上他自己的弟子们。他开始为朝廷设计新的朝觐仪式。设计出来后，又带着这些儒生到远离都城的郊野，模仿朝廷典礼进行演习。这样进行了一个月以后，邀请皇上观看了他们的排练。高祖说：可以。并命他的朝廷的全体成员都要学会这套仪式。

公元前200年十月初一日，为新建成的长乐宫举行落成典礼，新制定的仪式就从这一天开始实行。整个仪式体现了王朝帝国的壮丽豪华的气魄，在庄严和有条不紊中完成，由专司典礼的官员执掌进行，敬酒九巡以后就停止。没有喧闹的声音，也没有出现失礼的行为。典礼结束之后，汉高祖说："今天我才尝到了当皇帝的尊荣和乐趣。"

叔孙通由此官拜太常寺卿，并赏赐黄金五百斤。他请求皇帝赐给和他一起进行这项礼仪工作的儒生们一个微小的官职。离开皇宫以后，他当即把五百斤黄金分给他的弟子们，弟子们非常高兴并欢呼：叔孙老师是圣人，他知道当世最需要的是什么。五年以后，汉高祖出巡到山东地区，用太牢，也就是以祭天子的规格用全羊、全猪、全牛作为祭品祭祀孔林。

叔孙通后来又升为太子太傅。在太子即位时，他再一次主持了新皇登基大典。汉初的许多有关朝廷庆典、公众集会及宗教礼拜的仪式，都是他设计制订出来的。

这些小插曲都发生在汉代建国初期，显示了儒家学派以教育和培养人为主的实际效益。这就阐明了在当时，尽管缺乏教育的皇帝和野性未驯的显贵们轻视学术和学习，尽管有主张放任自流和清静无为的道家哲学的反对，儒教则仍能跻身于政治势力中的原因。

但是对于采取好干预别人和家长式统治的儒家学派来说，时机并不总是一帆风顺的。出于曾经反抗过秦王朝专制主义的反应，人们开始疑惧这种独断的政治改革。给以更多的安宁和更少法规是时代的愿望。汉高祖在取代了秦以后，废除了一切旧有的详细法规，公布约法三章："杀人者死，伤人及盗抵罪。"这种简化法规的巧妙一着，受到人民热烈的拥护，欢呼新统治者是被压迫人民的救星。帝国很快就发觉有必要把它发展为《九章律》，但这在开国后的三代统治中，由于不希望做过分详细的修订，《九章律》仍是一部简单的法典。

帝国在建国初期几十年间的趋势是不惜任何代价获得和平，让人民从他们过去遭受的苦难中恢复元气。在汉文帝在位的二十三年中（公元前179—前157），没有新建一所宫殿、增加一名宫廷侍卫和新盖一处御用马厩。文帝还废除了肉刑，在他统治的末期，全国每处只有数百件判处死刑的案例。他鼓励农民在自己的土地上耕种，皇后在宫中养蚕。赋税每年减轻，至公元前167年，全部废除了土地税。

汉武帝十七年时，丞相卫绾为首进行了一次使儒家学派教育宗旨的地位高于其他一切学派的活动。朝廷的推崇使儒家学者更显突出。这使年迈的窦太后不高兴，她是道教教义的虔诚的信奉者，而这时她正代替年轻的皇帝摄政。儒家学者试图颠覆她的摄政地位，但是没有成功。丞相窦婴和太尉田蚡被免职。她把领头的两名儒家学者投入监狱，那两人在狱中自杀身死。

直到公元前135年窦太后逝世，儒教活动才得完全恢复。在窦太后逝世的前一年，为了抑止民间的原有的博士私相传授经书，政府设立了专门传授弟子的儒学博士官，以五名为限，每人传授五经中的一门，即《易经》《诗经》《尚书》《仪礼》和《公羊春秋》。

公元前125年，丞相儒家学者公孙弘提议有限度地从全国各地选拔招收学习每门经书的学生。第一次为官学选来的学生共五十名，到公元前一世纪末年，帝国官学成立，选入学生三千名；公元二世纪时，已扩大到拥有学生三万名以上了。

不过把儒教作为国教的建立，或者更确切地说定为国教的最重要的一步，则是采用儒家经籍作为政府文官考试制度的基础。当时书面的经书语言早已成为死的语言。所有用经书语言书写的敕令和法规对广大民众来说都无法领悟，甚至在政府部门供职的小官们也常常不明白朝廷在公文上写的是什么。公元前125年，丞相公孙弘为此向武帝上奏，提议是否可通过考试取士，对儒学经籍中的一门考试合格者，方能充当京城以及全国各地各级政府部门的官员。总之，最有学问的人常居优先地位。这是文官考试制度的开始。以后逐渐修改完善，一直施行了两千年。这是普及儒家经籍知识最有效的手段。因为后来这种对古典经籍的考试实际上成为对非显贵出身的平民能升入仕途的唯一途径。政府只宣布考试的各项标准要求，所有对自己的儿子抱有希望的民众就得自己想各种办法教育孩子，使他们谙熟古代经籍，并具有用这种文字作论文的能力。用这种方法，儒家经籍，有时主要用孔子以前的原著中所提到的；有时用孔子以后的经书（特别是称谓《四书》）中的，成了自从汉武帝以来两千年间一直保持下来的所有中国的学校里的主要课本。

汉武帝在位五十三年，这期间很多儒家学者擢升为政治上的显要人物。著名史家司马迁在武帝在位时的下半叶写出他的伟大著作。说明自从公元前125年新的教育法规实施以来，越来越多的学者作为各部大臣、高级官员和地方长官进入了政府各部门。官学中的儒学博士虽然官阶品位并不高，却常常参加朝廷集会，决策国家大事，特别是在起草和讨论法规以及觐见和祭祀仪式中常常起着十分重要的作用。确实地说，儒教至此已作为汉王朝帝国的正式国教或正统的教旨牢固地树立起来了。

通过上述对汉代开国以来一百年间儒家思想兴衰的描述，我们现在可以试图观察一下受到政府如此器重的荣誉，并抬高到一个无与伦比的正统地位的儒教是哪一种儒家思想？为了了解这新建立起来的儒教的真正内容，有必要先描述一下当时的宗教和思想背景图，在这种背景下儒教运动才得以形成。当我们明白了这一背景以后，才能够鉴别为什么和怎么这种儒教根本不是孔子或孟子的哲学思想，而是某种与原来的学派教导毫不相干，以致我们必须称它为"汉儒"，以便一方面有别于孔、孟关于道德伦理和社会的教导，另一方面也有别于宋代的新儒家哲学。

这种宗教和思想背景中最重要的因素是普遍广泛流行的各种信仰和由于移民、军事上的征服，最后由于秦、汉王朝帝国的形成所带来的各个民族和各个地方的神秘莫测的迷信。秦民从西北来，随着他们的向东移动，带来了他们的原始崇拜和畤，当他们征服了整个中国时，这种崇拜就成为帝国宗教信仰的重要组成部分。这些宗教信仰之一是崇拜一块肝形的石头或者是化石，名为

"陈宝"，他们认为这块石头是秦民的守护女神神雉转变而成的。她是专门负责一切军事行动和征服其他民族的神。每隔两三年，她的配偶神，也是一只雉，会到她的祠里与她相会。他的到来常会有一种红色和黄色的奇异光彩出现，约有40—50英尺[1]长，同时伴随有附近所有的雉和公鸡的叫声。如遇到这种情况出现，帝国的僧侣们，就要用羊、猪、牛各一头作为祭品向祠献祭，并作为重要新闻，派专使、备驿马飞驰京城向当时的秦王、后来的皇帝报告。据当时著名的儒家学者刘向（死于公元前6年）的记载，这种闻名的神雉对已化为石头的配偶的拜访的正式记录，在公元前206—前31年间共有一百五十一次。就这样，再加上秦民的另外一些带神秘色彩的崇拜，相继构成为秦、汉两代的国教部分，而以汉武帝在位期间特别盛行。到公元前31年才废除；但对这一废止持反对态度的表现非常强烈，以致在第二年由皇太后下特别敕令重新恢复。

这种原始崇拜，在构成帝国组成部分的其他民族中也有存在。居住在山东东部沿海的齐民崇拜他们的"八神"，这也是武帝在位时盛行的宗教。武帝曾多次出巡山东祭祀八神。八神之首称为"天主"。这一名称后来为十七世纪时耶稣会传教士所用，译为"上帝"。从此，罗马公教直至今天仍以"天主教"闻名。后来罗马教廷发现这一命名源于一个低级的异教，于是引出一场激烈的争辩，

1　1英尺 = 0.3048米。

部分地促进了耶稣会在中国活动的衰落。这则故事出在勃朗宁的长诗《环与书》中著名的一节中。

居住在齐、燕（现在的山东和河北）沿海居民的丰富的想象力对中国的宗教做出了最大的贡献。他们相信世上有神仙存在，神仙们在海上的三座神山或称为海岛上居住。他们相信这些岛上所有的鸟兽都是白色的；神仙居住的房子用白银建成并以黄金为大门，在那里可以找到长生不老药。据说曾有人去这些岛屿上寻仙，神仙出现在那些具有彻底献身精神并有所准备的人们面前。在汉以前有许多统治者曾派人到这些圣地去寻找仙踪。秦始皇是一个虔诚的信奉者，并数次派出由童男童女组成的探险队去海上寻求神仙和神秘的长寿秘方。汉武帝决意要完成秦始皇没有办到的这件事。在他长达五十年的统治期间，他不断地赞助这个和那个炼丹术士或方士，希望有朝一日神仙会有幸给予他一次会晤的机会，并赠给他长生不老丹方。

这不过是无数迷信传说中的很少几个和帝国的实施常例。当汉高祖得意扬扬地进入秦国都城时，他颁布一项文告说："吾甚重祠而敬祭。今上帝之祭，及山川诸神当祠者，各以其时礼祠之如故。"几年以后（公元前200年），汉王朝完成统一大业，长安城成为新建帝国的都城。所有各民族和地方宗教及祭祀仪式在都城中都能充分体现，各种教派在都城中都有各自的寺庙、僧侣和祭祀仪式。梁巫代表今属四川西部居民的教派；晋巫代表今属山西的部族；秦巫代表今属陕西及其以西的部族；荆巫代表汉水、长江流域的部族。当汉武帝征服了今属广东的部族后，粤巫也加入了都城中无数部族和地方神职的行列，容许礼拜他们自己的神灵，并按照他们自己的奇特方式进行鸡卜，就是用雏鸡的骨头占卜。

帝国由多民族组成，使京城里有这么众多部族和地方的宗教教派及迷信活动，这些都成了国教中的组成部分，全归祠官管辖。迷信的朝廷和百姓杂乱无章地崇拜着其中的任何一个寺院庙宇，幻想着祝祷着神灵能保佑他们。

如上所述，汉代的缔造者们出身十分寒微，一般地说，天然受制于各种形式的迷信，不过仍有显著的例外。如汉文帝和他的皇后窦太后及他们的儿子汉景帝（公元前157—前141）时的状况就不是一样。但总的来说，朝廷和皇族都是十足的愚昧无知和迷信的人，是他们使大量的原始崇拜提高了声望，因为在他们取得显赫地位以前曾经利用过这些东西。在这些普遍流行的迷信崇拜中最显著的例子是礼拜长安城的"神君"。

长安附近有一位年轻妇女因难产死去。据说她的鬼魂常常出现并与她的妯娌谈话。这位妯娌开始在他们的屋子里礼拜她。很快这里成了轻信的老百姓们朝圣礼拜的中心。鬼魂通过其中的一名妇女说话，这名妇女就成了所谓代神传谕的巫师。凑巧在众多的神君崇拜者中有一名地位低微的妇女，她的女儿从丈夫家中逃了出来，被带进了皇宫，成了太子最宠爱的嫔妃，并生了一个儿子。太子即位以后，这名逃出来的妇女成了皇后。这是公元前151年的事。十年以后，她的儿子当上了皇帝，就是汉武帝。武帝为他出身微贱的母亲赐上平原君的封号。她的哥哥和两个同父异母的兄弟都得以封侯。另一个同父异母的兄弟当上了帝国的丞相。像这样一个出身微贱的女子突如其来地使家庭交上了好运的事，自然而然地认为是由于受到了代神传谕的女巫的祝福。这种代神传谕的女巫是由汉武帝祖母、她的虔诚信奉的娘家介绍到宫中来的。就这样，神君成了皇帝虔诚崇拜的偶像，专设两处宫殿作为供奉神君的神殿。公元前118年，皇帝出巡寻求新的拜神殿时，又出现了新的显圣方法。皇帝感到不舒服，所有的男女神巫和方士都无法为他祛除病痛。于是，派遣使者去向神君求教。神君答称："转告皇帝，不必为他的病痛焦虑；转告他，病稍愈，请到甘泉来与我相会。"皇帝的病真的好了，赶紧去甘泉，在那里大摆酒宴，向神君表示敬意，并宣布大赦天下。

上述事例都发生在皇帝提倡以儒教作为帝国的正统国教教旨以前。

这是一个崇尚巫术、炼丹术和信奉神仙的时代，汉武帝对这些都深信不疑。他在位期间，许多方士被捧到具有最高政治权力的地位，当然，这就成为一股促使人们去研究探索各种神秘主义的巨大的推动力。司马迁对此有如下一段记载：公元前110年，武帝出巡到齐地沿海祭祀八神。至少有一万人请求皇帝赐给一次机会，试一下他们崇拜和炼就的新的神奇秘方。

在所有的方士中最走运的要数栾大，他巧言令色，敢说大话，说服了轻信的皇帝。他说他的奇妙无比的方法不仅能点石成金，能使神仙降临并得到长生不老药，而且可以阻止黄河洪水泛滥，而这正是政府多年来感到棘手难办的问题。他略施富于幻术魔力的小计，就使皇帝十分信服，封栾大为五利将军。在短短一个多月的时间里，他接连获得另外三个头衔奇怪的官职；不久又封他为乐通侯，赐给他一座宫殿似的豪华府第，拥有千余奴仆和一套皇帝自己在宫中使用的精美的帷帐家具。尤其值得一提的是皇帝把自己的大女儿卫长公主嫁给他为妻，赐给黄金万斤作为卫长公主的嫁妆。皇帝经常亲临栾大的府第；每天派人送去新的礼物，礼物摆满了从宫中到他的府第的街道上。不久皇帝又赐给他一方新的上面刻有"天道将军"的玉印，专派一名穿着羽衣的特使送去授予他的女婿，象征着神仙飞向天国，天道将军也穿上白色羽衣庄严地接受了玉印。几个月内他接连接受了六个最高荣誉的官印，使当时的儒家学者们感到极度的钦羡和嫉妒。栾大的奇丹妙方没有一个证明是有效的。公元前112年，他的欺骗行为终于全部暴露，皇帝一怒就把他处死了。

有着皇帝的女婿、乐通侯、乐通将军等等头衔的栾大，他的虔诚的保护人不是别的什么人，而正是在历史上赫赫有名的把儒教捧为正统国教的统治者汉武帝本人。

这就是那一时代的宗教和思想背景。神畤寺庙在数量上不断增加，而且越来越豪华奢侈。公元前31年，据丞相上奏，在长安城内有六百八十三座寺庙，寺庙里面都配备有官方供养的僧侣负责管理前来朝拜的信徒，其中，有四百七十五座寺庙在当年就被废除了，但这些被废停止的寺庙似乎很快又恢复起来。到公元前20年，仅长安城内又有了一百七十座政府设置的让人朝拜的寺庙。政府每次用于向这些寺庙献祭的飞禽和走兽的数量达三千头以上。后来几年为筹备这么多用于献祭的牲类感到很困难，于是只好用公鸡代替野鸭，用狗作为麇鹿的代用品了。

儒教是在国家处于这样一种充满神秘主义和迷信色彩的环境里被提升为正统教义的。儒教和儒家学者都不可能不受到这种庞大而有权势的环境的感染和影响。事实上，一些著名的儒家学者也并不想避开它。孟子曾评论过孔夫子是适时的圣人。儒教也常有适时的教旨，它常能把握住时代的风尚。汉代儒教的真正创始人叔孙通，就被他自己的门徒形容为当世最识时务的圣人。当时的一些儒家学者的领袖人物也说过同样的话。汉代儒家思想最杰出的代表人物董仲舒，他那在历史上闻名的祈雨方法是：当他站在北门向过往行人喷洒水滴时，关闭城里一切朝南开的门，并禁止一切场所用火。另一儒家学派的大学者刘向是个炼丹术士，相信通过神秘的幽灵的介入可以使顽铁变成黄金。有一次，他因用伪造炼得的丹药欺骗汉宣帝（公元前73—前49）而险被判处死刑。

新儒教在一位具有如此五花八门爱好而又永不知足和轻信的统治者的鼓励下，和同样如此轻信的一些学者的倡导下应运而生了。——这种新儒教必然是一种人为合成的宗教，里面融入了众多民间流行的迷信和国家崇尚的因素。为了稍为显得合理一点，除去了少数最站不住脚的成分，并薄薄地涂上一层儒家以前和儒家的经籍作为伪装，以便使它以文雅和权威的姿态出现。从这方面来说，汉代的新儒教确实是中国的国教。它是一种民间普遍流行的信仰和长时间实践并通过轻微的润饰使它稍为合理的大的凝聚体。

必须注意的是，《五经》公认是儒家文化以前的主要经文，儒家学派为后代保存了这些具有历史意义的文献。这些经文，大量地汇集了民间文献、传统历史、占卜、社会和宗教仪式，自然还包含了无数关于上古的迷信和习俗。这些很容易与后来的民间宗教信仰结合起来。孔学以后的经文以及哲学争鸣时代的其他各种学派的著作，由于轮廓鲜明，概念清晰，复杂老练而不适用这一新儒教的目的。归根到底，儒教建立在中国国民文化生活的这个时期，只因为这时期有最适合于它生存的土壤。

不过，即使是儒学以前的经籍，由于太简要和太实在，也不能把它作为儒教的唯一基础，奢望它能把众多的民间崇拜和迷信统统都综合在一起。所以需要为儒教活动去寻找一种超出这些经籍以外的，制造出一种只属于它自己的新的文献。这种新的儒教文献采取两种不同的形式：一种形式是由对原有经籍的解释评注所组成，这种解释评注又被混进了经籍文本之中，而这种胡说在经籍中原本是没有的；另一种形式是在生疏和奇特的标题下为新儒教伪造纯粹是虚构杜撰的经文。由于古代经籍被称作"经"，所以这些伪造的文本就叫作"纬"。有七种这类伪造文献记载，在古老的书目中，称为"七纬"。这些纬书的残篇至今仍有保存下来的。

研究这些文献能从中看出汉代新儒教的观点，至少包括下列各要点:(一)信奉天上有神,它有意志,有意识,并监视着人们和政府的所作所为。(二)信奉一切神怪及死后灵魂也监视着人们和政府的一切行动。(三)信奉善恶因果报应思想。(四)信奉天人感应,邪恶的行为会带来上天预先的警告和事后盛怒的惩罚,善良的行为会带来吉利的征兆和回报。(五)信奉凡事都有先兆,并能人为地使天意转缓,甚至靠做大量的善行义举来改变天意。(六)信奉占星学是一门解释天象和人类及政治事件关系的科学。

所有这些要点是在儒家经籍的伪装下,把政治宗教哲学都混杂在一起组成的。这种哲学或者叫作宗教的中心思想是:上帝或天是有意志或目的的,他的意志或目的是对人类以慈善为本。天意可以通过小心观察天空和地面上的异常现象了解到。这些异常现象就是上天对人们和政府的警告。人们,特别是政府的一举一动必须按照观察到的这些现象为指导去进行,不按照预示的现象去做,结果必将使天意作出进一步盛怒的警告,甚至会导致王朝的崩溃和民族的毁灭。

总而言之,新儒教完全是宗教的口气,它的根本目的,无论是有意还是无意,几乎全部是为政治服务的。自从秦帝国形成以来,皇帝的权力已成为真正的专制,但这种专制权力缺少可用来限制或控制人的适当的武器。儒家学者有意或无意地发现了这种宗教武器,似乎可用来成为使人在敬畏中完全听从统治者掌握的工具。这宗教因素在当时是如此的突出和强有力,以致可以利用作为有成功前途的基础,在这基础上建立起一个在思想上和信仰上令人敬畏的政治宗教制度。

这种新儒教的政治目的，董仲舒作了最好的表述。他本人在政治上从没有达到过杰出人物的地位，而他为新儒教提供的哲学和逻辑方法的著作，给从司马迁时代到康有为时代的中国思潮以巨大的影响。董仲舒的大量的哲学著作是解释《春秋》，从中他推论出这一重要主旨：《春秋》教民服从统治者，教统治者服从上天。这就是汉儒提出的要旨。这一新的政治宗教体系的目的是为统治者的绝对权威寻找力量的。

董仲舒对新儒教"神学"的本质也有简单明了的说明：

> 人之所为，其美恶之极，乃与天地流通而往来相应。
>
> 国家将有失道之败，而天乃先出灾害以谴告之；不知自省，又出怪异以警惧之；尚不知变，而伤败乃至。以此见天心之仁爱人君而欲止其乱也。自非大亡道之君者，天尽欲扶持而全安之，事在强勉而已矣。

汉武帝召集众多儒家学者于朝廷，询问治国良策。董仲舒的这些大胆的言论已被写进在答武帝问当中了。他的发言像是带有权威性的预言。这些言论奠定了使汉代儒教成为高度复杂的神学，有时称它为灾异之学。因为它的实际用途在于解释两类现象。例如大火、洪水、灾荒、地震和山崩等灾的现象；另一类是异常的现象，如日食、彗星出现、星体不正常的活动以及妇人长出胡须等等。

但是，我们怎样才能知道天或地的特别警告的意义呢？用什么方法来解释那些异常现象的含义呢？对这问题，董仲舒用奇妙的逻辑方法来解决：他把汉代儒教的逻辑推理方式说成是历代的模式来回答这问题。他说：

> 《春秋》之道举往以明来，是故天下有物，视《春秋》所举与同比者，精微眇以存其意，通伦类以贯其理，天地之类，国家之事，粲然皆见，亡所疑矣。

这是新儒教方法论的声明，本质上是一种历史类推的逻辑学。它使每一个特殊事件都包括在三步各不相同的推理过程中：（一）把《春秋》中记载的每一种异常现象用因果关系把某些政治事件与这些现象直接联系起来，找出它的"意义"；（二）如当前出现了异常现象，就设法从《春秋》中找出与其相对应的现象；（三）找到后就用来解释它所隐含的意义，依据历史类推的方法使它适合于解释当前的现象。

这里我引用一个几乎使我们的哲学家董仲舒丢了性命的著名实例。

《春秋》记载了发生在鲁国的两场大火（一场在公元前507年，另一场在公元前491年）。对此董仲舒把它解释为上天由于鲁国国君对臣下的不义举动所发出的警告。如今，公元前135年，几个月内接连发生两场大火，烧掉了汉王朝祖先的两座陵庙。董仲舒对此解释为上天对武帝的警告，因为武帝要罢黜两位有权势的、和皇帝有着极其亲密的血缘关系的人物，这一不义的举动使上天发出了警告。董仲舒并没有亲自将这种解释向皇帝奏告，是他的仇人拿此话去向皇帝献殷勤。每一个看到注释的人都明白文中语气所暗示的是两位大人物：一位是太后的同父异母兄弟，当朝丞相；另一位是皇帝的大伯父淮南王。于是，这位哲学家被判处死刑，好不容易得到皇帝的特赦，总算免于一死。

不过董仲舒以他的擅长的学问和勇敢的预言为新儒教建立了神学基础。他建立起他的《春秋公羊传》体系。一些儒家学者开始以另外的古代经籍作为他们注释的基础，企图超过他。有一学派用《尚书》中的一章《洪范》为基础，精心计划一种更为复杂的儒教逻辑或者诡辩的体系。另一学派以《易经》做基础进行注释。那位获罪的炼丹术士刘向建立了他的《春秋穀梁传》体系，但这在当时就被认为是不可信的。他的儿子刘歆，是王莽所信任的顾问，建立了他的《春秋左传》体系，这在当时也是有争议的。但最不可思议的绝技是翼奉学派，他完成了以《诗经》为基础做注释，建立起详细的占卜和解释灾异现象的体系。

如此各式各样的儒教神学和诡辩的体系，还在继续不断地增多。当然，没有两个学派在解释任何特殊灾异现象时会得出一致的结论。当每一次地震或日食发生，各种各样的关于灾异对人或事的实际意义的解释便会像潮水一样涌向朝廷。大量的这种解释事例都发生在公元前135年到元年之间。都载上了史家班固所撰的《汉书·五行志》之中，这一卷（第二十七卷）成了《汉书》中最长的一卷。

从上所说，我们可以容易地了解到汉代的新儒教是完全不同于孔子的不可知论的人文主义或孟子的民主主义政治哲学的。可以看出这是中国第一个帝国时代的奇特的产物。当各部族的宗教思想和实践聚集在一起并融合成为一个具有杂乱的信仰和崇拜的庞大的聚合体时，整个的宗教和智力气氛，即便在最高层的贵族和皇族方面，都是原始的和浅薄的迷信，新儒教在这样的环境里受到保护和滋养，也必将采用大量的原始的和浅薄的迷信，这是很自然的。新儒教，它明白地摒弃了早先从杰出的儒学思想家荀子那里接受的自然主义哲学；它明白地拒绝了孔子本人的不可知论思想，公然采取一种有神论的立场，它类似于曾被早先的儒家责难过的墨翟学派。这些汉代的新儒教徒们相信他们能通晓上天的意志，并能解释出隐含在天地间显示出来的一切现象中的意义；他们相信巫术和炼丹术；他们采用占星家们的方法论，穷毕生精力试图用历史上和经籍中的相似处去解释自然界发生的灾难和异常现象。

虽然如此，我们仍然应该原谅他们，这些儒家学者是处在这样一种只能明白一些原始的和浅薄的事物环境中的人。他们在黑暗中摸索寻求一种方法，怎样才能在一个刚刚合并成立起来的帝国里，去抑制那无法避免的统治者的专制主义。宗教似乎是一种具有约束力的武器，于是新儒教采用了宗教的形式。迷信似乎能引起统治者的注意，于是儒教利用迷信作为它的主要部分。他们想建立这样一种宗教：它能教统治者本人服从天意，对他属下的人民施行仁政。为了这种缘故，新儒教常常勇敢地触怒皇帝和有权势的大臣们，强使他们在社会和政治方面作出不少对人民有利的改革。

汉代儒教运动最大的成就在教育领域。在学习研究古代经籍文献的基础上建立起全国性的教育和考试制度。儒学的头面人物为未来的文官考试的民主制度的发展播下了种子。这种考试制度有可能使任何一个穷乡僻壤的男孩通过他自己的努力和良好的资质进入并上升到国家的最高政治阶层。更重要的是由于政府对教育和学习的鼓励，新儒教在不知不觉中为自己挖掘着坟墓。经过几代人的进程，逐渐出现了一大批学术思想界的领袖人物，他们对建立起来的国教中的原始和粗糙部分寻求补救办法。这样，到公元前一世纪末兴起了一支称为"古文经学"的学派，他们代表更清楚和更成熟的思想，于是逐渐地、部分地代替了"今文经学"，即汉初建立起来的新儒教。数十年以后出现了大思想家王充（公元27—100），他重振并发展了道家的自然主义哲学，并借此严厉地批评和清除了汉代儒教政治——宗教制度中所有的基本概念和信仰。

无为与有为

儒家的特别色彩就是想得君行道，想治理国家。孔子的栖栖遑遑，"知其不可而为之"，便是这种积极精神。孟子引旧记载，说"孔子三月无君则吊，出疆必载质（贽）"。曾子说："士不可以不弘毅，任重而道远。"这是何等气象！孟子说大丈夫应该"居天下之广居，立天下之正位，行天下之大道，得志，与民由之；不得志，独行其道。富贵不能淫，贫贱不能移，威武不能屈。"这都是儒家的积极人生观。但儒者在那列国对峙的时代，可以自由往来各国，合则留，不合则去，故他们还可以保存他们的独立精神和高尚人格。所以孟子还能说：

> 古之人未尝不欲仕也，又恶不由其道。不由其道而往者，与钻穴隙之类也。

孟子的弟子陈代劝孟子稍稍降低一点身份，劝他"枉尺而直寻（十丈为寻）"。孟子对他说御者王良的故事（《滕文公篇下》），末了他说：

> 御者且羞与射者比（比是阿合），比而得禽兽，虽若丘陵，弗为也。如枉道而从彼，何也？且子过矣。枉己者，未有能直人者也。

这种不肯枉己而直人，不肯枉尺而直寻的精神，是古儒者留给后世的一种贵重遗风。

但中国一统之后，便没有这种自由选择的机会了。"择主而事"已成了一句空话。叔孙通"事十王"，多靠会巴结进身，后来居然制定一朝仪法，成为"汉家儒宗"，这便全不是那种不肯枉尺直寻的精神了。在那班屠狗卖缯的公侯将相的手下想做点积极事业，本来不是容易的事。有点骨气的人大概都受不了这种环境的苦痛，少年气盛的贾谊，过湘水作赋吊屈原。他说：

> 斡弃周鼎，宝康瓠（康瓠是大瓦器）兮！腾驾罢（疲）牛，骖蹇驴兮！骥垂两耳，服监车兮！

我们可想见他的愤慨。他又说：

> 彼寻常之污渎兮，岂容吞舟之鱼？横江湖之鳣鲸兮，固将制于蝼蚁。

他想冲到哪儿去呢？

> 历九州岛而相（相度）其君兮，何必怀此都也？

但是在那统一帝国之下，他能飞往哪儿去呢？

儒者是想积极有为的，而那个时代却是一个无为的时代。曹参、陈平、汉文帝、窦后都是实行无为主义的。无为之治在当时确也是一种不得已的办法，但那种敷衍苟安的政治，在儒家的眼里，自然不能满人意。这两种主张的冲突，在贾谊的《治安策》里最可以看出来。贾谊说：

> 进言者皆曰"天下已安已治矣"。臣独以为未也。曰安且治者，非愚则谀……夫抱火厝之积薪之下，而寝其上，火未及燃，因谓之安。方今之势何以异此？本末舛逆，首尾冲决，国制抢攘，非甚有纪，胡可谓治？

不承认现状可以满人意，这便是有为主义的立场。天下已安已治，自然可以无为了；正因为天下不安不治，故必须奋发有为。长沮、桀溺讥评孔子说："滔滔者天下皆是也，而谁以易之？"孔子说："天下有道，丘不与易也。"正因为天下无道，故有栖栖遑遑奔走号呼的必要。贾谊对于当时的无为论，有这样激烈的批评：

> 国已屈矣，盗贼直须时耳。然而献计者曰："毋动为大耳。"（夫无动而可以振天下之败者，何等也！）（此语据《新书·孽产子》篇补。）夫俗至大不敬也，至无等（即上文所谓"上下舛逆"）也，至冒上也，进计者犹曰"毋为"！（《新书》"毋动""毋为"两毋字皆作"无"。）可为长太息者此也。

他攻击当时的大臣道：

大臣特以簿书不报，期会之闲，以为大故。至于俗流失，世坏败，因恬而不知怪，虑不动于耳目，以为是适然耳。夫移风易俗，使天下回心而向道，类非俗吏之所能为也。俗吏之所务在于刀笔筐箧，而不知大体。

"是适然耳"是无为论者的自然主义。无为论的真义只是"听其自然"，而"不以人易天"。有为之论恰和这相反，恰是要用人力补救天然，处处要尽人事。贾谊说此意最明白：

夫立君臣，等上下，使父子有礼，六亲有纪，此非天之所为，人之所设也。夫人之所设，不为（则）不立，不植则僵，不修则坏。

这便是儒家的有为主义的要旨。贾谊之学出于河南守吴公，吴公学事李斯（《汉书》十八），李斯学于荀卿。荀卿曾说："道者，非天之道，非地之道，人之所以道也。"（《荀子·儒效》）又说："天有其时，地有其财，人有其治。夫是之谓能参。"（《荀子·天论》）又说："故错人而思天，则失万物之情。"（《荀子·天论》）又说："唯圣人为不求知天。"（《荀子·天论》）这正是儒家传统的人事有为主义。陆贾、贾谊都代表这种积极态度。这种态度的要义只是认清天下的治乱和生民的安危都不是"天之所为"，乃是"人

297

之所设"。既是人之所设，便不许靠天吃饭，必须时时努力尽人事，因为这种事业是"不为则不立，不植则僵，不修则坏"的。

这种有为主义，董仲舒说的也很明白恳切。董仲舒是广川人，治《春秋》公羊氏之学，景帝时为博士。武帝建元元年（前140），举贤良文学之士，他以贤良对策（《汉书》六，此事在元光元年，即公历前134。《史记》一二二则说是在"今上即位"时。他对策中有"今临政而愿治七十余岁矣"一句，汉初至建元三年才有七十年，故齐召南定应在建元五年。但依苏舆《春秋繁露义证》卷首的年表，仲舒对策似应在元光以前，故今从苏氏说，定此事在建元元年）。武帝用他做江都王相。建元六年（前135），辽东的高庙被火烧了，他推说灾异，以为当"视亲戚贵属在诸侯远正最甚者，忍而诛之"。他的意思指淮南王。主父偃取其书，奏上去。这时候，政府不敢得罪淮南王，故把董仲舒下吏，定为死罪。武帝特赦了他。他后来还做过胶西王相，病免家居，不治产业，以著书修学为事。朝廷有大事，时时差人到他家去请问他。他的死年不知在何年，苏舆假定为太初元年（前104）。他的重要思想，散见于《汉书》之中（看严可均《全汉文》卷二三—二四）。他的《春秋繁露》，有近人苏舆的《春秋繁露义证》本最可用。康有为有《春秋董氏学》，也可参考。

董仲舒在他的对策第一篇里，提出"强勉"一个观念，他说：

> 事在强勉而已矣。强勉学问，则闻见博而知益明。强勉行道，则德日起而大有功。此皆可使旋至而立有效者也。

强勉即是努力有为。他又说：

> 道者，所由适于治之路也。仁义礼乐，皆其具也……夫人君莫不欲安存而恶危亡，然而政乱国危者众，所任者非其人，而所由者非其道，是以政日以仆灭也。……孔子曰："人能弘道，非道弘人也。"故治乱废兴在于己。

这正是荀卿以来的人事主义。荀卿教人不求知天，而董仲舒却要人明于天人相与的关系，这大概是由于个性的不同和时代环境的不同。他说：

> 臣谨案《春秋》之文，求王道之端，得之于"正"。正次王，王次春（此指《春秋》"春王正月"四字）。春者，天之所为也。正者，王之所为也。其意曰，上承天之所为，而下以正其所为，正王道之端云尔。

这固是穿凿附会，但也可表现他的主张。他在别处曾说，"王"字是"三画而连其中"，三画是天地与人，连其中是通其道："唯人道为可以参天。"（《繁露》四十四）这正是荀子"天有其时，地有其财，人有其治，夫是之谓能参"的意思。他在《对策》第三篇中说：

天令之谓命，命非圣人不行。质朴之谓性，性非教化不成。人欲之谓情，情非度制不节。是故王者上谨于承天意，以顺命也。下务明教化民，以成性也。正法度之宜，别上下之序，以防欲也。

命、性、情，都是自然的，贾谊所谓"天之所为也"。承天意、教化、度制，都是人为的，贾谊所谓"人之所设也"。命待圣人而后行，性待教化而后成，情待度制而后节，都是说人事重于天然。

在《对策》第二篇里，他很不客气地说：

今陛下并有天下，海内莫不率服……然而功不加于百姓者，殆王心未加焉。曾子曰："尊其所闻，则高明矣。行其所知，则光大矣。"高明光大不在乎他，在乎加之意而已。

这仍是强勉有为之意。他说："道之大原出于天。天不变，道亦不变。"（《对策》三）道家学者都深信天道是自然演变的，故不主张"以人易天"。他们说，"胡为乎？胡不为乎？夫固将自化。"董仲舒不信天道的自然变化，只信人事有得失，故主张用人功来补偏救弊。他说：

道者万世无弊，弊者道之失也。先王之道必有偏而不起之处，故政有眊而不行。举其偏以补其弊而已矣。三王之道

所祖不同，非其相反，将以救溢扶衰，所遭之变然也。……故王者有改制之名，无变道之实。(《对策》三)

董生所谓"道"本来只是"所由适于治之路"，本来只是人事，而非天道。人事有所不到，便有偏有弊，这都是"道之失"，即是人事之失。补弊举偏，救溢扶衰，拨乱反正，这是改制，是变法，不是变道。故他很沉痛地主张变法：

今汉继秦之后，如朽木粪墙矣。虽欲善治之，无可奈何。法出而奸生，令下而诈起，如以汤止沸，抱薪救火，愈甚，无益也。窃譬之，琴瑟不调甚者，必解而更张之，乃可鼓也。

为政而不行甚者，必变而更化之，乃可理也。当更张而不更张，虽有良工，不能善调也。当更化而不更化，虽有大贤，不能善治也。故汉得天下以来，常欲善治而至今不可善治者，失之于当更化而不更化也。

古人有言曰，临渊羡鱼不如归而结网。今临政而愿治，七十余岁矣，不如退而更化。更化则可善治，善治则灾害日去，福禄日来。(《对策》一)

这便是贾生的有为主义。贾生的有为主义得罪了当时的权臣贵人，终于迁谪而死。晁错的有为主义终于害他自己朝衣斩于东市。董仲舒的有为主义也使他下狱，定死罪，幸而不死，也落得废弃终身。他们都是有为论的牺牲者。然而董生自己不曾说吗：

仁人者，正其谊不谋其利，明其道不计其功。(《汉书》五六。《繁露》三十二作"正其道不谋其利，修其理不急其功"。)

他们的积极有为的精神，不但建立了汉帝国的一代规模，还影响了中国两千年的政治思想与制度，他们的牺牲是值得我们的同情的。

中古第一期的终局

一、王充以来，中古思想起了两种变局：第一是批评精神的发达，第二是道家思想的风行。

二、批评的精神在东汉最发达，在种种方面都有表现。在学术的方面，如张衡（78—139）的攻击谶纬，如郑玄（127—200）、何休（129—182）的争论《公羊》《左氏》，以至后来王弼（死约245年）的《周易注》的扫空一切旧说，都是这批评精神的表现。

看《后汉书》（八九）《张衡传》；又（六五）《郑玄传》。

看王弼《周易注》（《十三经注疏》本）。何休、郑玄争论的文字已不传了，黄奭辑的《通德堂经解》中有郑玄的《箴左氏膏肓》

《释穀梁废疾》《发公羊墨守》。

三、在政治方面，批评精神表现在许多评论政治的书里，如王符（死约170年）的《潜夫论》，如崔寔（死约170年）的《政论》，如仲长统（死220年）的《昌言》，都代表这种精神。太学诸生的危言激论，更是这种政治批评的实例。

看《后汉书》（八二）《崔寔传》；又（七九）《王符仲长统传》。《潜夫论》有汪继培注本。《政论》有严可均辑本（《全后汉文》四六）。《昌言》也有严可均辑本（《全后汉文》八七—八九）。

看《后汉书》（九七）《党锢列传》；又（九六）《陈蕃传》；又（九九）《窦武传》。

四、最奇特的是这种批评精神在那时代造成“人伦”的风气。“人伦”即是品评人物的高下，分为等级伦类，故叫作“人伦”。《后汉书》《三国志》中常说某人“善人伦”，就是说他善于品评人物。最有名的“人伦”大家是郭泰（128—169）和许劭（死194年）。当时没有报纸，这种品评就是当时的舆论。这种品评往往作成一种有韵的七言口号，既容易记诵，又容易宣传。例如：

　　天下模楷李元礼。（楷礼为韵）

　　不畏强御陈仲举。（御举为韵）

　　天下俊秀王叔茂。（秀茂为韵）

　　五经无双许叔重。（双重为韵）

党锢之祸就是批评政治与批评人物两项合并，成为一种伟大的政治运动，用清议来拥护几个负人望的政治领袖，结果就是二十年的党锢大祸（166—184），把全国的清流名士都一网打尽。

看《后汉书》（九八）《郭太符融许劭传》；又《党锢传》。

五、东汉时，道家思想渐渐得士大夫的信仰。恰巧那时佛教已进来了，渐渐行于民间，那时已有人用黄老之说来解释佛教，使人容易了解领受。试看《楚王英传》中两次连举黄老与浮屠；《桓帝纪》论中也说前史称桓帝祠浮屠、老子；《襄楷传》中说"宫中立黄老浮屠之祠"。襄楷上书在桓帝延熹九年（166），他已说："或言老子入夷狄为浮屠。"这都可见当时因佛教的推行，道家思想也渐渐行到民间去了。一世纪的楚王英、二世纪的桓帝都把佛与黄老看作同类的物事，大概都是受民间信仰的影响。顺帝时琅琊人宫崇自称师事仙人于吉，作《神书》，即是后来道教的《太平经》。这是太平道教的起源。同时有张陵，创为五斗米道教。太平道里出了张角兄弟，闹出黄巾的大乱（184）。五斗米道传到张修、张鲁，张鲁占领汉中近三十年，其道传播甚远。道教起于民间迷信，但他们硬把《老子》五千言认作他们的经典。

看《后汉书》（七二）《楚王英传》；又（六十）《襄楷传》；又（一〇一）《皇甫嵩传》。又《三国志》（八）《张鲁传》及注引《典略》记太平道及五斗米道。

六、从民间直到皇宫，都有崇奉黄老的风气了。知识阶级也逃不了这空气的传染。汉魏晋三朝禅代之际，有骨气的人做事也不易，说话也不易，于是多逃到谈玄说妙的一路上去。汉末的仲长统，魏晋的王弼、何晏、阮籍、嵇康、向秀、刘伶等人都崇尚老庄，遂开史家所谓"清谈"时代。他们全盘接受了道家思想，论宇宙则主张自然，崇拜虚无；谈政治则主张放任，反对干涉；论人生则主张适性自由，旷达恣意。阮籍说："礼岂为我设耶？"这正是那颓废的人生观的意义。他们纵酒狂放，打破一切礼法制度的束缚，其实只是对政治社会的一种抗议。阮籍说："君子之处域内，何异夫虱之处裈中乎？"这话里含多少哀音？他们对那现实的社会没有勇气革命，只想在精神上得一种慰安，所以他们的下梢都想逃出世外去过那神仙的生活。旷达的人生观和神仙出世的理想是一条路的。清谈的风气是佛教思想的绝好预备。从虚无到空假，从神仙到罗汉菩萨，那是很容易过渡的了。

看《后汉书》（七九）《仲长统传》；《三国志》（二八）《钟会传》附的《王弼传》及注；《晋书》（四九）阮籍、嵇康等人的传。

看王弼的《老子注》，郭象的《庄子注》，张湛的《列子注》。

看严可均《全三国文》卷四四至五二（阮籍与嵇康的文集）。

神仙家言，可看葛洪《抱朴子·内篇》。

第十五章

佛教

佛教的输入时期

佛教输入中国，大约在西汉时代，其正确年代已不可考了。我们所知道的有几点：（一）到东汉明帝永平八年（65），楚王英已奉佛教，佛教的名词已有三个（浮屠、伊蒲塞、桑门）见于皇帝的诏书中了。（二）恰恰一百年后（165），桓帝在宫中祠浮屠、老子，佛教已进了皇宫了。（三）次年（166）即有襄楷上疏论宫中祠浮屠、老子之事。襄楷是个儒教方士而信奉琅琊人宫崇的太平道教的，他的疏中两次引用《四十二章经》，可见《四十二章经》在那时已流行了。（四）约当献帝初年（190），丹阳人笮融在广陵、彭城一带割据，大起浮屠寺，以铜为像，有重楼阁道，可容三千余人，"悉课读佛经，令界内及帝郡人有好佛者，听受道，复其他役，以招致之。由此远近前后至者五千余人。"这可证长江流域已有佛教。（五）同时交州有牟子博作《理惑论》，为佛教辩护，屡称引佛经，可证其时极南方与印度交通便利，佛教已大流行。

参看梁启超《佛教之初输入》（《梁任公近著》第一辑中卷），梁先生此文辩《四十二章经》及《牟子理惑论》为伪书，证据殊不足。看周叔迦《牟子丛残》。

看《后汉书》之《楚王英传》《襄楷传》《陶谦传》。笮融的事，《三国志》（吴书四）《刘繇传》最详，梁先生未考。

一二世纪中，佛书译出的都是小品，文字也不高明（《四十二章经》是例外）。到三世纪时，吴有支谦等，晋有竺法护等，译经很多，文字也因中国助手的润色，大致都可读。这时代正是中国士大夫爱谈《老子》《庄子》的时代，佛教的思想说空破有，以寂灭为归宿，正合当时士大夫的风尚。所以在三四两世纪之中，佛教思想渐渐成为上流社会最时髦的思想。

看梁启超《佛典之翻译》。

看《高僧传》卷一及卷四。

四五世纪之间，佛教出了三个很伟大的人物，遂在中国建立下了很深厚的基础。这三人是道安（死于385年）、鸠摩罗什（死于409年）、慧远（死于416年）。道安有三大贡献：第一，他注释旧译诸经，使文理会通，经义明显。第二，他撰佛经的目录，使后世可考据。第三，他制定僧尼轨范，垂为中国佛教的定则。他的高才博学，受当时的学者崇敬，也抬高了佛教的地位。

看僧祐《出三藏记》中所收道安的经序。

看《高僧传》（五）《道安传》。

鸠摩罗什是印度种，生于龟兹，少年博学，名满西域。吕光破龟兹（383年），同他到凉州，住了十八年，姚兴征服吕氏，请他到长安（401—402）。他在中国先已住了近二十年，已通汉语，到长安后遂大兴译经事业，指挥门下名僧数百人，在八九年中（402—409）译出经论三百余卷。他的最大贡献在于他的译笔明白晓畅，打破当时的骈俪文体，创出一种朴素流利的语体，不加藻饰，自有真美。他译的《法华经》《维摩诘经》《思益所问经》《般若经》《金刚经》《遗教经》《禅法要解》《中论》《百论》《十二门论》等，至今一千五百多年，还是最可读的名著。他的弟子如僧睿、僧肇等，都成为大师。

看《高僧传》（二）《鸠摩罗什传》，又（六至七）道融、僧睿、僧肇等传。看胡适的《白话文学史》。

慧远本是儒生，通儒书及老庄，二十一岁才出家，师事道安。后来他南游，开辟庐山，成为南方佛教一大中心。他招致外国大师，翻译经论；又与居士多人创立莲社，崇事阿弥陀佛，遂开净土宗派。当时桓玄当国，颇压迫佛教徒，要使沙门敬礼王者。慧远著《沙门不敬王者论》，极力主张沙门遁世离俗，应"高尚其迹"。他的人格与声望为佛教抬高不少的地位。

看《高僧传》（六）《慧远传》。

中国佛教到罗什、慧远的时代，根基已立，地位已高，人才已多，经典也已略完备，"输入时期"至此可算完成了。

佛教在中国的演变

道安、鸠摩罗什与慧远都注重禅法。道安序《道地经》，称为"应真之玄堂、升仙之奥室"。他序《安般经注》，称为"趣道之要经"；又说"安般（出息入息）寄息以成守，四禅寓骸以成定。寄息故有六阶之差，寓骸故有四级之别。阶差者，损之又损之，以至于无为；级别者，忘之又忘之，以至于无欲也。……修行经以斯二者而成寂。得斯寂者，举足而大千震，挥手而日月扪，疾吹而铁围飞，微嘘而须弥舞。"读这种说话，可知当时佛教徒中的知识分子所以热心提倡禅法，正是因为印度的瑜伽禅法从静坐调息以至于四禅定六神通，最合那个魏晋时代清谈虚无而梦想神仙的心理。禅的理论最近于无为无欲，而禅的理想境界又最近于神仙。道安倡之，罗什、慧远继续提倡，五世纪初期以后，中国佛教发展的方向遂倾向于禅学的方面。

看胡适《禅学古史考》及《佛教的禅法》（《文存》三集页三九五—四八八）。又僧祐《出三藏记集》六至十诸卷中的道安、慧远、慧观诸人的经序。

戒、定、慧，为佛法三门。戒是守律，定是禅定，慧是智慧。倘使在那个旷达颓废的风气之中，忽然产出了严守戒律的佛教，岂不成了世间奇迹？如慧远岂不是守律最严的和尚？（看《高僧传》中慧远及僧彻传）但他议论佛法，终只是侧重禅（定）、智（慧）二途。智慧即是六波罗蜜中的"般若波罗蜜"。那个时代（四世纪五世纪之间），印度佛教正盛行龙树一派的空宗，又称"中道"。他们说一切法都是空的，都是假名。这一派的思想含有绝大的破坏性，有解放的功能。从二世纪之末以来，他们的经论（《般若》一系的经，《大智度论》《中论》《十二门论》等）陆续输入中国。这种极端的假名论（nominalism），和中国魏晋时代反对名教、崇尚虚无的风气也最相投。所以这一派的思想不久便风靡了全中国的思想界。当时所谓"禅智"，所谓"定慧双修"，其所谓"慧"与"智"，大致只是这一派的思想。

看《般若纲要》，及《中论》等。

五世纪前半，出了一个革命和尚，名叫道生（死于434年），是慧远的弟子，又曾从罗什受业。他是绝顶聪明的世家之弟，又肯作深刻的思想，所以能把当时输入的佛教思想综合起来，细细考校。他说："夫象以尽意，得意则象忘。言以诠理，入理则言息。自经典东流，译人重阻，多守滞文，鲜见圆义。若忘筌取鱼，始可与言道矣。"这是很重要的宣言。这就是说："时候到了，我们中国人可以跳过这些拘滞的文字，可以自己创造了。经论文字不过是一些达意的符号（象），意义已得着了，那些符号可以丢掉了。"道生于是创造"顿悟成佛论"，说"善不受报"，说"佛无净土"，说"一阐提人（是不信佛法的人）皆得成佛"。这都是革命的教义。一切布施，修功德，念佛求生净土，坐禅入定求得六神通，都禁不起这"顿悟"两个字的大革命。当时的旧学大攻击道生的邪说，把他赶出建业，他遂退居虎丘。后来大本《涅槃经》到南京，果然说一阐提人皆有佛性。于是生公的一个主张有了印证，他的"顿悟成佛"论也就有人信仰了。生公的顿悟论是中国思想对印度宗教的第一声抗议，后来遂开南方"顿宗"的革命宗派。

看《高僧传》(七)《道生传》《慧观传》，又(八)《昙斌传》《道猷传》《法瑗传》。又胡适《神会和尚遗集》。

但这个时代究竟还是迷信印度的时代，道生的顿悟论的革命成功还得等候三百年。这三百年中，禅学渐渐发达。梁慧皎作《高僧传》，所收"习禅"者只有二十一人；唐道宣在贞观时作《续高僧传》，中间只隔一百多年，"习禅"一门已有一百三十三人。但此中习禅的人仍是修习印度传来的渐修法门。这时代的大师如建立三论宗的吉藏（死于623年），如作《大乘义章》的慧远（死于592年），虽然能综括佛教新义，作成比较有系统的叙述，但都没有什么创新见人。又如建立三阶教的信行（540—594），指出人的根机不同，当对根设教，应病下药，其说在当时虽然轰动一时，三阶教流传两百多年，但细考近年出现的三阶教典籍，他们的教义仍只是印度佛教的皮毛，烦琐细碎，没有什么精彩的见解。

　　看《续高僧传》习禅一门。

　　看吉藏的《三论玄义》；慧远的《大乘义章》。

　　三阶教久已无闻，近年敦煌出土的三阶典籍散在伦敦、巴黎，日本也发现唐写本多种。矢吹庆辉博士的《三阶教之研究》最详尽。

　　那名誉最大的天台宗，也只是当时许多习禅者的一派。天台宗称龙树为远祖，其实不过是当时中国人整理佛教材料的一种运动，开山祖师是智顗，又称智者（538—597）。天台宗的教义有两大端，一是判教，一是止观。"判教"是把那许多佛经依佛的一生分作若干时代，初时说小乘经，中年说《方等》（即是"方广"，即是扩大了的大乘），晚年说《般若》。还有那无处可归的《华严》，只好说是佛在母胎时上天去说的！这是因为中国人有历史的习惯，所以感觉那一大堆经典内容的矛盾，又不敢说是后人伪造的，只好说是佛在不同时代说的。这是晋宋以下许多人的主张，不过天台宗说得更烦琐，遂成为一种烦琐神学。其次，"止观"本是印度禅法的上阶段，天台宗用这两字来包括禅法的全部，"止"是禅定，"观"是理解；用理解来帮助禅定，用禅定来帮助理解，故名止观。天台宗解说"止观"二字便得用几十万字，这也成了中国的烦琐神学。

看智顗的《童蒙止观》（又名《小止观》），这是天台典籍中最可读的小册子。

当宋齐之际（约470年），有个印度和尚菩提达摩到广州，转到北方，在中国约有四五十年。他是南印度人，受空宗的影响最大，所以他在中国教人抛弃一切经典，只读一部南印度的《楞伽经》。他的禅法最简单，说一切有情都有佛性，只为客尘所障，故须面壁坐禅，认得"凡圣第一"，便是得道。这条路名为"理入"。又有"行入"四事：一要忍苦，二要苦乐随缘，三要无所求，四要依本性净之理。"行入"的四事都是苦修的"头陀"行。——因为菩提达摩在北方甚久，故传授弟子，成为一个宗派，名为楞伽宗，又名南天竺一乘宗。此宗初期多有刻苦独行的人，但末流也变为讲诵注疏之学，故道宣说他们"诵语难穷，厉精盖少"。

看胡适的《菩提达摩考》（《文存》三集）、《楞伽宗考》（《胡适论学近著》第一集）。

看《续高僧传》《感通门》《法冲传》。

看《楞伽会译》。

禅学的最后时期

唐武宗会昌五年（845），大毁佛教，凡拆寺四千六百余所，拆招提兰若四万余所，强迫僧尼还俗的凡二十六万余，收膏腴上田几千万顷，收僧寺的奴婢改为纳税平民的凡十五万人。佛教在从前也曾遭过毁法大劫，但多在南北分裂的时代（北魏太平真君七年，446年；北周建德三年，574年），都不曾普及全中国，这一次要算最大劫了（但也有政令不能完全行到的地方，因为其时唐的中央威力已稍衰弱了）。这次毁法的动机是:（一）经济的，因为僧寺太富了，引起了教外社会的注意，故会昌毁寺制文说:"天下僧尼不可胜数，皆待农而食，待蚕而衣。"（二）宗教的，因为武宗信任道士，排斥佛教。（三）民族的自觉，因为佛教究竟是外国进来的宗教，故当时的诏文有"安有废中夏之人，习外蕃无生之法"的话。毁法之后，诏文规定"隶僧尼属主客司，显明外国之教"；主客司是管外国人的，信外国教就应该算作外国人了。这可以明显当时的态度含有民族自觉的成分。韩愈在前二三十年曾作《原道》一篇攻击佛老，提出"人其人，火其书，庐其居"的口号。韩愈谏宪宗迎佛骨被贬谪，是在819年。二十五年后，这三句口号都实行了。

看《全唐文》卷七六 — 七八的毁法诏敕。

日本请益僧圆仁在长安亲见毁法事，可看他的《入唐求法巡礼行记》卷三及卷四。

但这时候佛教已深入人心，不是短期的摧残所能毁灭的。况且那时佛教有一些宗派，不靠寺院，不靠佛像，不靠经典，不靠一切表面的形式仪节。毁法拆寺，全不能妨害这一宗的存在和发展，只可以使他们更感觉这些外物的不必要。这就是禅宗的各派。所以毁法的风潮过去之后，别的宗派都衰微了，只有禅学反更发达，九世纪的后期成为禅学最发达的时代。并且因为毁法的暗示，这时代的禅学很明显地表示一种破坏偶像的倾向，成为"呵佛骂祖"的禅学。本来保唐寺一派和马祖一派（见上章）都已有偶像破坏的趋势了。丹霞的天然（死824年）有一次把木雕的佛像拆下来烧火取暖，人怪问他，他说："我要拆取佛身上的舍利。"人说："木头里怎么会有舍利！"他答道："哦，原来我不过是拆木头烧火呵。"这已是开后来的风气了。但这个趋势的重要代表要算九世纪的宣鉴和义玄两个怪杰。

宣鉴，剑南人，受法于龙潭的崇信，晚年住在武陵的德山，故人称德山和尚。他八十六岁死在咸通六年（865）。《宋高僧传》说："天下言激箭之禅道者，有德山门风焉。"他教人"于己无事，则勿妄求，妄求而得，亦非得也。汝但无事于心，无心于事，则虚而灵，空而妙。"他临死时告诉弟子："扪空追响，劳汝心神。梦觉觉非，竟有何事？"也是教人不妄求的意思。他示众云："诸子，老汉此间无一法与你诸子作解会，自己亦不会禅。老汉百无所解，只是个屙屎送尿，乞食乞衣，更有什么事？德山老汉劝你不如无事去，早休歇去！……诸子，莫向别处求觅。乃至达摩小碧眼胡僧到此来，也只是教你无事去，教你莫造作，着衣吃饭，屙屎送尿。更无生死可怖，亦无涅槃可得，无菩提可证：只是寻常一个无事人。"在这些话里，我们不但看见马祖（道一，见上章）的影响，还可以看见老庄一系的中国思想的复活。"无事去，早休歇去"正是"为道日损，损之又损，以至于无为"的老思想。

宣鉴惯用很俚俗而有力的字句来痛骂佛祖菩萨，就开所谓"呵佛骂祖"的风气。他说："佛是老胡屎橛。""佛是大杀人贼，赚多少人入淫魔坑！""文殊、普贤是田库奴。""达摩是老臊胡，十地菩萨是担屎汉，等妙二觉是破戒凡夫，菩提涅槃是系驴橛，十二分教是鬼神簿，拭疮疣纸，四果三贤初心十地是守古冢鬼！"至于当时的禅学和尚，他骂得更厉害了。他说："无知老秃奴，取一方处所，说禅说道……教你礼祖师鬼、佛鬼、菩提涅槃鬼！是小淫女子不会，便问'如何是祖师西来意'，这老秃奴便打绳床，作境致，竖起拂子，云'好晴好雨好灯笼'！巧述言辞，强生节目！仁者，彼既丈夫，我亦尔，怯弱于谁？竟日就他诸方老秃奴口嘴接涕唾吃了。无惭无愧！苦哉苦哉！"这种谩骂的口气，向来的笨汉都以为不是真呵骂，只是一种禅机！但我们研究禅学思想的演进，可以断言德山和尚真是苦口婆心的呵佛骂祖，要人知道"佛是老胡屎橛，圣是空名"，好替人"解却绳索，脱却笼头，卸却角驮，做个好人去"。

看《景德传灯录》卷十五《宣鉴传》；又《联灯会要》卷二十（《续藏经》二编乙，九套，第四册）。又忽滑谷快天《禅学思想史》第三编第十九章。

义玄，曹州人，参学诸方，受黄檗山希运（怀海的弟子）的影响最大，北归后在镇州临济禅院做住持，开后来所谓"临济"一宗。他死在咸通八年（867）。《宋高僧传》说他"示人心要，颇与德山相类"。现今所传的《临济语录》有些话语实在太像宣鉴的语录了，几乎使我们疑心他完全因袭德山的思想。《古尊宿语录》（缩《藏经》，腾四，页七九）有"师侍立德山次"一条，我们因此推理义玄曾在宣鉴门下，受他的影响太大了，所以有同样地呵佛骂祖，讥弹禅学的趋势；同样地教人莫向外驰求成佛作祖，"只是平常着衣吃饭，无事过时"。他和德山都有解放当日思想的大功，他说：

> 山僧无一法与人，只是治病解缚。……向里向外，逢着便杀：逢佛杀佛，逢祖杀祖，逢罗汉杀罗汉，逢父母杀父母，逢亲眷杀亲眷，始得解脱，不与物拘，透脱自在。

他要人信仰自己与佛祖无别，不受人惑，要做到"乾坤倒覆，我更不疑；十方诸佛现前，无一念心喜；三涂地狱顿现，无一念心怖"的境界。

但义玄的排斥禅学，似乎没有宣鉴那样彻底。他不满意于当时那些"作模作样，指东画西"的禅学，然而他自己因为要"辨魔拣异，知其邪正"，却又造出种种料简学人的方法，有"四料简""四照用""三玄三要"等等名目。他又有种种"喝"法，一声喝有死用，有活用。有时宾主相见，你喝一声，我打一棒；有时宾主对喝，或宾主对棒。这种极端主观的方法，最难料简，却又最容易自欺欺人。后来临济一支的学风流行全国，很少人了解当日"治病解缚"的真意义。又都在一棒一喝三玄三要的上面去变把戏了。

看《古尊宿语录》卷四—五（缩《藏经》，腾四）；又忽滑谷快天《禅学思想史》第三编第二十章。义玄的语录中似有后人模仿宣鉴示众的长篇而伪作的；但其中也有不容伪造的部分。

中国禅学起于七世纪，发达于八世纪，极盛于九世纪。九世纪以下，临济宗最盛，诸家皆渐衰微。

禅学教人知道佛性本自具足，莫向外驰求；教人知道无佛可作，无法可求，无涅槃菩提可证。这种意思，一经说破，好像太浅近，不能叫人心服。所以禅宗大师不肯轻易替学人解说讲演，只让学者自己去体会领悟。香严和尚上堂请沩山和尚说明，沩山说："我说的是我的，终不干汝事。"香严辞去，行脚四方，有一天他正在除草，因瓦砾敲竹作呼响，忽然省悟，就焚香沐浴，遥礼沩山，祝云："和尚大悲，恩逾父母。当时若为我说，哪有今日？"这是禅学的第一个方法：不说破。

因为要不说破，所以道一（马祖）以下想出种种奇怪的教学方法：拍手，把鼻，掀翻禅床，竖起拂子，跷脚，举拳，大笑，吐舌，一棒，一喝……都是方法。又有所答非所问，驴头不对马嘴，而实含深意，这也是方法的一种。这种方法，叫作"禅机"。试举三条为例：

（一）李渤问一部《大藏经》说的是什么一回事。智常举起拳头，问道："还会么？"李说不会。智常说："这个措大！拳头也不识！"

（二）僧问如何是三宝，总印答："禾、麦、豆。"僧说："学人不会。"师说："大众欣然奉持！"

（三）有老宿见日影透窗，问惟政道："还是窗就日光呢？还是日光就窗呢？"惟政说："长老，您房里有客，回去罢。"

这些禅机都是禅学的第二种方法。

学人不懂得，只好再问，问了还是不懂，有时挨一顿棒，有时挨一个嘴巴。过了一些时，老师父打发他下山去游方行脚，往别个丛林去碰碰机缘。于是他行脚四方，遍参诸方大师，饱尝风尘行旅之苦，识见日广，经验日深，忽然有一天他听见树上鸟啼，或闻着瓶中花香，或听人念一句情诗，或看见苹果落地——他忽然大彻大悟了，"桶底脱了！"到此时候，他才相信，拳头原来不过是拳头，三宝原来真是禾麦豆！这叫作踏破铁鞋无觅处，得来全不费工夫。有个五台山和尚在庐山归宗寺有一夜巡堂，忽然大叫："我大悟也！"次日老师父问他见到了什么道理，他说："尼姑天然是女人做的！”说破了真不值半文钱。这是禅学的第三种方法：行脚。

看宗杲的《宗门武库》，此书最便初学，文笔也可爱。

但这种方法实在是太偏向主观的了解。你喝一声，我打一棒；你竖起拂子，我掀倒绳床，彼此呵呵大笑，你也不敢说我不懂，我也不敢笑你不会。《传灯录》诸书所记种种禅机，大部分是以讹传讹的，随心捏造的，自欺欺人的。其中自然有几个大师，确然是有自己的见地，有自觉的教育方法。但大多数的和尚不过是做模做样，捕风捉影；他们的禅不过是野狐禅、口头禅而已。禅学的衰歇，最大原因只是自身的腐化，禅太多了，逃不了去，终于死在禅下！后来理学起来，指斥禅学为“心学”，这就是说，禅学太主观了，缺乏客观的是非真伪的标准。

《古尊宿语录》是比较最可信的材料。《景德传灯录》中已多可疑的材料，后出的《联灯会要》《五灯会元》，更多伪造添入的材料了。

第十六章

理学时期

近世哲学

中国的近世哲学可分两个时期：

一、理学时期 —— 公历1050至1600。

二、反理学时期1600至今日。

理学是什么？理学挂着儒家的招牌，其实是禅宗、道家、道教、儒教的混合产品。其中有先天太极等等，是道教的分子；又谈心说性，是佛教留下的问题；也信灾异感应，是汉朝儒教的遗迹。但其中的主要观念却是古来道家的自然哲学里的天道观念，又叫作"天理"观念，故名为道学，又名为理学。

程颢（大程子，明道先生，死于1085）最初提出"天理"的观念，要人认识那无时不存，无所不在的天理。人生的最高境界只是体认天理，"廓然而大公，物来而顺应"。这是纯粹的道家的自然哲学。

程颐（小程子，伊川先生，死于1107）的天资不如他的哥哥，但比他哥哥切实的多。他似乎受了禅宗注重理解的态度的影响，明白承认知识是行为的向导，"譬如行路，须要光照"。他提出了一个重要的方案，规定了近世哲学的两条大路：

涵养须用敬，进学则在致知。

"敬"是中古宗教遗留下来的一点宗教态度。凡静坐、省察、无欲等等都属于"主敬"的一条路。"致知"是一条新开的路，即是"格物"，即是"穷理"："即凡天下之物，莫不因其已知之理而益穷之，以求至乎其极。"所以程子教人"今日格一物，明日又格一物；今日穷一理，明日又穷一理"。

后来的理学都跳不出这两条路子。有些天资高明的人便不喜欢那日积月累的工作，便都走上了那简易直接的快捷方式，都希望从内心的涵养得到最高的境界。宋代的陆象山（九渊，死于1192）与明代的王阳明（守仁，生于1472，死于1528）都属于这一派。

有些天资沉着的人便不喜欢那空虚的快捷方式，便耐心去做那积铢累寸的格物功夫，他们只想脚踏实地，一步一步地做到那最后的"一旦豁然贯通"的境界。宋代的朱子（朱熹）便是这一派的最伟大的代表。

要明白这两派的争点，可看王阳明格竹子的故事。阳明说：

> 众人只说格物要依晦翁（朱子），何曾把他的说去用？我着实曾用来。初年与钱友同论做圣贤要格天下之物，因指亭前竹子，令去格看。钱子早夜去穷格竹子的道理，竭其心思，至于三日，便致劳神成疾。当初说他是精力不足，某因自去穷格，早夜不得其理，到七日亦以劳思致疾。遂相与叹圣贤

是做不得的，无他大力量去格物了！

这个故事很可以指出"格物"一派的毛病。格物致知是不错的，但当时的学者没有工具，没有方法，如何能做格物的功夫？痴对着亭前的竹子，能格出竹子之理来吗？故程朱一派讲格物，实无下手之处；所以他们至多只能研究几本古书的传注，在烂纸堆里钻来钻去，跑不出来。反对他们的人都说他们"支离、破碎"。

但陆王一派也没有方法。陆象山说，心即是理，理不解自明。王阳明教人"致良知"。这都不是方法。所以这一派的人到后来也只是口头说"静"，说"敬"，说"良知"，都是空虚的玄谈。

五百多年（1050—1600）的理学，到后来只落得一边是支离破碎的迂儒，一边是模糊空虚的玄谈。到了十七世纪的初年，理学的流弊更明显了。五百年的谈玄说理，不能挽救政治的腐败，盗贼的横行，外族的侵略，于是有反理学的运动起来。

反理学的运动有两个方面：

一、打倒（破坏）。

打倒太极图等等迷信的理学 —— 黄宗炎、毛奇龄等。

打倒谈心说性等等玄谈 —— 费密、颜元等。

打倒一切武断的，不近人情的人生观 —— 颜元、戴震、袁枚等。

二、建设。

建设求知识学问的方法 —— 顾炎武、戴震、崔述等。

建设新哲学 —— 颜元、戴震等。

现在我想在这几天内，提出几个人来代表这反理学的时期。顾炎武代表这时代的开山大师。颜元、戴震代表十七八世纪的发展。最后的一位，吴稚晖先生，代表现代中国思想的新发展。

周 敦 颐

周敦颐（1017—1073），字茂叔，道州营道人。曾做南安军司理参军，知郴州桂阳县，改知南昌县；后判合州，迁国子博士，通判虔州。熙宁初，转虞部郎中，广东转运判官，提点本路刑狱。以后，乞知南康军，因家庐山莲花峰下，名之濂溪。他官南安时，二程之父珦摄守事，因与为友，使二子受学焉。

他的著作有《通书》四十章，《太极图说》一篇。张伯行辑有《周濂溪集》（正谊堂本）。

黄庭坚作《濂溪词》，序曰：

> 舂陵周茂叔人品甚高，胸中洒落，如光风霁月。好读书，雅意林壑。……短于取名而惠于求志，薄于徼福而厚于得民，菲于奉身而燕及茕嫠，陋于希世而尚友千古。

变化与自然

> 无极而太极。太极动而生阳，动极而静，静而生阴，静
> 极复动。一动一静，互为其根，分阴分阳，两仪立焉。

诚

诚字从《中庸》出来，但周氏用此字颇含深义，似有"实
际""实在"之义：

> 诚者，圣人之本。大哉乾元，万物资始，诚之源也。乾
> 道变化，各正性命，诚斯立焉。纯粹至善者也。(《通书》一)

这明是说一个绝对的、纯粹至善的"本体"，即所谓"实在"。
又说：

> 诚则无事矣。……诚无为。……寂然不动者，诚也。

这虽夹有人生观的意义，但仍含有本体论的意义居多。

主 静

他的宇宙观虽承认变化与演化，但他以无极为起点，以寂然不动的诚为本体，以诚为无事无为，故他的人生观自然偏于主静。

> 二气交感，化生万物。……惟人也得其秀而最灵。形既生矣，神发知矣，五性感动而善恶分，万事出矣。圣人定之以中正仁义而主静（无欲故静），立人极焉。

以主静为"立人极"，而静又同于无欲，故他又说：

> 圣可学乎？曰，可。曰，有要乎？曰，有。请问焉。曰，一为要。一者，无欲也。

《通书》九云："思者，圣功之本而吉凶之几也。"但他很不彻底："无思，本也。思通，用也。"

邵 雍

邵雍（1011—1077），字尧夫，范阳人，幼时徙共城，晚徙河南。李之才（挺之）摄共城令，授以先天象数之学。（程颢作《墓志》说："先生得之于李挺之，挺之得之于穆伯长。推其源流，远有端绪。"）他初做学问很刻苦，后来游历四方，"走吴，适楚，寓齐鲁，客梁晋。久之而归。"程颢说：

> 先生少时自雄其材，慷慨有大志。既学，力慕高远，谓先王之事为必可致。及其学益老，德益劭，玩心高明，观于天地之运化，阴阳之消长，以达乎万物之变，然后颓然其顺，浩然其归。

一个"自雄其材，慷慨有大志"的人，到了后来，竟成了一个纯粹的道士，"颓然其顺，浩然其归"！

富弼、司马光、吕公著退居洛阳时，为邵雍买园宅。他病畏寒暑，常以春秋时行游。每乘小车出，一人挽之，任意所适。士大夫识其车音，争相迎候。故他的诗云：

> 春暖未苦热，秋凉未甚寒。
> 小车随意出，所到即成欢。(《小车吟》)

又云：

> 每度过东街，东街怨暮来。

只知闲说话，那觉太开怀。

我有千般乐，人无一点猜。

半醺欢喜酒，未晚未成回。(《每度过东街》)

程颢说他：

在洛几三十年……讲学于家，未尝强以语人，而就问者
日众。……先生德气粹然，望之可知其贤。然不事表暴，不
设防畛；正而不谅，通而不污，清明坦夷，洞澈中外。

这里写邵雍真是一个理想的道士。程颢弟兄虽和他极要好，
但都不满意于他的象数之学。程颢作邵雍的墓志，有一大段说：

昔七十子学于仲尼，其传可见者惟曾子所以告子思，而
子思所以授孟子者耳。其余门人各以其材之所宜者为学；虽
同尊圣人，所因而入者门户则众矣。况后此千余岁，师道不
立，学者莫知其从来。独先生之学为有传也。先生得之于李
挺之，挺之得之于穆伯长。推其源流，远有端绪。今穆李之
言及其行事概可见矣。而先生淳一不杂，汪洋浩大，乃其所
自得者众矣。然而名其学者，岂所谓门户之众，各有所因而
入者欤？

331

这明是说，邵雍之学远过于穆李，然而还自命为穆李之学。此一大段中程颢明明表示不满意于穆李，而对于邵雍之自名"其学"，也表示惋惜之意。此文向来人多不深究，今试引二程的话来作证：

明道云，尧夫欲传数学于某兄弟。某兄弟哪得工夫？要学须是二十年工夫。尧夫初学于李挺之，师礼甚严。虽在野店，饭必襕，坐必拜。欲学尧夫，亦必如此。

伊川的话更明显：

晁以道闻先生之数于伊川，答云，某与尧夫同里巷居三十余年，世间事无所不问，惟未尝一字及数。

总之，邵雍一生得力于道家的自然主义，而又传得当日道士的先天象数之学。当日的洛阳学派之中，司马光于这两方面都玩过；程氏弟兄却只赏识他的自然主义，而不受他的象数之学。象数的方面，到南渡后朱震、朱熹表章出来，方重新兴起，成为宋学的一部分。

他临死时，程颐问："从此永诀，更有见告否？"先生举两手示之。程颐曰："何谓也？"曰："面前路径须令宽。路窄则自无着身处，况能使人行耶？"这也是道家的精神。

他的书有：《皇极经世》六十二卷。《伊川击壤集》二十卷。(《四部丛刊》本）

邵雍中年时还有许多野心，故他的诗有：

> 霜天皎月虽千里，不抵伤时一寸心。
> 男子雄图存用舍，不开眉笑待何时。
> 事观今古兴亡后，道在君臣进退间。
> 若蕴奇才必奇用，不然须负一生闲。

他有《题四皓庙》四首，其一二云：

> 强秦失御血横流，天下求君君不有。
> 正是英雄角逐时，未知鹿入何人手。

> 灞上真人既已翔，四人相顾都无语。
> 徐云天命自有归，不若追踪巢与许。

这竟是说，皇帝做不成，只好做隐士了。

他的自然主义以"变化"为中心，程颢所谓"观于天地之运化，阴阳之消长，以达乎万物之变"。他的诗常提到这个观念。

> 为今日之山，是昔日之原。
> 为今日之原，是昔日之川。
> 山川尚如此，人事宜信然。
> 幸免红尘中，随风浪着鞭。（《川上怀旧》三，三六）

变化的观念

> 天道有消长，地道有险夷。人道有兴废，物道有盛
> 衰。……奈何人当之，许多喜与悲？（《四道》）
>
> 天意无佗只自然，自然之外更无天。（《天意》）
>
> 天，生于动者也。地，生于静者也。一动一静交而天地
> 之道尽之矣。……（《观物内》）

观物的观念

邵雍的哲学的最奇特的一点是他的"观物"论。观物是人类的
特别功能，人所以异于他物在此。他说：

> 人之所以灵于万物者，谓其目能收万物之色，耳能收万
> 物之声，鼻能收万物之气，口能收万物之味。

在这里，人与物还不能有大区别，故说："人亦物也，圣亦人
也。"然而：

人也者，物之至者也。圣也者，人之至者也。人之至者，谓其能以一心观万心，一身观万身，一世观万世者焉；其能以心代天意，口代天言，手代天工，身代天事者焉；其能以上识天时，下尽地理，中尽物情，通照人事者焉；其能以弥纶天地，出入造化，进退古今，表里人物者焉。

但人的功能之中，"观物"为最特异（上引四排句，除第二排外，皆观物的作用也）。怎么叫作"观物"呢？

夫所以谓之观物者，非以目观之也，非观之以目而观之以心也，非观之以心而观之以理也。圣人之所以能一万物之情者，谓其能反观也。所以谓之反观者，不以我观物也。不以我观物者，以物观物之谓也。既能以物观物，又安有我于其间哉。

理是什么呢？

理者，物之理也。
天使我有是之谓命，命之在我之谓性，性之在物之谓理。

以理观物只是以物观物。这是绝对的客观。

以物观物，性也。以我观物，情也。性公而明，情偏而暗。

不我物则能物物。

在我则情，情则蔽，蔽则昏矣。因物则性，性则神，神则明矣。

物理之学或有所不通，不可以强通。强通则有我。有我则失理而入于术矣。

以上所说，颇有很重要的价值。千余年来的物理的知识的发达都在道家的手里。他们采药炼丹，推星算历，居处生活又和天然界最接近，故道家颇给中国加添了不少的物理的知识。邵雍的思想颇可算是一种自然主义的哲学，叫人用物理去寻求物理，不要夹杂主观的我见。有不可通的，也不要强通。这都是很重要的主张。

但邵雍的哲学有两个大缺点：（1）是不能自守他"强通则有我，有我则失理而入于术"的训诫；（2）是太偏重观物的"观"字，养成一种"旁观者"的人生观。

一、邵雍作《皇极经世》，想要用"数"来解释宇宙和历史。本来数学是物理学的母亲，这条路是不错的。但邵雍的数学并不高明，只会得一点象数之学，又不肯守"不可强通"的训诫，只图整齐的好看，不顾强通的可笑。他自己也说：

天下之数出于理，违乎理则入于术。世人以数而入术，故失于理也。

他的数学正犯"以数而入术"之病。当时人所记他的数学的神话，姑且不论。即如他的数学系统：

太阳	日	暑	目	皇	元	129600
太阴	月	寒	耳	帝	会	10800
少阳	星	昼	鼻	王	运	360
少阴	辰	夜	口	霸	世	30
少刚	石	雷	气	易	岁	
少柔	土	露	味	书	目	
太刚	火	风	色	诗	日	
太柔	水	雨	声	春秋	时	

单就这个基本系统，已矛盾百出，很可笑了。我们没有工夫去驳他的大系统，对于此事有兴趣的可看《宋元学案》九至十，黄宗羲《易学象数论》卷五。我们单引《观物外篇》的一小段：

天有四时，地有四方，人有四支。是以指节可以观天，掌文可以察地。天地之理具于指掌矣。可不贵之哉？

这是什么论理？怪不得康节先生是算命摆摊的护法神了！

二、邵雍的观物，太重"观"字，把人看作世界上的一种旁观者，世界是个戏台，人只是一个看戏的。这种态度，在他的诗里说得最明白。《击壤集》里题作"观物吟"的诗共有几十首，都是这种态度。我且抄一首：

> 居暗观明，居静观动，居简观繁，居轻观重。
> 所居者寡，所观者众。匪居匪观，众寡何用。

他有《偶得吟》云：

> 人间事有难区处，人间事有难安堵。
> 有一丈夫不知名，静中只见闲挥麈。

他的全部诗集只是这个"静中只见闲挥麈"的态度。他真能自己寻快乐：

> 吾常好乐乐，所乐无害义。乐天四时好，乐地百物备；
> 乐人有美行，乐己能乐事。此数乐之外，更乐微微醉。

这真是所谓盲目的乐观主义了。他自言：

> 生身有五乐：生中国，为男子，为士人，见太平，闻道义。
> 居洛有五喜：多善人，多好事，多美物，多佳景，多大体。

所以他歌唱道：

> 欢喜又欢喜，喜欢更喜欢。
> 吉士为我友，好景为我观。
> 美酒为我饮，美食为我餐。
> 此身生长老，尽在太平间。

这种盲目的乐观，含有命定主义：

> 立身须有真男子，临事无为浅丈夫。
> 料得人生皆素定，定多计较岂何如？

含有无为主义：

> 风林无静柯，风池无静波。
> 林池既不静，禽鱼当如何？

> 治不变俗，教不易民，
> 甘龙之说，或亦可循。
> 常人习俗，学者溺闻，
> 商鞅之说，异乎所云。

他对于新法的不满意，于此可见。新法是实行干涉的主义，洛阳派的哲人是要自由的，要放任的。他有诗说：

> 自从新法行，尝苦樽无酒。每有宾朋至，昼日闲相守。
>
> 必欲丐于人，交亲自无有。必欲典衣买，焉能得长久？

这虽是"怨而不怒"的讽刺诗，但很可以看出新法所以失败一个大原因了：那就是中国的士大夫阶级不愿受干涉的政治。

邵雍的思想，梁任公先生一流人大概要说他是"受用"的哲学，我们却只能称他为废物的哲学。他有《自述》诗道：

> 春暖秋凉人半醉，安车尘尾闲从事。
>
> 虽无大德及生灵，且与太平装景致。

一个"慷慨有大志"的人，下场只落得"且与太平装景致"！可怜！

程　颢

程颢（1032—1085），有他的兄弟作的《行状》（《二程文集》十一），说他的事迹最详。中有云：

先生资禀既异，而充养有道；纯粹如精金，温润如良玉，宽而有制，和而不流。……

论他为学云：

先生为学，自十五六时，闻汝南周茂叔论道，遂厌科举之业，慨然有求道之志，未知其要，泛滥于诸家，出入于老、释者几十年，返求诸六经，而后得之。明于庶物，察于人伦；知尽性至命必本于孝悌，穷神知化由通于礼乐；辨异端似是之非，开万代未明之惑。秦汉以下，未有臻斯理也。

又述他的话道：

道之不明，异端害之也。昔之害近而易知，今之害深而难辨。昔之惑人也，因其迷暗，今之入人也，因其高明；自谓之穷神知化，而不足以开物成务；言为无不周遍，实则外于伦理，穷深极微，而不可以入尧舜之道。天下之学，非浅陋固滞，则必入于此。

又说：

先生教人，自致知至于知止，诚意至于平天下，洒扫应对至于穷理尽性，循循有序。病世之学者舍近而趋远，处下而窥高，所以轻自大而卒无得也。

程颢有《陈治法十事》，中说：

> 圣人创法皆本诸人情，极乎物理。虽二帝三王不无随时因革、踵事增损之制，然至乎为治之大原，牧民之要道，则前圣后圣岂不同条而共贯哉？……惟其天理之不可易，人所赖以生，非有古今之异，圣人之所必为。……（以下历举"非有古今之异"的事，凡十项。）

这班哲学家的问题正是要寻出那"为治之大原，牧民之要道，天理之不可易，人所赖以生，非有古今之异，圣人之所必为"。

天　理

谢良佐曾述程颢的话道："吾学虽有所授受，天理二字却是自家体贴出来。"天理即是天道：

> 上天之载，无声无臭。其体则谓之易，其理则谓之道，其用则谓之神。其命于人则谓之性，率性则谓之道，修道则

谓之教。

> 寂然不动，感而遂通者，天理具备，元无歉少。不为尧存，不为桀亡。（此二句是《荀子·天论》中语）

这是"理学"的基本观念。宋明学者常说，"释氏言心，吾儒言理"。心是主观的，理是客观的。这确是一个大区别。但儒与道家又怎么区别呢？其实没有区别了。他们也不讳这种渊源了。

理学或道学至二程而始成立。故程颐常说："自予兄弟倡明道学。"他们是对于那纯粹主观的禅学做一种反动的抗议，他们要向那客观的宇宙里寻求那有客观的存在的天理。

> 理则天下只是一个理。故推而至四海而准，须是质诸天地、考诸三王不易之理。
>
> 天地之间，有者只是有。譬之人之知识闻见，经历数十年，一日念之，了然胸中。这一个道理，在哪里放着来？

这就是所谓"客观的存在"。天理只是普遍的理性。

> 所以谓万物一体者，皆有此理，只为从哪里来。生生之谓易。生则一时生，皆完此理。人则能推，物则气昏推不得，不可道他物不与有也。人只为自私，将自家躯壳上头起意，故看得道理小了。……释氏以不知此，去他身上起意思，奈

何那身不得，故却厌恶，要得去尽根尘，为心源不定，故要得如枯木死灰。然没有此理，要有此理，除是死也。

这里可注意的是说人与物生时便分得此理，分得哪一个"理"。这就是说，理在天地之间，又在人性中。人受"命"于天。天理具备，元无欠少。

程颢说天理，有最奇特的一点，就是他的"有对论"。

天地万物之理，无独必有对。皆自然而然，非有安排也。每中夜以思，不知手之舞之，足之蹈之也。

万物莫不有对。一阴一阳，一善一恶。阳长则阴消，善增则恶减。斯理也，推之其远乎！人只要知此耳。

自然之理必有对待，生生之本也。有上则有下，有此则有彼，有质则有文。一不独立，二则为文。

从这种"有对论"上生出的结论如下：

天下善恶皆天理。谓之恶者，非本恶，但或过或不及，便如此。

事有善有恶，皆天理也。天理中物须有美恶。盖物之不齐，物之情也。

这是彻底的自然主义的论调。有意志有目的的天，不能解释"何以有恶"的问题。自然主义的天，认恶为天理，为"皆自然而然，非有安排"，然后可以解释世间何以有恶。

二元的性论

"万物莫不有对"是二元论。故程颢论性也主张二元论：

> 生之谓性。性即气，气即性，生之谓也。人生气禀，理有善恶。然不是性中元有此两物相对而生也。有自幼而善，有自幼而恶，是气禀自然也。善固性也，恶亦不可不谓之性也。盖生之谓性，"人生而静"以上不容说。才说性便已不是性也。凡人说性，只是说继之者善也。孟子言人性善，是也。夫所谓继之者善也，犹水流而就下也。皆水也，有流而至海终无所污，此何烦人力之为也。（生而善。）有流而未远固已渐浊，有出而甚远方有所浊；有浊之多者，有浊之少者，清浊虽不同，然不可以浊者不为水也。

这一段话真是矛盾百出。前面说气禀有善恶，善亦是性，恶亦是性，是说性有善恶。次说性善只是"继之者善也"。此乃张载所谓"成性"之说。此是说，性无善无不善，性善须靠继之之功。

次又用水譬性，用水浊比恶。水浊明是外加之物，只是习，不是性。又说浊亦是性，岂非大错。下文接着说：

> 如此，则人不可以不加澄治之功。故用力敏勇则疾清，用力缓怠则迟清。其清也则却只是元初水也。亦不是将清来换浊，亦不是取出浊来置在一隅也。水之清则性善之谓也。

如此说来，则元初水是本来清的；性善只是"复其初"。既曰浊是水，既曰恶亦是性，又曰清是元初水，性善是水之清，岂非矛盾？怪不得后人引申其说，演为理气二元论；气禀也是性，而不是真性；真性乃是理。理无不善，此言实与程子"善恶皆天理"的话根本上不相容，而气禀有恶，澄治之功只是去掉气禀的污染。这虽不是程子的本意，但程子也实在不能自圆其说，以致引起误会。他也曾说：

> 二气五行，刚柔万殊。圣人所由惟一理，人须要复其初。

仁

天地之间只有一理，理无不在，人与物皆具此理。所以人生的最高理想是感觉人与天地万物浑然一体。这种境界，叫作仁。

> 仁者以天地万物为一体，莫非己也。
>
> 仁者浑然与物同体。
>
> 若夫至仁，则天地为一身，而天地之间，品物万形为四肢百体。夫人岂有视四肢百体而不爱者哉？

这是一种"泛神论"，自道家得来的。

这种泛神论不知不觉地承认天地万物皆有天理流行，皆有一种盎然的生意。故他的诗有：

> 万物静观皆自得，四时佳兴与人同。

他常说：

> 静后见万物皆有春意。
>
> 切脉最可体仁。
>
> 观鸡雏可以观仁。
>
> 医书言手足痿痹为不仁，此言最善名状。

不仁是不能感觉，仁只是感觉宇宙间的挚意。只是感觉宇宙的脉息。

定、敬、静

他说：

学者须先识仁。仁者浑然与物同体。义礼智信，皆仁也。识得此理，以诚敬存之而已。不须防检，不须穷索。

质美者明得尽，渣滓便浑化，却与天地同体。其次惟在庄敬持养。及其至，则一也。

一、天理。

吾学虽有所授受，天理二字却是自家体贴出来。

万物皆只是一个天理，己何与焉？至于言"天讨有罪，五刑五用哉；天命有德，五服五章哉"——都只是天理自然当如此。人几时与？与则便是私意。……

天理云者，这一个道理，更有甚穷已？不为尧存，不为桀亡。人得之者，故大行不加，穷居不损。这上头来更怎生说得存亡加减？是他原无少欠，百理具备。（得这个天理，是谓大人；以其道变通无穷，故谓之圣。不疾而速，不行而至，须默而识之处，故谓之神。）

"不能反躬，天理灭矣。"天理云者，百理具备，元无少欠。故反身而诚，只是言得已上更不可道甚道。

二、天理有对。

天地万物之理无独必有对。皆自然而然，非有安排也。每中夜以思，不知手之舞之，足之蹈之也。

万物莫不有对。一阴一阳，一善一恶，阳长则阴消，善增则恶减。斯理也，推之其远乎！人只要知此耳。

质必有文。自然之理必有对待，生生之本也。

天下善恶皆天理。谓之恶者，非本恶，但或过或不及，便如此。如杨墨之类。

事有善有恶，皆天理也。天理中物须有美恶。盖物之不齐，物之情也。

三、天理是什么。

上天之载，无声无臭。其体则谓之易，其理则谓之道，其用则谓之神，其命于人则谓之性，率性则谓之道，修道则谓之教。

生生之谓易，是天之所以为道也。天只是以生为道。继此生理者，即是善也。善便有一个元底意思。元者善之长。

万物皆有春意，便是。继之者善也，成之者性也。成却待他万物自成其性须得。始命之日易，便有理。若安排定，则更有甚理。天地阴阳之变，便如二扇磨，升降盈亏刚柔，初未尝停息。阳常盈，阴常亏，故便不齐。譬如磨既行，齿都不齐；既不齐，便生出万变。

四、仁。

医书言手足痿痹为不仁。此言最善名状。仁者以天地万物为一体，莫非己也。认得为己，何所不至？若不有诸己，自与己不相干。如手足不仁，气已不贯，皆不属己。

医家以不认痛痒谓之不仁。人以不知觉不认义理为不仁，譬最近。

切脉最可体仁。

观鸡雏可以观仁。

所谓万物一体者，皆有此理，只为从哪里来。生生之谓易。生则一时生，皆完此理。……放这身来，都在万物中一例看，大小大快活。释氏以不知此，去他身上起意思，奈何那身不得，故却厌恶，要去得尽根尘，为心源不定，故要得如枯木死灰。然没此理，要有此理，除是死也。

学者须先识仁。仁者浑然与物同体。义礼智信，皆仁也。识得此理，以诚敬存之而已。不须防检，不须穷索。若心懈，则有防心；苟不懈，何防之有？理有未得，故须穷索；存久自明，安待穷索？此道与物无对，大不足以明之。天地之用，皆我之用。孟子言万物皆备于我，须反身而诚，乃为大乐。若反身未诚，则犹是二物有对，以己合彼，终未有之，又安得乐？《订顽》（《西铭》）意思乃备言此体。以此意存之，更有何事？

　　所谓定者，动亦定，静亦定。无将迎，无内外。苟以外物为外，牵己而从之，是以己性为有内外也。……夫天地之常，以其心普万物而无心；圣人之常，以其情顺万物而无情，故君子之学莫若廓然而大公，物来而顺应。……人之情各有所蔽，故不能适道。大率患在于自私而用智。自私则不能以有为为应迹；用智则不能以明觉为自然。今以恶外之心而求照无物之地，是反鉴而索照也。……与其非外而是内，不若内外之两忘也，两忘则澄然无事矣。无事则定，定则明，明则尚何应物之为累哉？圣人之喜，以物之当喜；圣人之怒，以物之当怒。是圣人之喜怒不系于心而系于物也。是则圣人岂不应于物哉？乌得以从外者为非，而更求在内者为是也？（《定性书》）

程　颐

　　涵养须用敬，进学则在致知。

敬

学者莫若且理会得敬。能敬，则自知此矣。或曰，何以用功？曰，莫若主一。

……大凡人心不可二用，用于一事则他事更不能入者，事为之主也。事为之主，尚无思虑纷扰之患。若主于敬，又焉有此患乎？所谓敬者，主一之谓敬。所谓一者，无适之谓一。

闲邪则诚自存。……闲邪更着甚工夫？惟是动容貌，整思虑，则自然生敬。敬只是主一也，主一则既不之东，又不之西，如是则只是中。既不之此，又不之彼，如是则只是内。存此则自然天理明。学者须是将"敬以直内"涵养此意。直内是本。

闲邪则固一矣。然主一则不消言闲邪。有以一为难见，不可下工夫，如何？一者无他，只是整齐严肃，则心便一，一则自无非僻之干。此意但涵养久之，则天理自然明。

严威俨恪非敬之道。但致敬须自此入。

安有箕踞而心不慢者？……学者须恭敬，但不可令拘迫，拘迫则难久。

致　知

一、知与行。

须是识在所行之先。譬如行路，须是光照。

问忠信进德之事固可勉强，然致知甚难。曰，子以诚敬为可勉强，且恁地说。到底须是知了，方能行事。若不知，只是觑了尧学他行事，无尧许多聪明睿智，怎生得如他动容周旋中礼？有诸中必形诸外，安可妄学？……未致知怎生得行？勉强行者，安能持久？除非烛理明，自然乐循理。……学者须是真知；才知得，便是泰然行将去也。

如眼前诸人要特立独行，煞不难得。只是要一个知见难。人只被知见不通透。人谓要力行，亦只是浅近语。人既能知见，岂有不能行？一切事皆所当为，不待着意做。

二、真知。

知有多少般数，煞有浅深。向亲见一人曾为虎所伤，因言及虎，神色便变。旁有数人见他说虎，非不知虎之猛可畏，然不如他说了有畏惧之色。盖真知虎者也。学者深知亦如此。

且如脍炙，贵公子与野人莫不知其美，然贵人闻着便有欲嗜脍炙之色，野人则不然。学者须是真知，才知得，便是泰然行将去也。

某年二十时，解释经义与今无异，然思今日，觉得意味与少时自别。

人苟有"朝闻道夕死可矣"之志，则不肯一日安其所不安也。何止一日？须臾不能，如曾子易箦，须要如此乃安。人不能若此者，只为不见实理。实理得之于心自别。若耳闻口道者，心实不见。若见得，必不肯安于所不安。

人之一身尽有所不肯为。及至他事又不然。若士者，虽杀之使为穿窬，必不为。其他事未必然。……蹈水火则人皆避之，是实见得。须有"见不善如探汤"之心，则自然别。得之于心，是谓有得，不待勉强。然学者则须勉强。

为常人言，才知得非礼不可为，须用勉强。至于知穿窬不可为，则不待勉强。是知亦有浅深也。

学者好语高，正如贫子说金，说黄色，坚，软。道他不是又不可，只是好笑。不曾见富人说金如此。

朱　子

《朱子语类》的历史

朱子死在庆元六年（1200）。

嘉定八年乙亥（1215），李道传（贯之）在池州，搜辑朱子语录，得潘时举、叶贺孙、黄榦诸人的助力，刻成四十二卷，共三十三家。此刻有乙亥十月朔黄榦的序。

《池录》所收，以廖德明记癸巳（隆兴九年，1173）所闻为最早，其时朱子四十四岁。其次为这些：

金去伪证乙未所闻（淳熙二年，1175）。

李季札记丙申所闻（淳熙三年，1176）。

余大雅记戊戌（淳熙五年，1178）以后所闻。

《池录》初编时，似没有编年之意，但卷廿四以后，到卷四十三，都依记录的年岁为次第。

《池录》三十三家，其三十五卷所收为朱子答陈埴书，不是语录，故后来《语类》不收此卷。余三十二家之中，其占一卷以上的，共有这些：

叶贺孙　五卷，辛亥（绍熙二年，1191）以后所闻。

杨道夫　二卷，己酉（淳熙十六年，1189）以后。

徐　寓　二卷，庚戌（绍熙元年，1190）以后。

黄义刚　二卷，癸丑（绍熙四年，1193）以后。

沈　僴　四卷，戊午（庆元四年，1198）以后。

以上记池州的语录，省称《池录》。

后来李道传的弟弟性传继续搜访，从宝庆二年丙戌（1226）到嘉熙二年戊戌（1238），又收到四十一家，"率多初本，去其重复，正其讹舛，第其岁月，刻之鄱阳学宫。复考《池录》所余，多可传者，因取以附其末"。这是饶州刊刻的《朱子语续录》四十六卷。李性传有后序，说语录的重要性，很有历史见解。他说：

> 先生《家礼》成于乾道庚寅（1190），《通鉴纲目》《西铭解义》成于壬辰（1172），《太极通书义》成于癸巳（1173），《论语集注》《诗集传》成于淳熙丁酉（1177），《易本义启蒙》成于乙巳丙午之间（淳熙十二到十三年，1184—1185）。《大学中庸章句或问》成书虽久，至己酉（淳熙十六年，1189）乃始序而传之。《楚辞集注》《韩文考异》成于庆元乙卯（元年，1195）。《礼书》虽有纲目，脱稿者仅二十有三篇。其著书岁月次第可考也。

> 《家礼》编成而逸，既殁而其书出，与晚岁之说不合。先生盖未尝为学者道也。

> 《语》《孟》《中庸》《大学》四书，后多更定。今《大学·诚意》章，盖未易箦前一夕所改也。是四书者，覃思最多，训释最精，明道传世，无复遗蕴。至其他书，盖未及有所笔削，独见于疑难答问之际，多所异同。而《易》书为甚。……

> 故愚谓《语录》与《四书》异者，当以《书》为正。而论难往复，《书》所未及者，当以《语》为助。与《诗》《易》诸书异者，在成书之前，亦当以《书》为正。而在成书之后者，当以《语》为是。学者类而求之，斯得之矣。

《饶录》是曾"第其岁月"的，其第一卷记录是黄榦，黄榦（直卿）见朱子最早，又是他的女婿，故他记朱子语，虽不题岁月，当然可以包括早年与晚年的记录。其次为何镐（叔高），何镐死于淳熙二年乙未，故此录题"乙未（1175）以前"。以下各卷，自程端蒙以下，都依年岁先后编次，最早的为淳熙六年己亥（1179），到朱子死之前一年（庆元五年，1199）。这里各家占一卷以上的，共有这些：

周谟　二卷，己亥（1179）以后。

黄㽦　二卷，戊申（1188）以后。

陈淳　二卷，庚戌（1190）及己未（1199）所记。

吕焘与吕焕　二卷，己未（1199）所记。

同舍共记　四卷，己未（1199）所记。

这里面陈淳（安卿）两次的记录最小心，最用功，最能表现朱子说话的神气，是最可宝贵的史料。

《饶录》最后四卷，不依年岁的先后。其四十三至四十五卷，为吴焘昌、杨长孺、吴琮，所校记云："以上三家非底本，览者详之。"此可见其余各家记录都用"底本"。

最末的四十六卷收的廖德明、潘时举等人，都是"《池录》所余"，故附在后。

以上记饶州刻的《朱子语续录》，省称《饶录》。

淳祐戊申（八年，1248）己酉（1249）之间，朱子门人建安蔡抗收得杨方、包扬诸家的记录，编为二十六卷，是为饶州刻的《朱子语后录》，省称《饶后录》。《后录》收的二十三家，其中二十家是池本与饶本所无。编者蔡抗有后序，提及"先师又有亲自删定与先大父西山讲论之语"，可见他是蔡沈之子，元定之孙。

过了十多年，天台吴坚又在建安刊刻《朱子语别录》，其后序年月是"咸淳初元（1265）嘉平三月"。他说：

> ……《池录》三十有三家。鄱本《续录》四十有二家，其三十四家，池本所未有也，再见者两家，录余凡六家。又《后录》二十三家，其二十家，亦池本所未有也，再见者三家。合三录为八十七家。
>
> 坚末学生晚。嘉定癸未甲申间（1223—1224），侍先君子官长沙，师西山真先生倅、弘斋李先生（燔）常进之函丈；又事长沙舒先生，列岳麓诸生。果斋李先生（方子）过潭，又获侍讲席焉。果斋，先君子畏友也，尝介以登朱子之门。
>
> 坚由是多见未行语录，手抄盈箧，凡六十五家。今四十年矣，晚得池、鄱本参考，刊者固已多……若李壮祖、张洽、郭逍遥所录，亦未有也。揭来闽中，重加会粹，以三录所余者二十九家，及增入未刊者四家，自为别集，以附《续录》《后集》之末。……

以上记四部语录。

358

分类的《朱子语类》，起源很早。不等到饶州两集刊刻出来，剑南已有黄士毅的《朱子语类》一百四十卷刻出来了。

黄士毅，字子洪，自序的第二篇题"门人莆田黄士毅"。但魏了翁作《朱子语类序》，末尾说：

> 子洪名士毅，姑苏人，尝类《文公集》百五十卷，今藏之策府；又类注《仪礼》，未成书。

也许他是莆田人，原籍苏州。

黄士毅编《朱子语类》，是用池州语录作底本，但他加上了三十八家。他说：

> 右《语录》总成七十家。除李侯贯之已刊外，增多三十八家（适按，《池录》本有三十三家，黄氏删去陈埴一家，故只存三十二家了）。或病诸家所记互有重复，乃类分而考之。盖有一时之所同闻，退各抄录。见有等差，则领其意者，斯有详略。或能尽得于言，而语脉间断，或就其中粗得一二言而止。今惟存一家之最详者，而它皆附于下。至于一条之内，无一字之不同者，必抄录之际尝相参校，不则非其（所）闻而得于传录，则亦惟存一家，而注"与其人同"尔。
>
> 既以类分，遂可缮写，而略为义例以为后先之次第。……以太极天地为始，乃及于人物性命之原，与夫古学之定序。

次之以群经，所以明此理者也。次之以孔、孟、周、程、朱子所以传此理者也。乃继之以斥异端。异端所以蔽此理，而斥之者任道统之责也。然后自我朝及历代君臣、法度、人物、议论亦略具焉。此即理之行于天地设位之后，而著于治乱兴衰者也。

凡不可以类分者，则杂次之，而以作文终焉。……深明夫文为末而理为本也。

然始焉妄易分类之意，惟欲考其重复。及今而观之，则夫理一而名殊，问同而答异者，浅深详略，一目在前，互相发明，思已过半。至于群经，则又足以起《或问》之所未及，校《本义》之所未定，补《书说》之所未成。而《大学章句》所谓"高入虚空，卑流功利"者，皆灼然知其所指，而不为近似所滔溺矣。诚非小补者！

黄士毅此序无年月，但他说分类的用处，说得最明白。黄氏是一个有见识、能组织材料的人，所以他的"语类门目"，至今沿用。

嘉定十二年（己卯，1219），眉山史廉叔（名公说）要刻印《朱子语类》百四十卷，黄士毅又作后序，略记他删订的义例。在后序里，他特别指出他分的"学类七卷"虽然出于他的臆见，实在是朱先生教人之方，他要读者特别"于此三复，而得夫入道之门"。

依魏了翁的序与黄士毅的第二后序的年月看来，史公说在四川刻《朱子语类》是在嘉定十二年到十三年之间（1219—1220），其时《饶录》与《饶后录》都没有刻。

这是第一部《朱子语类》，省称《蜀类》。

淳祐十二年壬子（1252），徽州有翻刻《蜀类》出来，有蔡抗的后序，序中并没有说徽州本有增改的地方，但后来编纂《朱子语类大全》的黎靖德指出"《徽类》虽翻蜀本，已增入《饶录》九家"。

这是《蜀类》的徽州增补重刻本，省称《徽类》。

在这个时期，婺州东阳王侙也留心收集朱子的语录，先后收得了三十多家，编为婺州本的《朱子语录》。蔡抗作《饶后录》后序，曾提到"东阳王元敬侙亦以所集刊本见寄"。可见王侙的《婺录》曾有刻本。他后来又把他收集的各家语录，编成《朱子语续类》四十卷。魏了翁的儿子在徽州做官，就把这书也在徽州刻出。王侙有后序，题淳祐壬子（1252）。他说：

> 先是，池本饶本，人各为录，间见错出，读者病焉。子洪既以类流传，便于玩索，而微言精语犹有所遗。似每加访求，得所未见。自是朋友知旧知其有心于纂辑，亦颇互出所有以见示，凡三十有余家。既裒以为《婺录》，而继之者尚未艾也。似幽居无事……审订其复重，参绎其端绪，用子洪已定门目，粹为《续类》，凡四十卷。……

王佖不曾细考各书的编刻年月，他误认黄士毅编《语类》是在“池本饶本，人各为录”之后。这大概是因为王佖所见的《语类》是徽州刻本，其中已加入了《饶录》九家。所以他的《续类》只收他的婺州本三十多家。

这是第二部《朱子语类》，省称《续类》，也称《徽续类》。

以上说的是《朱子语录》的“二录二类”，其实应该说“五录三类”。五录是《池录》《饶录》《婺录》《饶后录》《建别录》。三类是《蜀类》《徽类》《徽续类》。

到了南宋末期，导江（即今成都）黎靖德又取“三录二类”，参考徽州刻的《语类》和吴坚的《建安别录》，做了一番细心参校的工作，他才明白黄士毅编的《语类》与王佖的《续类》都还有遗漏，还有别的毛病，——都还有合并大整理的需要。他说：

> 三录二类，凡五书者，并行而错出，不相统一。

他要合并参校，制成一部“统一”三录二类等书的《朱子语类大全》。他说：

> 盖《蜀类》增多《池录》三十余家，《饶录》增多《蜀类》八九家，而《蜀类》《续类》又有池、饶三录所无者。王公（佖）谓《蜀类》作于池、饶各为录之后，盖失之。而今《池录》中语尚多《蜀类》所未收，则不可晓已。岂《池录》尝再增定耶？

抑子洪犹有遗耶?

子洪所定门目颇精详，为力勤矣。廉叔刻之，不复雠校，故文字甚差脱，或至不可读。徽本附以《饶录》，《续类》又增前类所未入，亦为有功。惜其杂乱重复，读者尤以为病。而《饶后录》新增数家，王公或未之见，未及收也。

靖德妄其晚陋，辄合五书而参校之。因子洪门目，以《续类》附焉，《饶后录》入焉。遗者收之，误者正之。考其同异而削其复者一千一百五十余条。越数岁，编成可缮写。……

此跋题景定癸亥（四年，1263）秋八月。这时候建安《别录》还没有出来。两年之后（咸淳元年，1265），《别录》刻行了。黎靖德在咸淳六年庚午（1270）有第二跋，说：

近岁吴公坚在建安又刊《别录》二册，盖收池饶三录所遗，而亦多已见他录者。并参校而附益之。粗为宁编，靖德适行郡事，因辄刻之郡斋，与学者共之。

黎氏两跋中都讨论到包扬所录四卷语录（在《饶后录》里），前跋称包扬的儿子包恢为"尚书"，后跋称他为"枢密"，又说：

靖德来盱江（当作"旴江"，即江西建昌府南城县），枢密甫下世，恨不及质之也。

包扬父子是建昌人，包恢本传（《宋史》四二一）说他"庆宗即位，召为刑部尚书，进端明殿学士，佥枢密院事，封南城县侯。……以资政殿学士致仕。……年八十有七……卒"。黎靖德"行郡事"，似是知建昌府事。故这部《语类大全》的初次刻本似是咸淳六年庚午（1270）在建昌府刻的。

这是今日流传的《朱子语类》的底本。

哥伦比亚大学藏有一部万历三十一年（1603）婺源朱崇沐重刻的《朱子语类》，有叶向高、王图、汪应蛟、朱吾弼诸人的序文十篇。这个万历婺源刻本又有《前序》两篇，一篇是成化九年（1473）江西藩司重刻本的原序，是彭时写的，叙述这个十五世纪江西重刻本的历史如下：

　　……惜乎（黎刻《语类大全》一百四十卷）版本今不复传，间有传录者，又不免乎辛豕之讹也！三山陈君炜自天顺庚辰（四年，1460）第进士，为御史，屡欲访求善本而不得。成化庚寅（六年，1470）副宪江右，始访于豫章胡祭酒颐庵先生家，得印本，中缺二十余卷。明年（七年，1471）分巡湖东，又访于崇仁吴聘君康斋家，得全本，而缺者尚一二。合而校补，遂成全书。欲重刻以广其传，谋于宪使严郡余公。公喜，倡诸同寅，各捐俸余，并劝部民之好义者出资，以相其成。

自今春始工，期以秋毕。……

这序文里说陈炜访得的两部刻本是从豫章胡家、崇仁吴家得来的，这一点或许可以暗示黎靖德的原书是在江西刻的。

万历朱崇沐刻本还有一篇《前序》，是一位"巡按"作的修补江西藩司本的序文，没有年月，也没有巡按的姓名。万历三十一年刻本（1603）是高安朱吾弼要朱子十三世孙朱崇沐翻刻的成化九年的江西藩司刻本的修补本，十篇序文之中，有婺源县知县和谭昌言的序，说："卯冬（三十一年，癸卯，1603）经始，辰之春（三十二年甲辰，1604）遂成书矣。"

万历朱刻本的行款是每半页十一行，每行二十二字。近几十年来流行的刻本，每半页十二行，每行二十四字，乃是清朝晚期上海的书坊翻刻康熙年间吕留良（1629—1683）刻的"御儿吕氏宝诰堂本"。故行款与宝诰堂刻本相同，而书中宁字、淳字，往往避讳改作"甯"，作"湻"，可见是同治（1862—1874）以后的翻刻本。

以上略记朱子的《语录》和《语类》的历史，可以依年代的先后表示如下：

（1）《池录》（李道传在池州刻的《朱子语录》三十三家）

1215

（2）《蜀类》（黄士毅编，史公说在眉州刻的《语类》七十家）

1219—1920

365

（3）《饶录》（李性传在饶州鄱阳刻的《语续录》四十一家）

1228

（4）《婺录》（王似在婺州编刻的《语录》三十余家）

约1245

（5）《饶后录》（蔡抗在饶州刻的《语后录》二十三家）

1249

（6）《徽类》（徽州翻刻《蜀类》，增入《饶录》九家）

1252

（7）《徽续类》（徽州刻王似的"语续录"四十卷）

1252

（8）《建别录》（吴坚在建安刻的《语别录》二册）

1265

（9）《语类大全》（黎靖德在江西建昌刻的《语类大全》）

1270

（10）《语类》成化重刻本（成化九年江西藩司刻）

1473

（11）《语类》万历重刻本（万历卅一年至卅二年婺源朱崇沐刻）

1603—1604

（12）《语类》吕氏宝诰堂刻本（吕留良刻）

十七世纪

朱子与经商

（一）

朱子七十岁时（1199）作其父朱松《行状》（集九七），说他当靖康乱时，方在南剑州尤溪县作尉。其后"王室飘摇……道路梗塞……公以是困于尘埃卑辱锋镝扰攘之中，逃寄假摄，以养其亲，十有余年，以至下从算商之役，于岭海鱼虾无人之境。……"。我初疑当那乱世曾做经商的事。后来我细读《行状》，始知此是指他曾"监泉州石井镇。"泉州七县，三县有盐场盐亭，三县有铁场。（《宋史》八九）朱松监石井镇，当是管盐或铁。故《行状》说，胡世将先荐他，"而泉守……谢公克家随亦露章荐公学行之懿，不宜滞管库。于是乃得召试。""算商之役"即是"管库"之事。

（二）

余大雅（正叔）记：

> 问吾辈之贫者，令不学子弟经营，莫不妨否？曰，止经营衣食，亦无甚害。陆家（当是指陆九渊兄弟家）亦作铺买卖。因指其门阈云，但此等事，如在门限里，一动着脚，便在此门限外矣。缘先以利存心，做时虽本为衣食不足，后见利入稍优，便多方求余，遂生万般计较，做出碍理事来。须思量

止为衣食，为仰事俯育耳，此计稍足，便须收敛，莫令出元所思处，则粗可救过。……（《类》百十三，十七—十八）

（三）

朱子有《外大父祝公遗事》（《文集》九十八，1761—1762）说：

外家新安祝氏世以赀力顺，闻于州乡。其邸肆生业几有郡城之半，因号"半"，祝家。

朱子论生死与鬼神

《朱子答连嵩卿》：

所谓"天地之性即我之性，岂有死而遽亡之理？"此说亦未为非。但不知为此说者以天地为主耶？以我为主耶？

若以天地为主，则此性即自是天地间一个公共道理，更无人物彼此之间，死生古今之别。虽曰死而不亡，然非有我之得私矣。

若以我为主，则只是于自己身上认得一个精神魂魄，有知有觉之物，即便目为己性，把持作弄，到死不肯放舍，谓之死而不亡。是乃私意之尤者。尚何足与语死生之说，性命之理哉？

释氏之学本是如此。今其徒之黠者往往自知其陋而稍讳之，却去上头别说一般玄妙道理，虽若滉漾不可致诘，然其归宿实不外此。

若果如此，则是一个天地性中，别有若干人物之性，每性各有界限，不相交杂，改名换姓，自生自死，更不由天地阴阳造化，而为天地阴阳者亦无所施其造化矣。是岂有此理乎？烦以此问子晦，渠必有说，却以见谕。

（《文集》卷四一，六八六）

廖子晦（德明）问朱子：

夫子告子路曰，"未能事人，焉能事鬼？""未知生，焉知死？"意若曰，知人之理则知鬼之理；知生之理则知死之理。存乎我者无二物也。故《正蒙》谓"聚亦吾体，散亦吾体。知死而不亡者，可与言性矣"。窃谓死生鬼神之理，斯言尽之。君子之学汲汲修治，澄其浊而求清者，盖欲不失其本心，凝然而常存，不为造化阴阳所累。如此则死生鬼神之理将一于我，而天下之能事毕矣。彼释氏轮回之说，安足以语此！

（《朱文公文集》卷四五，七七五）

朱子答廖子晦（一）：

尽爱亲敬长，贵贵尊贤之道，则事鬼之心不外乎此矣。知乾坤变化，万物受命之理，则生之有死可得而推矣。夫子之言固所以深晓子路，然学不躐等，于此亦可见矣。近世学者多藉先圣之言以文释氏之旨，失其本意远矣。

（《朱文公文集》卷四五，七七五）

（适按，廖子晦原书说的"君子之学汲汲修治，澄其浊而求清者，盖欲不失其本心，凝然而常存，不为造化阴阳所累"，正是朱子说的"藉先圣之言以文释氏之旨"。但朱子答书太简略，没有发挥他的主要论点，故不能说服那位已有很深的成见的廖子晦。）

廖子晦再问朱子：

德明平日鄙见未免以我为主，盖天地人物，统体只是一性。生有此性，死岂遽亡之？夫水有所激与所碍则成沤，正如二机阖辟不已，妙合而成人物。夫水固水也，沤亦不得不谓之水。特其形则沤，灭则还复，是本水也。人物之生，虽一形具一性，及气散而灭，还复统体，是一而已，岂复分别是人是物之性？

所未莹者，正惟祭享一事，推之未行。若以为果飨耶，"神不歆非类"，大有界限，与统体还一之说不相似，若曰飨与不飨盖不必问，但报本之道不得不然，而《诗》《书》却明言"神嗜饮食""祖考来格"之类，则又极似有飨之者。

窃谓人虽死无知觉，知觉之原仍在此以诚感，彼以类应。若谓尽无知觉之原，只是一片大虚寂，则似断灭无复实然之理，亦恐未安？

君子曰终，小人曰死，则智愚于此亦各不同。故人不同于鸟兽草木，愚不同于圣。虽以为公共道理，然人须全而归之，然后足以安吾之死。不然，则人何用求至贤圣？何用与天地相似？倒行逆施，均于一死，而不害其为人。是直与鸟兽禽鱼俱坏，懵不知其所存也。

（《朱文公文集》卷四五，七七五）

（适按，子晦此书是读了《朱子答连嵩卿》书之后的讨论。书中明白引用答连书中语句，如"鄙见未免以我为主"，如"神不歆非类，大有界限"，如"公共道理"，都是。）

朱子答廖子晦（二）：

死生之论，向来奉答所谕"知生""事人"之问，已发其端。而近答嵩卿书，论之尤详。意明者一读当已洞然无疑矣。而来书之谕尚复如此！虽其连类引义若无津涯，然寻其大指则皆不出前此两书所论之中也。岂未尝深以鄙说思之，而直以旧闻为主乎？既承不鄙，又不得不有以奉报，幸试思之。

盖贤者之见所以不能无失者，正坐以我为主，以觉为性尔。夫性者，理而已矣。乾坤变化，万物受命，虽所禀之在我，然其理则非有我之所得私也。所谓"反身而诚"，盖谓尽其所得乎己之理，则知天下万物之理初不外此；非谓尽得我此知觉，则众人之知觉皆是此物也。

性即是理，不可以聚散言。其聚而生，散而死者，气而已矣。所谓精神魂魄有知有觉者，皆气之所为也，故聚则有，散则无。若理则初不为聚散而有无也。但有是理则有是气，苟气聚乎此，则其理亦命乎此耳。不得以水沤比也。

鬼神便是精神魂魄，程子所谓天地之功用，造化之迹；张子所谓二气之良能，皆非性之谓也。故祭祀之礼，以类而感，以类而应。若性则又岂有"类"之可言耶？然气之已散者，既化而无有矣，其根于理而日生者，则固浩然而无穷也。故上蔡谓我之精神即祖考之精神，盖谓此也。

然圣人之制祭祀也，设主立尸，焫萧灌鬯，或求之阴，或求之阳，无所不用其极，而犹止曰"庶或享之"而已。其至诚恻怛精微恍惚之意，盖有圣人所不欲言者。非可以世俗粗浅知见执一而求也。岂曰一受其成形，则此性遂为吾有，虽死而犹不灭，截然自为一物，藏乎寂然一体之中，以俟夫子孙之求，而时出以飨之耶？

必如此说，则其界限之广狭，安顿之处所，必有可指言者。且自开辟以来，积至于今，其重并积叠，计已无地之可容矣。是又安有此理耶？

且乾坤造化如大洪炉，人物生生，无少休息，是乃所谓实然之理，不忧其断灭也。今乃以"一片大虚寂"目之，而反认人物已死之知觉，谓之"实然之理"，岂不误哉？

又圣贤所谓归全安死者，亦曰无失其所受乎天之理，则可以无愧而死耳。非以为实有一物可奉持而归之，然后吾之不断不灭者得以晏然安处乎冥漠之中也。"夭寿不贰，修身以俟之"，是乃无所为而然者。与异端为"生死事大，无常迅速"然后学者，正不可同日而语。今乃混而言之，以彼之见为此之说，所以为说愈多而愈不合也。

凡此皆亦粗举其端。其曲折则有非笔舌所能尽者。幸并前两说，参考而熟思之，其必有得矣。

若未能遽通，即且置之。姑即夫理之切近而平易者，实下穷格工夫，使其积而贯通焉，则于此自当晓解，不必别作一道理求也。但恐固守旧说，不肯如此下工，则拙者虽复多言，终亦无所补耳。

（《朱文公文集》卷四五，七七五——七七六）

朱子答廖子晦（十七）：

来书疑着生死鬼神之说。此无可说。只缘有个"私"字，分了界至，故放不下耳。除了此字，只看太极两仪，乾父坤母，体性之本然，还有此间隔否耶？

（《文集》卷四五，七八八）

朱子答廖子晦（十八）：

前此屡辱贻书，有所讲论。每窃怪其语之不伦，而未能深晓其故，只据一时鄙见所未安处草草奉答，往往只是说得皮肤，不能切中其病。所以贤者亦未深悉，而犹有今日之论也。……

详来谕，正谓日用之间别有一物光辉闪烁，动荡流转，是即所谓"无极之真"，所谓"谷神不死"——二语皆来书所引——所谓"无位真人"——此释氏语，正谷神之酋长也。学者合下便要识得此物，而后将心想象照管，要得常在目前，乃为根本工夫，至于学问践履，零碎凑合，则自是下一截事，与此粗细迥然不同。虽以颜子之初，钻高仰坚，瞻前忽后，亦是未见此物，故不得为实见耳。

此其意则善矣，然若果是如此，则圣人设教，首先便合痛下言语，直指此物，教人着紧体察，要令实见；着紧把捉，要常在目前，以为直截根源之计。

而却都无此说，但只教人格物致知，克己复礼，一向就枝叶上零碎处做工夫！岂不误人枉费日力耶？

……盖原此理之所自来，虽极微妙，然其实只是人心之中许多合当做底道理而已。……若论工夫，则只择善固执，中正仁义，便是理会此事处，非是别有一段根原工夫又在讲

374

学应事之外也。

如说"求其放心"，亦只是说日用之间，收敛整齐，不使心念向外走作，应几其中许多合做底道理渐次分明，可以体察。亦非捉（提）取此物藏在胸中，然后别分一心出外以应事接物也。……

（《文集》卷四五，七八八—七八九）

朱子答董叔种（铢）：

董叔种：盘庚言其先王与其群臣之祖父，若有真物在其上，降灾降罚，与之周旋从事于日用之间者。铢窃谓此亦大概言理之所在质诸鬼而无疑尔。而殷俗尚鬼，故以其深信者导之，夫岂亦真有一物耶？

朱子：鬼神之理，圣人盖难言之。谓真有一物固不可。谓非真有一物，亦不可。若未能晓然见得，且阙之，可也。

（《文集》卷五一，八八九）

《朱子语类》论鬼神

陈淳　录：

鬼神事自是第二着。那个无形影是难理会底，未消去理会。且就日用切紧处做工夫。子曰：未能事人，焉能事鬼？未知生，焉知死？此说尽了。此便是合理会底。理会得，将间，鬼神自有见处。若合理会底不理会，只管去理会没紧要底，将间，都没理会了。

（参看黄义刚录，《语类》三，一）

吴必大　录：

或问鬼神有无。曰，此岂卒乍可说？便说，公亦岂能信得及？须于众理看得渐明，则此惑自解。樊迟问知，子曰："务民之义，敬鬼神而远之，可谓知矣。"人且理会合当理会底事。其理会未得底，且推向一边，待日用常行处理会得透，则鬼神之理将自见得，乃所以为知也。"未能事人，焉能事鬼"，意亦如此。

胡泳　录：

气聚则生，气散则死。

李闳祖　录：

……人所以生，精气聚也。人只有许多气，须有个尽时。尽则魂气归于天，形魄归于地，而死矣。……此所以有生必有死，有始必有终也。……然人死虽终归于散，然亦未便散尽，故祭祀有感格之理。先祖世次远者，气之有无不可知，然奉祭祀者即是他子孙，毕竟只是一气，所以有感通之理。然已散者不复聚。释氏却谓人死为鬼，鬼复为人，如此则天地间常只是许多人来来去去，更不由造化生生，必无是理。……

陈淳 录：

问人死时是当初禀得许多气，气尽则无否？曰，是。曰，如此则与天地造化不相干？曰，"死生有命"。当初禀得气时，便定了，便是天地造化，只有许多气。……

沈僴 录：

问人之死也，不知魂魄便散否？曰，固是散。……

要之，通天地人只是这一气。所以说，洋洋然如在其上，如在其左右。虚空逼塞，无非此理。自要人看得活，难以言晓也。所以明道答人鬼神之问，云："要与贤说无，何故圣人却说有？要与贤说有，贤又来问某讨说。"只说到这里，要人自看得。孔子曰："未能事人，焉能事鬼。"而今且去理会紧要道理，少间看得道理通时，自然晓得。……

附记 关于《朱子答廖子晦书》的记录

廖子晦得书来，云，有本原，有学问。某初不晓得。后来看得他们都是把本原处是别有一块物来模样。圣人教人只是致知格物，不成真个是有一个物事，如一块水银样走来走去那里！这便是禅家说"赤肉团上自有一个无位真人"模样。

（黄义刚录）

安卿问，前日先生与廖子晦书云，道不是有一个物事，闪闪烁烁在那里。固是如此。但所谓"操则存，舍则亡"，毕竟也须有个物事。曰，操存只是教你收敛，教那心莫胡思乱想。几曾捉定有一个物事在里？

又问，"顾天之明命"，毕竟是个什么？曰，只是说，见得道理在面前，不被物事遮障了。立则见其参于前，在舆则见其倚于衡，皆是见得理如此。不成是有一块物事光辉辉地在那里。

（黄义刚录。两条都在《语类》百十三，五）

朱子论"尊君卑臣"

朱子读史常不满意于"尊君卑臣"的制度。如：

《语类》三四，一九，"黄仁卿问自秦始皇变法之后，后世人君皆不能易之，何也？曰，秦之法尽是尊君卑臣之事，所以后世不肯变。且如三皇称皇，五帝称帝，三王称王，秦则兼皇帝之号。只此一事，后世如何肯变？……"

又如：

《语类》一三五，五，人杰录云："叔孙通为绵蕝之仪，其效至于群臣震恐，无敢失礼者。比之三代燕享群臣气象，便大不同。盖只是秦人尊君卑臣之法。"

注中引必大录云："叔孙通制汉仪，一时上下肃然震恐，无敢喧哗。时以为善。然不过尊君卑臣，如秦人之意而已。都无三代燕飨底意思了。"

或问文帝欲短丧，或者要为文帝遮护，谓非文短丧，乃景帝之过。曰，恐不是恁地。……或者又说，古者只是臣为君服三年丧，如诸侯为天子，大夫为诸侯，乃畿内之民服之。于天

下吏民，无服三年服道理，必不可行。此制必是秦人尊君卑臣，却行这三年。至文帝反而复之耳。（《语类》一三五,六）

问"君臣之变，不可不讲"。且而霍光废昌邑……当时彼昌邑说"天子有争臣七人"两句后，他更无转侧。万一被他更咆勃时，也恶模样。曰，"到这里也不解恤得恶模样了"。

义刚曰，"光毕竟是做得未宛转。"曰，"做到这里，也不解得宛转了。"良久，又曰，"人臣也莫愿有此。万一有此时，也十分使他宛转不得。"（《语类》一三五,一一）

杨恽坐上书怨谤，要斩。此法古无之，亦是后人增添。今观其书，谓之怨则有之，何谤之有？（《语类》一三五,一二〔淳〕）

前年郑瀛上书得罪，杖八十，下临安赎。临安一吏人悯之，见其无钱，为代出赎之。（《语类》一三八,一七〔杨〕）

朱子作其父《皇考吏部朱公行状》（《文集》九七，页十八—二十八），在庆元五年（1199），那时朱子已七十岁了。在那篇《行状》里，他有几处说到"君臣之义"：

（一）在前面总论里：

又尝以谓父子主恩，君臣主义，是为天下之大戒，无所逃于天地之间，如人食息呼吸于元气之中，一息之不属，理必至于毙。是以自昔圣贤立法垂训所以维持防范于其间里，未尝一日而少忘，其意岂特为目前之虑而已哉？……

（二）在叙朱松再召人对时，说：

犹虑夫计划之间或未精审，无以服众心而成大功也，则又言曰，"人主操大权以御一世，必有所以虑此者有以切中于理，然后足以服天下之心。是以无为而不成。今万机之务，决于早朝侍立逡巡之顷，未有以博尽谋谟之益，使其必当事理以服人心。谓宜略仿唐朝延英坐论之制，仰稽仁祖天章给札之规，延访群臣，博求至计，然后总揽参订，以次施行，则政令之出，上下厌服，天下之事无所为而不成矣。"……

（三）后来朱松引去之前，又说：

……然天下之事每病于难立者，正以向一夫独见之言，而略众口异同之论，是以谋始太锐，而用计有未详也。愿考汉廷杂议之法，自今发政造事，陛下既与大臣谋谟于上，又令卿士大夫有忠虑者亦得以自竭于下，然后总揽群策而裁处其中，将举天下之事惟陛下之所欲为而无不成矣。……

以上三段，其后两段相呼应，而末段更明白主张"汉廷杂议之法"。此必是朱子晚年特别注意的一个大问题，无可疑。

以下是胡适在一九五七年八月初补记的。

在朱松的《韦斋集》里，他对于"汉廷杂议之法""唐开延英""仁宗天章给札之规"，都说得更详细。

（一）《论时事札子二》说：

> 仰惟陛下总揽群策，图济艰难，于兹八年，谓宜求所以深服天下者，莫若垂精延访，尽臣下之谋。夫大昕之朝，裁决万机，侍立逡巡之间，虽有嘉谋至计，未必皆能罄竭以自效上。唐制，天子间见大臣，辄开延英，坐论从容，数移晷刻。仁宗皇帝庆历中，召大臣于天章阁，赐坐给札，使条具其所欲施行者。是以个人得竭其所怀。而反复议论之间，足以周知情实，曲中事机。以至识虑之浅深，亦足以察知其才智之所极。……窃谓今日宜修举延英、庆历故事，时以闲燕博延群臣，必皆削去琐细无补，阔疏难行之言，而求所以安乱治乱之故，卓然可施于实用者，总揽参订，次第施行。政令之出，上下厌服，莫敢腹非而窃议。……

（二）《札子七》说：

> ……然天下之事，每以难立为患。若向一夫独见之言，而略众口异同之论，则政令之发，其效未睹，而人皆能出其私智以非上所建立。……窃谓谋始太锐，而惮于博尽异同之

见，事之难立，无足怪者。

方汉盛时，有大征伐，必下公卿将军，中二千石，博士议郎杂议。人人得效其见闻，以研究是非利害之极致。然后天子称制以决之。是以上无怨令，事无遗策，众志厌服，而功暴当世。

谓宜自今陛下将欲发政造事，既与大臣谋谟于上，又使卿士夫馨竭思虑，毕陈于下，然后总揽群策而裁处其中，将举天下之事惟陛下之所欲为，庶几立经远持久之计，以幸天下……

洪迈《容斋随笔》（自序在淳熙庚子，七年，1180）卷二有"汉采众议"一条，所举凡八事，皆：

……所系利害甚大，一时公卿百官既同定议矣，贾捐之以下八人皆以郎大夫之微，独陈异说。汉元、成、哀、安、顺、灵，皆非明主，悉能违众而听之。大臣无贤愚，亦不复执前说。盖犹有公道存焉。每事皆能如是，天下其有不治者乎？

洪迈举的八事：

1. 汉元帝珠崖反，待识贾捐之议是。
2. 匈奴呼韩邪单于上书愿保塞。上谷以西，请罢边备塞吏卒。……郎中侯应以为不可许。
3. 成帝时谷永议勿受匈奴使者降。

4.哀帝时，单于求朝，公卿议"可且勿许"。扬雄上书谏。

5.安帝时，郎中虞诩，谏弃凉州。

6.邓太后从班勇言，不绝四域。

7.顺帝时，交趾蛮叛，议郎李固议"乞选刺史太守以往"。

8.灵帝时，议郎傅燮议不可弃凉州。

洪迈《容斋随笔》十三，又有"汉世谋于众"一条，说：

两汉之世，事无小大，必谋之于众人，予前论之矣。然亦有持以借口掩众议者。……

他举两例：（一）是霍光死后，宣帝出其亲属补吏，张敞言：朝臣宜有明言霍氏专制，请罢三侯就第，明诏以恩不听，群臣以前固争而后许之。（二）哀帝欲封董贤等，王嘉言，宜延问公卿大夫博士议郎，明正其前，然而乃加爵士。不然，恐大失众心。……

洪迈结论是："是知委曲迁就，使恩出君上，遇归于下，汉代每如此也。"

《容斋随笔》十五有"呼君为尔汝"一条：

……古之人心口一致，事从其真。虽君臣父子之间，出口而言，不复顾忌。观诗书所载可知矣。

箕子陈《洪范》，对武王而"汝"之。

《金縢策》视周公所以告大王、王季、文王，三世祖考也，而呼之尔三王，自称曰予。至云，"尔之许我，我其以璧与珪。归俟尔命。尔不许我，我乃屏璧与珪。"殆近乎相质责而邀索也。

《閟宫》颂君之诗，曰"俾尔富而昌，俾尔昌而炽"。及《节南山》《正月》《板》《荡》《卷阿》《既醉》《瞻卬》诸诗，皆呼王为"尔"。

《大明》曰，"上帝临汝"，指武王也。

《民劳》曰，"王欲玉女"，指厉王也。至或称为"小子"，虽幽厉之君亦受之而不怒。

呜呼，三代之风俗可复见乎！

又《容斋随笔》二有"唐诗无讳避"一条，说：

唐人歌诗，其于先世及当时事，直辞咏寄，略无避隐，至宫禁嬖昵，非外间所应知者；皆反复极言，而上之人亦不以为罪。

如白乐天《长恨歌》，讽谏诸章，元微之《连昌宫词》，始末皆为明皇而发。杜子美尤多。……

此下如张祜赋《连昌宫》《元日仗》……等三十篇，大抵咏开元天宝间事。李义山《华清宫》《马嵬》……诸诗亦然。今之诗人不敢尔也。

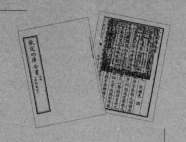

第十七章

反理学时期

清代思想史

这是我的《中国哲学常识》的最后一部分，向来不曾特别提出作为单独的讲题。现在把他提出重讲，固然是因为时间的关系，但这个题目本身却也有单独存在的理由。因为清代的思想确然和宋代或明代的思想大不相同，确然有他的特异的性质。

我们试取清代初年的大师的著作，关于思想的著作——顾炎武的《日知录》，黄宗羲的《明夷待访录》，王夫之的《俟解》《噩梦》。这些书便和前一辈的《榕坛问业》(黄道周)、《证人社会语》(刘宗周)显然不同，好像属于两个不同的世界一般。原来在那几十年之间，时代已变换了，讨论的问题也不同了，思想的路径和结果也就不同了。

至于稍晚一点的作品，颜元、李塨的书，戴震、焦循的书。更是宋明时代所没有。那是更容易见的，不用细说了。

我们现在要讲的是清代思想史，而不是清代哲学史，这就是说，我们注重那代表时代的思想家，而不注重那继承宋明传统的理学家。我们宁可取那作小说的吴敬梓与李汝珍，而不必取那讲理学的汤斌、张伯行。

我们看清代的思想史，可以看出四个大趋势：

1. 实用主义。

2. 反玄学的运动。

3. 考证的精神。

4. 历史的研究。

我们可以借清学的开山祖师顾炎武（1613—1681）的一生来说明这四种趋势。顾氏所以能成为一代开山大师，也正是因为他最能代表清代思想的种种特点。

实用主义

顾氏说：

> 孔门弟子不过四科，自宋以下之为学者则有五科，曰语录科。刘石乱华，本于清谈之流祸，人人知之。孰知今日之清谈有甚于前代者？昔之清谈谈老庄，今之清谈谈孔孟。未得其精而已遗其粗；未究其本而先辞其末。不尚六艺之文，不考百王之典，不综当代之务；举夫子论学论政之大端，一切不问，而曰一贯，曰无言；以明心见性之空言，代修己治人之实学。股肱惰而万事荒，爪牙亡而四国乱；神州荡覆，宗社丘墟。……（《日知录》七）

他在别处又说：

今之君子……聚宾客门人之学者数十百人，譬诸草木，区以别矣，而一皆与之言心言性。舍"多学而识"，以求"一贯"之方，置四海之困穷不言，而终日讲危微精一之说——是必其道之高于夫子而其门弟子之贤于子贡，祧东鲁而直接二帝之心传者也——我弗敢知也。(《与友人论学书》)

在建设的方面，他很简单地说：

　　愚所谓圣人之道者，如之何？曰博学于文，曰行己有耻。自一身以至于天下国家，皆学之事也。自子臣弟友以至出入往来辞受取与之间，皆有耻之事也。……士而不先为耻，则为无本之人；非好古而多闻，则为空虚之学。以无本之人，而讲空虚之学，吾见其日是从事于圣人而去之弥远也。(同上)

这里他提出两个目标：一是行己有耻，一是博学于文。前者是要人把学问用到行为上去，后者是学问要切实用，不要"空虚"之学。这两者都是实用主义的意义。他所谓"文"，略同我们所谓"文化"，他自己曾解释"博学于文"说：

　　自身而至于家国天下，制之为度数，发之为音容，莫非文也。……《传》曰："文明以止，人文也。观乎人文，以化

成天下。"……谥法，经纬天地曰文。(《日知录》七)

这种实用主义的精神，顾氏一生即是一个榜样。他的人格，便是"行己有耻"的具体表现。他的著作，"感四国之多虞，耻经生之寡术"(《利病书·序》)。多注重民生国计，故有《天下郡国利病书》《肇域志》等书；而《日知录》中最精彩的部分多在制度名物的历史的研究。

顾氏以下，颜元、李塨一派最代表实用主义的趋势。颜李之学后虽稍衰，但嘉道以后的今文学派，自庄存与以至康有为，也都偏重实用的方面。

反玄学的运动

玄学有两个方向：一是先天象数之学，二是心性之学。故反玄学的运动也有两个方面。

（一）攻击先天图书之学。顾氏说：

孔子论《易》见于《论语》者，二章而已。曰"加我数年，五十以学《易》，可以无大过矣"。曰"南人有言曰，人而无恒，不可以作巫医，善夫！'不恒其德，或承之羞。'子曰，不占而已矣"。是则圣人之所以学《易》者，不过庸言庸行之间，而不在乎图书象数也。今之穿凿图象以自为能者，畔也。……

是故"出入以度，无有师保，如临父母"，文王、周公、孔子之《易》也。希夷之图、康节之书，道家之《易》也。自二子之学兴，而空疏之人，迂怪之士，举窜迹于其中以为《易》，而其《易》为方术之书，于圣人寡过反身之学，去之远矣。（《日知录》一）

指出宋儒之《易》学是道家的《易》学，这是清儒的一个大问题。黄宗羲、黄宗炎、毛奇龄、胡渭在这一方面的成绩最大。

（二）攻击心性的玄学。顾氏最恨"心学"，他说：

古之圣人所以教人之说，其行在孝悌忠信，其职在洒扫应对进退，其文在《诗》《书》《礼》《易》《春秋》；其用之身，在出处去就交际；其施之天下，在政令教化刑法。虽其和顺积中，而英华发外，亦有体用之分，然并无用心于内之说。（《日知录》十八，《内典》条）

他又有《心学》条（十八），《艮其限》条（一），引黄震的话，力攻心学。他又有《朱子晚年定论》一条，把王守仁的良知来比王衍的清谈、王安石的新法。他还著了一部《下学指南》，要证明代的心学源出于宋代谢良佐、张九成、陆九渊三家，而三家皆源出于禅学（《文集》六）。此书今不传了。但证明心学出于禅学，正如证明象数之学出于道士，也是清学的一个大问题。后来颜李学派在这一点上出了不少的力；戴震的《孟子字义疏证》也是要证明这一点。

考证的精神

清学所以真能迥然超绝前代，一小半在于他的成绩，一大半在于他的基本方法与精神。他们自称为考证之学，或考据之学，或考核之学。总而言之，这是一种实证主义的精神与方法。他的要点只是"拿证据来！"（无证则不信。）实证主义有两方面，一是破坏的疑古，二是积极的考信。在疑古的方面，顾氏也是一个开山前辈：他不信《书序》，不信《古文尚书》，不信先天象数之学，开后来阎若璩、姚际恒一班人的先路。在积极的方面，他的功劳更大，因为考证的方法到他手里才正式成立。他的《音学五书》，尤其是其中的《唐韵正》，字字是站在证据之上的。他考证一个字的古音，往往要举出一百几十个或二百多个证据来。这是从古以来不曾有过的！从这个方法出世以后，中国的学术史上才开一个新纪元。清学便是建筑在这个考证方法之上的！无论是攻击伪书，是考证古音，是考证古训诂，是考据古制度，是考究金石器物……总少不了这一个"拿证据来"的法宝。

历史的研究

清代的学术思想有一个极重要之点，往往为人忽略了的，就是他的历史的方法。不懂的人叫他做"复古"。但我们试问，汉学家为什么要回到汉儒呢？ 他们说："因为汉儒去古未远。"这"去古未远"的见解就是一种历史的见解。试问今文家为什么要推翻东汉而回到西汉呢？ 他们说，因为西汉更古于东汉。这也是一种历史的见解。顾炎武对于这一点的见解最明白，他说：

> 经学自有源流。自汉而六朝，而唐，而宋，必一一考究，而后及于近儒之所著，然后可以知其异同离合之指。如论字必本于《说文》，未有据隶楷而论古文者也。(《与人四书》)

这个寻源溯流的方法，就是历史的方法。当日认汉为最古，故有迷信汉儒的风气。但王念孙、王引之诸人觉得先秦诸子的书更多参证的价值，所以就遍校诸子了。后来吴大澂以后，便可以用金文来补正《说文》了；后来罗振玉们出来，又可以用甲骨文字来补正《说文》了。又如古音之学，宋人没有历史的观念，故有叶音之说；汉学知道古来声音有变迁，然后有古音之学。这就是历史的方法。

有了历史的观念，对于历史之学的兴趣自然也跟着发达。顾氏著有许多种金石舆地的书，《日知录》里也有无数历史的研究。后来清代学者对于史学的成绩，比前代都大：

1.校勘古史，如钱大昕、赵翼、梁玉绳等。

2.作局部的专史，如各家补的《元史》。

3.怀疑古史，如阎若璩、姚际恒、崔述、刘逢禄、康有为、崔适等。

4.增添史料：

（1）方志的注重。（章学诚等）

（2）古书的保存。（《四库》及私家）

5.史学的附属科学的发达：

（1）文字学。

（2）金石学。

（3）钱币学。

（4）地理学。等等。

清代的思想史，约可分三个时期：

第一期　顺治、康熙两朝（1640—1730）

第二期　乾隆、嘉庆两朝（1730—1820）

第三期　道光以后（1820—1910）

上章所说四个趋势，三个时期都有，不过注重之点稍有不同，遂形成了三个时代。第一个时期重在实用主义与反玄学的运动，而考证的方法与历史的眼光都还在开始萌芽的时期。第二期里，玄学已成末路，而实用的时机很少，故此时期偏重考证之学；历史之学也很发达。一般代表的学者都不谈实用，都趋向为学问而做学问，故学术之盛超越前古。思想方向似稍寂寞，但戴震、章学诚、袁枚、焦循、崔述都出于此时，不过建设多而破坏少，表面上不如第一期的热闹罢了。第三期为多事之秋，实用的需要又起来了，于是实用主义与考证的方法、历史的见解，合婚而成为今文学的运动。

第一个时期的代表人物：

孙奇逢（1584—1675）　　吕留良（1629—1683）

黄宗羲（1610—1695）　　颜　元（1635—1704）

顾炎武（1613—1681）　　阎若璩（1636—1704）

王夫之（1619—1692）　　张尔岐（1612—1677）

陆世仪（1611—1672）　　黄宗炎（1616—1686）

张履祥（1611—1674）　　应㧑谦（1615—1683）

费经虞（1599—1671）　　汤　斌（1627—1687）

毛奇龄（1623—1716）　　朱彝尊（1629—1709）

费　密（1625—1701）　　胡　渭（1633—1714）

陆陇其（1630—1692）　　万斯同（1643—1702）

梅文鼎（1633—1721）　　王懋竑（1668—1741）

李　塨（1659—1733）

现在先说第一期的人物。这时期的人物够得上"思想家"的称号的，约有五组：

（1）王学

孙奇逢（1584—1675）、黄宗羲（1610—1695）、黄宗炎（1616—1686）、毛奇龄（1623—1716）

（2）朱学

张履祥（1611—1674）、陆世仪（1611—1672）、吕留良（1629—1683）、王懋竑（1668—1741）

（3）关学（张载之学）

王夫之（1619—1692）、陆陇其、汤斌、张伯行、魏裔介、刁包、张烈、胡承诺、李颙……我们只好表过不提了。

（4）考证学——近于朱学

顾炎武（1613—1681）、阎若璩（1636—1704）、张尔岐（1612—1677）、胡渭（1633—1714）

（5）反玄学的实用主义

费经虞（1599—1671）、费密（1625—1701）、颜元（1635—1704）、李塨（1659—1733）

顾氏对于先天象数之学，曾说：

> 孔子论《易》，见于《论语》者，二章而已。曰，"加我数年，五十以学《易》，可以无大过矣。"曰，"南人有言曰，'人而无恒，不可以作巫医。'善夫！'不恒其德，或承之羞'。子曰，'不占而已矣。'"是则圣人之所以学《易》者，不过庸言庸行之间，而不在乎图书象数也。今之穿凿图象以自为能

者，畔也。记者于夫子学《易》之言而即继之曰，"子所雅言，诗书执礼 —— 皆雅言也。"是知夫子平日不言《易》，而其言《诗》《书》执礼者，皆言《易》也。人苟循乎《诗》《书》执礼之常而不越焉，则"自天佑之，吉，无不利矣"。故其作《系辞传》，于悔吝无咎之旨，特谆谆焉。而《大象》所言，凡其体之于身，施之于政者，无非用《易》之事。……

若"天一，地二"，"易有太极"二章，皆言数之所起，亦赞《易》之所不可遗，而未尝专以象数教人为学也。是故"出入以度，无有师保，如临父母"，文王、周公、孔子之《易》也。希夷之图，康节之书，道家之《易》也。自二子之学兴。而空疏之人，迂怪之士，举窜迹于其中以为《易》，而其《易》为方术之书，于圣人寡过反身之学，去之远矣。（《日知录》一，页二十九，《孔子论易》）

顾氏以为孔子论《易》，只是"寡过反身之学"，"体之于身，施之于政"，如此而已。不必说《易》，而《诗》《书》执礼皆是说《易》。故他在别处也说：

愚尝劝人以学《易》之方，必先之以《诗》《书》执礼，而《易》之为用存乎其中；然后观其象而玩其辞，则道不虚行而圣人之意可识矣。（《文集》三，《与友人论易书》一）

他要人从学问经验入手，有了学问经验，再来研究《易》学，便不至于沦入空虚的图书之学了。这也可说是实用主义的应用。

他对于心性之学，反对最厉害。他论"心"，最佩服黄震，曾屡引其说。黄震说"心"，有很精到的见解，如云：

> 心者，吾身之主宰，所以治事而非治于事；惟随事谨省，则心自存，不待治之而后齐一也。孔子之教人曰，"居处恭，执事敬，与人忠。"曾子曰，"吾日三省吾身。……"不待言"心"，而心自贯通于动静之间者也。…… 瞑目静坐，日夜仇视其心，而禁治之，及治之愈急而心愈乱，则曰，"易伏猛兽，难降寸心。"呜呼！人之有心，犹家之有主也。反禁切之，使不得有为！其不能无扰者，势也。—— 而患心之难降欤？（《黄氏日钞·省斋记》）

顾氏主黄氏之说，故反对"用心于内"的心学。他说：

> 古之圣人所以教人之说，其行在孝悌忠信，其职在洒扫应对进退，其文在《诗》《书》《礼》《易》《春秋》，其用之身在出处去就交际，其施之天下在政令教化刑罚。虽其和顺积中，而英华发外（《乐记》），亦有体用之分，然并无用心于内之说。（《日知录》十八，页十五）

这又是实用主义的态度了。

顾氏是属于格物致知一派的，故不甚攻朱子。而反对王学最力。他说：

> 以一人而易天下，其流风至于百有余年之久者，古有之矣。王夷甫之清谈，王介甫之新说，其在于今，则王伯安之良知是也。孟子曰，"天下之生久矣，一治一乱"。拨乱世，反之正，岂不在于后贤乎？

考证的精神[1]

顾 炎 武

顾炎武（1613—1682）三十二岁时，明朝就亡了。他的母亲是个贞女，受过明朝的旌表，故明亡之后，她就绝食三十日而死，遗命教她的嗣子不做新朝的官，故他终身做明朝的遗民。他深痛亡国之祸，决心要研究有实用的学术。他是苏州昆山人，国变后移居北方，住山东稍久，旅行西北各地。他旅行时，用两匹马，两头骡子，载书自随；遇山川险要，便寻老兵访问形势曲折；有新

1　底本如此。——编者

奇的发现，便在村店中打开书籍参考。他的著作有几十种，最重要的是：

《音学五书》，三十九卷。

《日知录》，三十六卷。

《天下郡国利病书》，一百二十卷。

顾氏很崇敬朱子；他在陕西时，曾捐钱助建朱子祠。但他很反对宋明以来的理学。他有《与友人论学书》说：

> 百余年来之为学者，往往言心言性，而茫然不得其解也。……聚宾客门人数十百人，与之言心，言性，舍"多学而识"以求"一贯"之方，置四海困穷不言，而讲危微精一。……我弗敢知也。……愚所谓圣人之道者如之何？曰博学于文，曰行己有耻。自一身以至于天下国家，皆学之事也。自子臣弟友以至出入往来辞受取与之间，皆有耻之事也。士而不先言耻，则为无本之人；非好古多闻，则为空虚之学。以无本之人而讲空虚之学，吾见其日从事于圣人，去之弥远也。

他的宗旨只有两条，一是实学，一是实行。他所谓"博学于文"，并不专指文学，乃是包括一切文物——"自一身以至于天下国家，皆学之事也"。故他最研究国家典制、郡国利病、历史形势、山川险要、民生状况。他希望拿这些实学来代替那言心言性的空虚之学。

他又说：

> 古之所谓理学，经学也，非数十年不能通也。……今之
> 所谓理学，禅学也；不取之五经，而但资之语录；较诸帖括之
> 文而尤易也。

他讲经学，也开一个新的局面，也反对那主观的解说。所以
他提倡一种科学的研究法，教人从文字声音下手。他说：

> 读九经自考文始，考文自知音始。以至诸子百家之书，
> 亦莫不然。(《答李子德书》)

"考文"便是校勘之学，"知音"便是音韵训诂之学。清朝一代
近三百年中的整治古书，全靠这几种工具的发达。在这些根本工
具的发达史上，顾炎武是一个开山的大师。

我们举一条例来证明他治学的方法。《书经·洪范》有这二句：

> 无偏无颇，遵王之义。

唐明皇说"颇"不协韵，当改作"陂"字。顾氏说"颇"字不误，
因为古音读"义"如"我"，与"颇"字正协韵。他举了两条证据：

1.《易·象传》：　　　鼎耳革，失其义也。

覆公悚，信如何也。

2.《礼记·表记》：　　仁者右也，道者左也。

仁者人也，道者义也。

这样用证据来考订古书，便是学术史上的一大进步。这便是科学的治学方法。科学的态度只是一句话："拿证据来！"

这个方法不是顾炎武始创的，乃是人类常识逐渐发明的。"证"这个观念本是一个法律上的观念。法庭讯案，必须人证与物证。考证古书，研究科学，其实与法官断案同一方法。用证据法来研究古书，古来也偶然有人。但到了十七世纪初年，这种方法才大发达。在顾炎武之前，有个福州人陈第作了几部研究古音的书——《毛诗古音考》等。陈第的书便是用证据做基础。他在自序里说他考定古音，列"本证""旁证"两种：

本证者，《诗》自相证也。

旁证者，采之他书也。

用《诗经》证《诗经》，为本证；用《易经》《楚辞》等等来证《诗经》，便是旁证。

陈第的《毛诗古音考》作于十七世纪初年（1610—1606）。顾炎武的《音学五书》作于十七世纪中叶以后（1650—1680）。

顾氏完全采用陈第的方法，每考证一个古音，也列举"本证""旁证"两项，但搜罗更广，材料更富，证据更多。陈第考"服"字古音"逼"，共举出：

本证——十四，旁证——十。

顾氏作《诗本音》，于"服"字下举出：

本证——十七，旁证——十五。

顾氏作《唐韵正》，于"服"字下举出：

证据——一百六十二。

为了考究一个字的古音而去寻求一百六十二个证据，这种精神是古来不曾有过的；这种方法是打不倒的。用这种搜求证据的方法来比较那空虚想象的理学，我们不能不说这是一个新时代了。

颜 元

颜元（1635—1704），号习斋。他的父亲本是直隶博野县北杨村人，后来卖给蠡县刘村的朱九祚做养子，故改姓朱。颜元四岁时，（崇祯十一年，1638）满洲兵犯境，他的父亲正同朱家闹气，遂跟了满洲兵跑了，从此没有音信。他十二岁时，他的母亲也改嫁去了。颜元在朱家长大，在私塾读书。他少年时曾学神仙，学炼气，学八股时文，不务正业，喝酒游嬉。他十岁时，明朝就亡了，后来朱家也衰败，很贫了，颜元到二十岁时，才发愤务农养家。二十二岁，他因为家贫，学做医生，为餬口之计。他十九岁时曾中秀才，二十四岁，他开了一所私塾，训蒙度日，并为人治病。他那时完全是一个村学究；却有点狂气，喜看兵书，也学技击；后来他又读理学书，先读陆象山、王阳明的书，又读程子、朱子的书，自命要学圣贤，作诗有：

> 识得孔叟便是吾，
> 更何乾坤不熙皞！

他虽耕田工作，却常常学静坐。家中立一个"道统龛"，正位供着伏羲以下至周公、孔子，配位供颜子、曾子、子思、孟子、周敦颐、程颢、程颐、张载、邵雍、朱熹。他三十岁时，有《柳下坐记》，说他的心得，最可表现他的村陋气象：

> 思古人（他自号思古人）引仆控骙，披棉褐衣，驮麦里左。仆埃。独坐柳下，仰目青天，和风泠然，白云聚散，朗吟程子"云淡风轻"之句，不觉心泰神怡……若天地与我外，更无一物事。微闭眸观之，浓叶蔽日，如绿罗裹宝珠，精光隐露。苍蝇绕飞，闻其声不见其形，如跻虞廷，听《九韶》奏也！胸中空焉洞焉，莫可状喻。……

直到三十四岁时（1668），他忽然经过一次思想上的大革命。

这时候，他还不知道他的本姓。他的义祖母死了，他是"承重孙"，居丧时，一切代行他父亲的"子职"，实行朱子的《家礼》，三日不食，朝夕哭。葬后，他仍尽哀，寝苦枕块三个月，日夜不脱衰绖。后来遍体生疮，到了第五个月，竟病倒了。有一个老翁哀怜他，对他说明他不是朱家的孙子，何必这样哀恸？他跑去问他出嫁的母亲，证明了这件事，他方减哀。然而他已扮演了五个月的苦戏了！

他在这几个月里，实地试验了朱子的《家礼》，深深感觉宋儒有些地方不近人情，又碰了这一个大激刺，使他不能不回想他十余年来做的理学功夫。他自己说，他最得力于这一年的居丧时期。

> 哀毁庐中，废业几年。忽知予不宜承重，哀稍杀。既不读书，又不接人，坐卧地炕，猛一冷眼，觉程朱气质之说大不及孟子性善之旨。因徐按其学，原非孔子之旧。是以……《存性》《存学》之说，为后二千年先儒救参杂之小失，为前二千年圣贤揭晦没之本原。……（《存学编》三，二）

他三十五岁（1669）著《存性编》，又著《存学编》，后来随时有所增加，但他的思想的大旨都在这两书之中。

三十五岁至五十七岁为在乡里讲学时期。五十七岁（1691），他南游河南，数月后回家。这一次出游，使他反对理学的宗旨更坚决了。他说：

予未南游时，尚有将就程朱，附之圣门支派之意。自一南游，见人人禅子，家家虚文，直与孔门敌对；必破一分程朱，始入一分孔孟 —— 乃定以为孔孟与程朱判然两途，不愿作道统中乡愿矣！（《年谱》下，十七）

他六十二岁时曾主教肥乡漳南书院，他定下书院规模，略如下图：

不幸那一年漳水大涨，书院都没在水里。他叹曰，"天也！"遂辞归。他死时七十岁。

他的学派，人称为"颜氏学派"，又称为"颜李学派"，因为他的弟子李塨（刚主，生1659，死1733）颇能继续颜元的学派，传授于南北；颜元的名誉不大，李塨与方苞、毛奇龄等往来，传授的弟子也有很出名的（如程廷祚），故颜李并称。

颜元与李塨的著作有：

《颜李遗书》，《畿辅丛书》本。

《颜李全书》，北京四存学会本。

中国的哲学家之中，颜元可算是真正从农民阶级里出来的。

他的思想是从乱离里经验出来的，从生活里阅历过来的。他是个农夫，又是个医生，这两种职业都是注重实习的，故他的思想以"习"字为主脑。他自己改号习斋，可见他的宗旨所在。他说：

> 仆妄谓性命之理不可讲也，虽讲，人亦不能听也，虽听，人亦不能醒也，虽醒，人亦不能行也。所可得而共讲之，共醒之，共行之者，性命之作用，如诗书六艺而已。即诗书六艺，亦非徒列坐讲听。要唯一讲即教习。习至难处来问，方再与讲。讲之功有限，习之功无已。……人之岁月精神有限；诵说中度一日，便习行中错一日；纸墨上多一分，便身世上少一分。……（《存学编》一，二）

所以他的《存学编》的宗旨只是要人明白"道不在诗书章句，学不在颖悟诵读，而期如孔门博文约礼，身实学之，身实学之，终身不懈"。

学习什么呢？《尚书》里的：

1. 六府：金，木，水，火，土，谷。

2. 三事：正德，利用，厚生。

还有《周礼》里的：

三物：六德 —— 智，仁，圣，义，忠，和。

六行 —— 孝，友，睦，姻，任，恤。

六艺 —— 礼，乐，射，御，书，数。

这都是应学习的"物","格物"便是实地学习这些实物。格字如"手格猛兽"之格，格便是"犯手去做"。

这些六府六艺似乎太粗浅，故宋明儒者鄙薄不为，偏要高谈性命之理。这正是魔道。颜元说：

> 学之亡也，亡其粗也。愿由粗以会其精。政之亡也，亡其迹也。愿崇迹以行其义。（《年谱》）

这真是重要的发明。宋明儒者不甘淡薄，要同禅宗和尚争玄斗妙，故走上空虚的死路。救弊之道只在挽回风气，叫人注重那粗的、浅的实迹。颜元又说：

> 孔子则只教人习事。迨见理于事，则已彻上彻下矣。（《存学编》）

宋儒的大病只是能静坐而不习事。朱子叙述他的先生李侗的生平，曾有一句话说：

> 先生居处有常，不作费力事。

这句话引起了颜元的大反对。颜元说：

只"不作费力事"五字……将有宋大儒皆状出矣。子路问政，子曰，"先之，劳之。"天下事皆吾儒分内事。儒者不费力，谁费力乎？……夫讲读著述以明理，静坐主敬以养性，不肯作一费力事，虽日口谈仁义，称述孔孟，其与释老之相去也几何？（《存学编》二，十三）

用"不作费力事"一个标准，来比较"犯手去做"的一个标准，我们便可以明白颜学与理学的根本大分别了。

颜元的思想很简单，很浅近。因为他痛恨那故意作玄谈的理学家。

　　谈天论性，聪明者如打诨猜拳，愚浊者如捉风听梦……各自以为孔颜复出矣。（《存学编》一，一）

他也论"性"，但他只老老实实地承认性即是这个气质之性。

　　譬之目矣……光明之理固是天命，眊、疱、睛皆是天命。更不必分何者是天命之性，何者是气质之性。（《存性编》）

这便是一笔勾销了五百年的烂账，何等痛快！

人性不过如此，最重要的是教育，而教育的方法只是实习实做那有用的实事实物。颜元是个医生，故用学医作比喻：

譬之于医，《黄帝素问》《金匮玉函》，所以明医理也。而疗疾救世则必诊脉、制药、针灸、摩砭为之力也。今有妄人者，止务览医书千百卷，熟读详说，以为予国手矣；视诊脉、制药、针灸、摩砭，以为术家之粗，不足学也。书日博，识日精，一人倡之，举世效之。岐黄盈天下，而天下之人病相枕，死相接也。可谓明医乎？

愚以为从事方脉、药饵、针灸、摩砭，疗疾救世者，所以为医也。读书，取以明此也。若读尽医书而鄙视方脉、药饵、针灸、摩砭，妄人也。不惟非岐黄，并非医也。尚不如习一科，验一方者之为医也。读尽天下书而不习行六府六艺，文人也，非儒也，尚不如行一节，精一艺者之为儒也。（《存学编》一，十）

他在别处又用学琴作比喻：

以读经史，订群书为穷理处事以求道之功，则相隔千里。以读经史，订群书为即穷理处事，曰道在是焉，则相隔万里矣。……

譬之学琴然。诗书犹琴谱也；烂熟琴谱，讲解分明，可谓学琴乎？故曰以讲读为求道之功相隔千里也。

更有一妄人，指琴谱曰，"是即琴也。辨音律，协声韵，理性情，通神明，此物此事也。"谱果琴乎？故曰以书为道，相隔万里也。……

歌得其调，抚娴其指，弦求中音，徽求中节，声求协律，是谓之学琴矣，未为习琴也。手随心，音随手，清浊疾徐有常规，鼓有常功，奏有常乐，是之谓习琴矣，未为能琴也。弦器可手制也，音律可耳审也，诗歌惟其所欲也，心与手忘，手与弦忘，私欲不作于心，太和常在于室，感应阴阳，化物达天，于是乎命之曰能琴。今手不弹，心不会，但以讲读琴谱为学琴，是渡河而望江也。故曰千里也。今目不睹，耳不闻，但以谱为琴，是指蓟北而谈云南也。故曰万里也。（《存学编》三,六至七）

这种说法，初看似很粗浅，其实很透辟。如王阳明说"良知"，岂不很好听？但良知若作"不学而知"解，则至多不过是一些"本能"，绝不能做是非的准则。良知若作"直觉"的知识解，若真能"是便知是，非便知非"，那样的知识绝不是不学而知的，乃是实学实习，日积月累的结果。譬如那弹琴的，到了那"心与手忘，手与弦忘"的地步，随心所欲便成曲调，那便成了直觉的知识。又如诗人画家，烂醉之后，兴至神来，也能随意成杰作，这也成了直觉的知识。然而这种境地都是实习功久的结果，是最后的功夫，而不是不学而知，不学而能的呵。

又如阳明说"知行合一"，岂不也很好听？但空谈知行合一，不从实习实行里出来，哪里会有知行合一！如医生之诊病开方，疗伤止痛，那便是知行合一。如弹琴的得心应手，那才是知行合一。书本上的知识，口头的话柄，决不会做到知行合一的。宋人语录说：

> 明道谓谢显道曰："尔辈在此相从，只是学某言语，故其学心与口不相应。盍若行之？"请问焉，曰："且静坐。"

学者问如何行，先生却只教他静坐，静坐便能教人心口相应，知行合一了吗？颜元的批评最好：

> 因先生只说话，故弟子只学说话。心口且不相应，况身乎？况家国天下乎？措之事业，其不相应者多矣。
>
> 吾尝谈天道性命，若无甚扞格。一着手算九九数，辄差……以此知心中醒，口中说，纸上作，不从身上习过，皆无用也。（《存学编》一，一）

这是颜李学派的实习主义。

戴　震

戴震（1724—1777），字东原。十七八世纪是个反理学的时期。第一流的思想家大抵都鄙弃那谈心说性的理学。风气所趋，遂成了一个"朴学"时代，大家都不讲哲学了。"朴学"的风气最盛于十八世纪，延长到十九世纪的中叶。"朴学"是做"实事求是"的功夫，用证据作基础，考订一切古文化。其实这是一个史学的运动，是中国古文化的新研究，可算是中国的"文艺复兴"（Renaissance）时代。这个时期的细目有下列各方面：

（一）语言学（Philology），包括古音的研究、文字的假借变迁等等。

（二）训诂学（Semantics），用科学的方法、客观的证据，考订古书文字的意义。

（三）校勘学（Textual Criticism），搜求古本，比较异同，校正古书文字的错误。

（四）考订学（Higher Criticism），考订古书的真伪、著者的事迹等等。

（五）古物学（Archaeology），搜求古物，供历史的考证。

这个大运动，又叫作"汉学"，因为这时代的学者信汉儒"去古未远"，故崇信汉人过于宋学。又叫作"郑学"，因为郑玄是汉代的大师。但"朴学"一个名词似乎最妥当一点。

这个运动的特色是没有组织大哲学系统的野心，人人研究他的小问题，做专门的研究：或专治一部书（如《说文》），或专做一件事（如辑佚书），或专研究一个小题目（如《释绘》）。这个时代的风气是逃虚就实，宁可做细碎的小问题，不肯妄想组成空虚的哲学系统。

但这个时代也有人感觉不满意。如章学诚（实斋）便说这时代的学者只有功力，而没有理解，终身做细碎的工作，而不能做贯串的思想，如蚕食叶而不吐丝。

其时有大思想家戴震出来，用当时学者考证的方法、历史的眼光，重新估定五百年的理学的价值，打倒旧的理学，而建立新的理学。是为近世哲学的中兴。

戴震是徽州休宁人。少年时，曾从婺源江永受学；江永是经学大师，精通算学，又长于音韵之学，又研究程朱理学。在这几方面，戴震都有很精深的研究。他是一个举人，但负一时的盛名，受当世学者的推重。壮年以后，他往来南北各省，著作甚多。乾隆三十八年（1773）开四库全书馆，他被召为纂修，赐同进士出身，授庶吉士。他死时（1777）只有五十五岁。他的《戴氏遗书》，有微波榭刻本。其中最重要的哲学著作是他的《孟子字义疏证》。此书初稿本名"绪言"，现有《粤雅堂丛书》本可以考见初稿的状态。但当时是个轻视哲学的时代，他终不敢用这样一个大胆的书名，故他后来修正此书时，竟改为《孟子字义疏证》——表面上是一部讲经学的书，其实是一部哲学书。（参看胡适校读本，附在他的《戴东原哲学》之后，商务印书馆出版。）

我曾指出理学的两条路子，即程颐说的：

涵养须用敬，进学则在致知。

程朱一派走上了格物致知的大路，但终丢不了中古遗留下来的那一点宗教的态度，就是主敬的态度。他们主张静坐，主张省察"喜怒哀乐未发之前是何气象"，主张无欲，都属于这个主敬的方面，都只是中古宗教的遗毒。因为他们都不肯抛弃这条宗教的路，故他们始终不能彻底地走那条格物致知的路。万一静坐主敬可以得到圣人的境界，又何必终身勤苦去格物致知呢？

颜元、李塨终身攻击程朱的主静主敬，然而颜李每日自己记功记过，"存理去欲"，做那"小心翼翼，昭事上帝"的功夫，其实还是那"主敬"的态度。相传李塨日记上有"昨夜与老妻敦伦一次"的话，此言虽无确据，然颜元自定功过格里确有"不为子嗣比内"的大过。（《年谱》，《畿辅丛书》本，下，页10）他们尽管要推翻理学，其实还脱不了理学先生的陋相。

戴震生在朴学最盛的时代，他是个很能实行致知格物的功夫的大学者，所以他一眼看破程朱一派的根本缺点在于走错了路，在于不肯抛弃那条中古宗教的路。他说：

> 程子、朱子……详于论敬而略于论学。（《疏证》十四）

为什么程朱有这根本大病呢？因为他们不曾抛弃中古宗教留下来的谬见。戴震说：

> 人物以类区分。……人与人较，其材质等差凡几？古贤

圣知人之材质有等差，是以重学问，贵扩充。老、庄、释氏谓有生皆同，故主于去情欲以勿害之，不必问学以扩充之。

在老、庄、释氏既守己自足矣，因毁訾仁义以伸其说。……陆子静、王文成诸人同于老、庄、释氏，而改其毁訾仁义者以为自然全乎仁义，巧于伸其说者也。

程子、朱子尊"理"而以为天与我……谓理为形气所污坏，是圣人以下形气皆大不美……而其所谓"理"别为凑泊附着之一物，犹老、庄、释氏所谓"真宰""真空"之凑泊附着于形体也。理既完全自足，难于言学以明理，故不得不分理气为二本，而咎形气。盖其说杂糅傅合而成，令学者眩惑于其中。……

理为形气所污坏，故学焉"以复其初"。"复其初"之云，见庄周书（《庄子·缮性篇》）。盖其所谓"理"，即如释氏所谓"本来面目"。而其所谓"存理"，亦即如释氏所谓"常惺惺"。……（《疏证》十四）

他认清了理学的病根在于不肯抛弃那反人情性的中古宗教态度，在于尊理而咎形气，存理而去欲，故他的新理学只是并力推翻那"杂糅傅合"的、半宗教半玄学的旧理学。旧理学盲目的推崇"理"，认为"天理"，认为"得于天而具于心"，故无论如何口头推崇格物致知，结果终走上主静主敬的宗教路上去，终舍不掉那"复其初"的快捷方式。旧理学崇理而咎欲，故生出许多不近人情的，甚至于吃人的礼教。一切病根在于分理气为二元与分理欲为二元。故戴震的新理学只从推翻这种二元论下手。

他的宇宙观便否认向来的理气二元论：

> 一阴一阳，流行不已，夫是之为道而已。(《疏证》十七)

他说：

> "道"犹行也。气化流行，生生不息，是故谓之道。(《疏证》十六)

阴阳即是气化的两个方面，五行只是五种气化流行，"行"即道也。

他论"性"，也否认理气二元。性只是气质之性。他以为古书论性的话，最好的是《大戴礼》的：

> 分于道谓之命，形于一谓之性。

道即是阴阳五行。"分于阴阳五行以有人物，而人物各限于所分以成其性。阴阳五行，道之实体也。血气心知，性之实体也。"(《疏证》十六)

这是很明白的唯物论（Materialism）。宇宙只是气化的流行。

阴阳五行的自然配合，由于分配的不同，而成为人物种种不同。性只是"分于阴阳五行以为血气心知"。血气固是阴阳五行的配合，心知也是阴阳五行的配合。这不是唯物论吗？这里面正用不着勉强拉出一个"理"或"天理"来"凑泊附着以为性"。于是六百年的理学的天论与性论也都用不着了。

他是主张"性善"的，但他的根据也只是说人的知觉，高于禽兽，故说人性是善的。

> 性者，飞潜动植之通名。性善者，论人之性也。……人以有礼义，异于禽兽，实人之知觉，大远乎物，则然。（二十七）

这样看来，说人性善，不过是等于说人的知觉比禽兽高一点。人性有三大部分：欲，情，知。三者之中，知最重要。

> 惟有欲有情而又有知，然后欲得遂也，情得达。（三十）

情与欲也是性，不当排斥。

> 喜怒哀乐，爱隐感念，愠燥怨愤，恐悸虑叹，饮食男女，郁悠戚咨，惨舒好恶之情，胥成性则然，是故谓之道。（《原善》中）

他又说：

> 凡出于欲，无非以生以养之事 …… 天下必无舍生养之道
> 而得存者。凡事为皆有于欲。无欲则无为矣。有为而归于至
> 当不易之谓理。无欲无为，又焉有理？（《疏证》四十三）

这是反对向来理学家的无欲论。他说：

> 使饮食男女与夫感于物而动者，脱然无之，以归于静，
> 归于一，又焉（有恻隐），有羞恶，有辞让，有是非？此可以
> 明仁义礼智非他，不过怀生畏死，饮食男女，与夫感于物而
> 动者之皆不可脱然无之，以归于静，归于一；而恃人之心知
> 异于禽兽，能不惑乎所行，即为懿德耳。古圣贤所谓"仁义
> 礼智"，不求于所谓"欲"之外，不离乎血气心知。（二十一）

这是很大胆的思想。性即是血气心知，其中有欲，有情，有
知觉；因为有情有欲，故有生养之道，故有事业，有道德。心知
的作用，使人不惑于所行，不糊涂做去，便是美德；使行为归于
至当，便是理。道德不在情欲之外，理即在事为之中。

这种思想同旧日的理学家的主张很有根本的不同。朱子曾说：

> 理在人心，是谓之性 …… 性便是许多道理，得之天而具

于心者。

理学家先假定一个浑然整个的天理，散为万物；理附着于气质之上，便是人性。他们自以为"性"里面具有"许多道理"，他们误认"性即是理在人心"，故人人自信有天理。于是你静坐冥想出来的，也自命为天理；他读书体会出来的，也自命为天理。人人都可以把他自己的私见、偏见，认作天理。"公有公的道理，婆有婆的道理。"人人拿他的"天理"来压迫别人，你不服从他，他就责你"不讲理"！

戴震最痛恨这种思想，他说这种态度的结果必至于"以理杀人"。他说：

> 六经孔孟之言，以及传记群籍，"理"字不多见。今虽至愚之人，悖戾恣睢，其处断一事，责诘一人，莫不辄曰"理"者，自宋以来始相习成俗，则以"理"为如有物焉，得于天而具于心，因以心之意见当之也。于是负其气，挟其势位，加以口给者理伸；力弱气慑，口不能道辞者，理屈。呜呼！其孰谓以此制事，以此制人之非理哉？……
>
> 昔人知在己之意见不可以"理"名，而今人轻言之。夫以理为如有物焉，得于天而具于心，未有不以意见当之者也。

（五）

以意见为"理"，必至于"以理杀人"。

　　呜呼！今之人其亦弗思矣！圣人之道使天下无不达之情，求遂其欲，而天下治。后儒不知情之至于纤微无憾是谓"理"；而其所谓"理"者，同于酷吏之所谓"法"。酷吏以法杀人，后儒以理杀人，浸浸乎舍法而论理。死矣！更无可救矣！（《文集·与某书》）

怎么叫作"以理杀人"呢？例如程子说：

　　饿死事极小，失节事极大。

　　这分明是一个人的偏见，然而八百年来竟成为"天理"，竟害死了无数的妇人女子！又如宋儒罗仲素说：

　　天下无不是的父母。

　　这也明明是一个人的私见，然而八百年来竟成为"天理"，遂使无数做儿子的，做媳妇的，负屈含冤，无处申诉！所以说"以理杀人"酷于"以法杀人"。
　　戴震因此提出他的"理"说。理即是事物的条理、分理。

理者，察之而几微，必区以别之名也。是故谓之"分理"。在物之质曰肌理，曰腠理，曰文理。得其分，则有条而不紊，谓之条理。（一）

就事物言，非事物之外别有理义也。有物必有则，以其则正其物，如是而已矣。（八）（"以秉持为经常曰则。"——三）

不谬之谓得理。……疑谬之谓失理。（六）

在人事的方面，理即在情之中。

理者，情之不爽失者也。未有情不得而理得者也。（二）

无过情、无不及情之谓理。（三）

人伦日用……通天下之情，遂天下之欲，权之而分理不爽，是谓理。（四〇）

他所谓"理"，总括起来，是：

事物之理，必就事物剖析至微，而后理得。（四一）

心之明之所止，于事情区以别焉，无几微爽失，则理义以明。（《原善》中，四）

古人曰理解者，即寻其腠理而析分之也。（《与段玉裁书》，《年谱》页三四）

依他的说法，理即是事物的条理，在事情之中，而不在人心之内。人心只有血气心知，心知只是可以求理的官能；用心知去寻求事情的条理，剖析区分，至于无差失，那就是理。科学家求真理，是如此的。法官判断诉讼也是如此的。人生日用上的待人接物，谋合理的生活，也是如此的。

理学最不近人情之处在于因袭中古宗教排斥情欲的态度。戴学的大贡献正在于充分指出这一个紧要关键。周子《通书》曰：

> 圣可学乎？曰，可。有要乎？曰，有。请问焉。曰，一为要。一者，无欲也。无欲则静虚动直。静虚则明，明则通。动直则公，公则溥。明、通、公、溥，庶矣哉！

戴氏引此段，加上评论道：

> 此即老、庄、释氏之说（他说"老庄释氏"，即是泛指"中古宗教"，全书一致如此），朱子亦屡言"人欲所蔽"，皆以为无欲则无蔽。……有生而愚者，虽无欲，亦愚也。凡出于欲，无非以生以养之事。欲之失为私不为蔽。自以为得理，而所执之（疑当作者）实谬，乃蔽而不明。
>
> 天下古今之人，其大患，私与蔽二端而已。私生于欲之失，蔽生于知之失。欲生于血气，知生于心。因私而咎欲，因欲而咎血气。因蔽而咎知，因知而咎心。

老氏所以言常使民无知无欲，彼自外其形骸，贵其真宰。后之释氏，其论说似异而实同。宋儒出入于老释，故杂乎老释之言以为言。（程明道"出入于老释者几十年"。张横渠"访诸老释之书累年，尽究其说"。朱子学禅最早，见李延平后，复回到释氏，至四十岁左右，尚说"为他佛说得相似"。）

《诗》曰："民之质矣，日用饮食。"《记》曰："饮食男女，人之大欲存焉。"圣人治天下，体民之情，遂民之欲，而王道备。人知老、庄、释氏异于圣人，闻其无欲之说，犹未之信也。于宋儒则信以为同于圣人；理欲之分，人人能言之。故今之治人者视古贤圣体民之情，遂民之欲，多出于鄙细隐曲，不措诸意，——不足为怪。而及其责以理也，不难举旷世之高节，著于义而罪之……（《疏证》十）

这里的历史见解是很正确的。宋儒以来的理学挂着孔教的招牌，其实因袭了中古宗教的种种不近人情的教条。中古宗教的要点在于不要做人而想做菩萨神仙。这固是很坏，然而大多数的人究竟还想做人，而不想做神仙菩萨。故中古宗教的势力究竟还有个限度。到了理学家出来，他们把中古宗教做菩萨神仙之道搬运过来，认为做人之道，这就更坏了。主静去欲，本是出世之法，今被误认作入世之法，又附会《伪尚书》"人心惟危，道心惟微"的话，于是一班士大夫便不知不觉地走上了顾炎武所谓"置四海困穷不言，而讲危微精一"。戴震也说宋以来的理学家对于：

举凡饥寒愁怨、饮食男女、常情隐曲之感，则名之曰"人欲"；故终其身见欲之难制。其所谓存理，空有理之名，究不过绝情欲之感耳。(《疏证》四三)

这都是中古不近人情的宗教的变相。人人乱谈"存天理，去人欲"，人人瞎说"得乎天理之极而无一毫人欲之私"，于是中国的社会遂变成更不近人情的社会了。

戴学的重要正在于明白攻击这种不近人情的中古宗教遗风。例如朱子曾说：

人欲云者，正天理之反耳。

这种人生观把一切人欲都看作反乎天理，故主张去欲、无欲，不顾人的痛苦，做出种种违反人情的行为。这正是认一种偏见为天理了。戴氏以为这样把"理""欲"看作相反的，有三种大害处：

（一）专苛责贤者，使天下无好人，君子无完行。——俗话说的"又要马儿好，又要马儿不吃草"。

（二）养成刚愎自用、残忍惨酷的风气。——即是上文说的"以理杀人"。人人认意见为理，故挂了"理"的招牌，做许多残忍惨酷之事。

（三）鼓励人做诈伪的行为。——伪君子便是一种结果。虚荣心的引诱，使人做出不近人情的行为，以博虚名或私利。

所以他大胆地说：

> 理者，存乎欲者也。（十）
> 理者，情之不爽失者也。
> 情之至于纤微无憾是谓理。

所以他的人生哲学是：

> 老、庄、释氏主于无欲无为，故不言理。圣人务在有欲有为之咸得理。是故君子亦无私而已矣，不贵无欲。（四三）

而他的政治哲学也只是：

> 体民之情，遂民之欲，而王道备。（十）

这个时代是一个考证学昌明的时代，是一个科学的时代。戴氏是一个科学家，他长于算学，精于考据，他的治学方法最精密，故能用这个时代的科学精神到哲学上去，教人处处用心知之明去剖析事物，寻求事情的分理条则。他的哲学是科学精神的哲学。

闻见不可不广，务在能明于心。一事豁然使无余蕴，更一事而亦如是。久之，心知之明进于圣智，虽未学之事，岂足以穷其智哉？（四一）

这才是宋儒"今日格一物，明日又格一物"的真意义。宋儒的毛病在于妄想那"一旦豁然贯通焉"的最高境界。戴氏却只要人从一事一物里训练那心知之明，使他渐渐进于圣智。

致其心之明，自然权度事情，无几微差失。又焉用知"一"求"一"哉？（四一）

吴 稚 晖

吴先生是常州人，今年（1928年）六十三岁了，但在思想界里他仍是一个打先锋的少年。近年国内的人大都知道他的为人，所以我不叙述他的历史了。

前几年他五十九岁时，有一天他对我说，他第一天进江阴的南菁书院，去见山长黄以周先生，见他座上写着"实事求是，莫作调人"八个大字。他说这八个字在他一生留下很深的印象。"实事求是，莫作调人"是一种彻底的精神，只认得真理的是非，而不肯随顺调和。近几十年来，国内学者大都是受生计的压迫，或政治的影响，都不能有彻底思想的机会。吴稚晖先生自己能过很刻苦的生活，应酬绝少，故能把一些大问题细细想过，寻出一些比较有系统的答案。在近年的中国思想家之中，以我个人所知而论，他要算是很能彻底的了。

他的著作很多，最重要的是他前几年发表的长篇《一个新信仰的宇宙观及人生观》。我今天说他的思想便用此文作根据，有时候参考别种著作。

中国近世思想的趋势在于逐渐脱离中古的宗教，而走上格物致知的大路。但中古宗教的势力依然存在；"居敬""主静""无欲"，都是中古宗教的变相。致知是纯粹理智的路，主敬是宗教的路。向来理学家说这两条路"如车之两轮，鸟之双翼"，其实这两条路"分之则两全，合之则俱伤"。五百年的理学所以终于失败，正因为认路不清，名为脱离中古宗教，其实终不会跳出宗教的圈子。

这三百年学术界的趋势只是决心单走那格物致知的路，不管那半宗教半玄学的理学。顾炎武以后，有了做学问的方法，故第一二流的人才自然走到学问的路上去。但程朱的威权始终存在，如汉学家惠定宇的楹帖：

六经尊服郑，（服虔、郑玄）

百行法程朱。

可见当时一种调和派的心理，很像西洋近世初期的科学家说"宗教治心，科学治物"，只要你们不干涉我们的治学，我们也不排斥你们的讲道。这种态度的缺点是缺乏一种自觉性，不能了解"朴学"运动自身带有反理学的使命。那些明目张胆反抗理学的人，如北方之颜李，又轻视学问，故末流终带点陋气，不能受南方学术界的信仰。"朴学"的大师能同时明白反抗理学的，只有戴震一派。戴学后来虽然声势浩大，但真正的传人其实很少：传得考订训诂之学的最多，传得戴震大胆破坏的精神的已不多了，传得他的建设的思想的竟没有一个人（参看胡适《戴东原的哲学》，页八十至一九七）。戴震死于1777年，这一百五十年中（1777至1927）正统的理学虽然因为"朴学"的风尚，减了不少的气焰，然而终因为缺乏明白自觉的批评与攻击，理学的潜势力依然存在，理学造成的种种不近人情的社会礼俗也依然存在。到了最近一二十年中，中国的学者学得西洋正统哲学（也是富有中古宗教的遗毒的）的皮毛，回转头来做点杂糅抟合的功夫，于是正统的理学居然又成为国粹的上上品，捧场鼓吹的人又不少了。

民国十二年（1923），中国的思想界里忽然起了一场很激烈的笔战，当时叫作"科学与玄学的论战"（参看《科学与人生观》，亚东图书馆出版）。国内许多学者都加入这个笔战，大家笔端都不免带点情感，一时笔飞墨舞，题外出题，节外生枝，打到后来，大家都有点莫名其妙了。现在事过境迁，我们回来凭吊古战场，徘徊反省，用历史的眼光来观察这场战事，方明白原来这场争论还只是拥护理学与排斥理学的历史的一小段。

引起争端的导火线是张君劢先生的一篇《人生观》；在此文里，张先生很明白地说：

> 自孔孟以至宋元明之理学家，侧重内心生活之修养，其结果为精神文明。三百年来之欧洲，侧重以人力支配自然界，故其结果为物质文明。

第一个出来攻打张君劢先生的便是丁文江先生，他认清了论争之点，故他的题目便是《玄学与科学》。丁先生一方面极力拥护科学：

> 科学不但无所谓向外，而且是教育同修养最好的工具，因为天天求真理，时时想破除成见，不但使学科学的人有求真理的能力，而且有爱真理的诚心……拿论理来训练他的意想，而意想力愈增；用经验来指示他的直觉，而直觉力愈活；了然于宇宙生物心理种种的关系，才能够真知道生活的乐趣。这种"活泼泼地"心境，只有拿望远镜仰察过天空的虚漠，用显微镜俯视过生物的幽微的人，方能参领得透彻。——又岂是枯坐谈禅，妄言玄理的人所能梦见？

他一方面又很明白地排斥理学：

> 明末陆王学派风行天下。……士大夫不知古又不知
> 今……有起事来，如痴子一般，毫无办法。陕西的两个流贼，
> 居然做了满洲人的前驱。单是张献忠在四川杀死的人，比这
> 一次欧战死的人已经多了一倍以上。……这种精神文明有什
> 么价值？配不配拿来做招牌攻击科学？

这些议论都可见当日所谓"科学与玄学"的争论其实只是理学与反理学的争论的再起。丁先生是科学家，走的是那条纯理智的格物致知的路。张先生推崇"内心生活"，走的仍是那半宗教半玄学的理学的路。

张君劢先生的《再论人生观与科学，并答丁在君》，洋洋几万字，然其结论仍然是明白地指斥物质文明与主张"新宋学"的复活。在这里我们更可以明了这一次论战的历史的意义了。

当时参加这次笔战的人都不曾见到这一点历史的意义，——我在那年十一月底作《科学与人生观》论集的序时，也不曾明了这一点。当时只有吴稚晖先生看得最清楚。他那年在北京《晨报副刊》上发表了一篇《箴洋八股化之理学》，他标出的题目便是一针见血，叫人猛省。他在那篇文里说：

> 最近张、丁科学之争，虽大家引出了许多学理，沾溉我
> 们浅学不少，然主旨所在，大家抛却，惟斗些学问的法宝，

纵然工力悉敌，不免混闹一阵。实在的主旨，张先生是说科学是成就了物质文明，物质文明是促起了空前大战，是祸世殃民的东西。他的人生观是用不着物质文明的。就是免不了，也大家住着高粱秆子的土房，拉拉洋车，让多数青年懂些宋明理学，也就够了。于是丁先生发了气，要矫正他这种人生观，却气极了谩骂了玄学鬼一场，官司就打到别处去了。后来他终究对着林宰平先生把他的初意简单说了出来，他说："林先生若承认欧战不一定是科学促成，我的目的达了。"（大意如此）

吴先生曾从中国旧思想里打过滚出来，经过了多少次的思想变迁与多年的亲身阅历，他深切感觉中国思想有彻底改造的必要。他又深切感觉中国思想的根本改造绝不是洋八股式的理学所能收效的，也不是所谓"整理国故"的工作所能收效的。宋明的理学固然应该反对，清朝的汉学、朴学也济得甚事？ 吴先生在二十年前便同陈颂平先生相约不看中国书。他现在索性对我们说：

> 这"国故"的臭东西……非再把他丢在毛厕里三十年（不可）。现今鼓吹成一个干燥无味的物质文明，人家用机关枪打来，我也用机关枪对打，把中国站住了，再整理什么国故，毫不嫌迟！

这些话自然叫我们大家听了摇头皱眉，但这种地方正是吴先生过人之处。他只是"实事求是，莫作调人"。我们若肯平心细想，定可以承认他这个主张是思想改造的彻底方法，唯一方法。用程、朱来打陆、王，用许慎、郑玄来打程、朱，甚至于用颜元、戴震来打程、朱、陆、王，结果终不免拖泥带水，做个"调人"。所以吴先生只要我们下决心鼓吹一个干燥无味的物质文明，只有这条路子可以引我们到思想彻底改造的地位。

粗看吴先生的文章，我们定要嫌他太缺乏历史的观念，故说出那种极端的主张来。其实吴先生是个最有历史眼光的思想家，他对于中国文化演变的历史最有精明的研究，最有独到的见解。他那很像过激的主张，其实都是根据于他的历史见解的。他见得透辟，故说得恳切；他深明历史的背景，故不肯作拖泥带水的调和论。

在他的《一个新信仰的宇宙观及人生观》里，他有这样一段的文化比较史论：

自春秋、战国以来，有文化者四族。一白种亚利安族，即所谓希腊、罗马，至于英、美、德、法，西洋化之民族也。二白种闪弥与罕弥两族，即春秋前之埃及、巴比伦，中古以来为希伯来，下至阿拉伯之民族也。三黄白合种，印度民族。四黄种，中国民族。

宗教皆创自阿拉伯民族，印度亦受其影响，故一为神秘，一为虚玄，简直是半人半鬼的民族。所以什么佛，什么祆神上帝，好像皆是《西游记》《封神传》中人物。其实他的圣贤，皆懒惰邋遢，专说玄妙空话。所以他的总和，道德最劣。最相宜的，请他讲人死观。凡懒惰邋遢人接近之。我料三千年后，他们必定只剩少数，在山谷中苟延残喘（内惟犹太少数流徙者并入欧族）。

中国在古代，最特色处，实是一老实农民，没有多大空想，能建宗教；只祈祷疾病等，向最古传下来的木石蛇鼠献些虔诚，至今如此。即什么宗教侵入，皆以此等形式待遇。他是安分守己，茹苦耐劳。惟出了几个孔丘、孟轲等，始放大了胆，像要做都邑人，所以强成功一个邦国局面。若照他们多数大老官的意思，还是要剖斗折衡，相与目逆，把他们的多收十斛麦，含哺鼓腹，算为最好。于是孔二官人，也不敢蔑视父老昆季，也用乐天知命等委蛇。晋唐以前，乃是一个乡老（老、庄等）局董（尧、舜、周、孔）配合成功的社会。晋唐以来"唐僧"同"孙悟空"带来了红头阿三的空气，徽州朱朝奉就暗采他们的空话，改造了局董的规条（六朝人止去配合乡老的闲谈，所以止是柴积上、日黄中的话头。到配了规条，便有了威权）。所以现在读起《十三经》来，虽孔圣人、孟贤人直接晤对，还是温温和和，教人自然。惟把朝奉先生等语录学案一看，便顿时入了黑洞洞的教堂大屋，毛骨悚然，左又不是，右又不是。尽管那种良知先生已是粗枝大叶，然还弄得小后生"看花是天理，折花是人欲"，板僵了半边。然而这种民族的真相还是只晓得擎了饭碗，歇工时讲讲闲话，完工后破被里一攒，一觉黄粱，揩揩眼眦再做工。怕做工的小半，便躲躲闲，去鸡偷狗窃。有福的跟着乡老，在柴积上日黄中讲讲玄学，赏玩赏玩清风明月。虽局董也有什么洒扫应对、礼乐射御，许多空章程贴着;他们只是着衣也不曾着好，吃饭也不像吃饭，走路也不像走路，鼻涕眼泪乱淌，指甲内泥污积叠。所以他们的总和，道德叫作低浅。

只有他们客住一种矮人（指日本人），性情脾气虽也大略相同，惟勤快得多，清洁则居世界之上。所以拿他们的总和看起来，他家虽然有名的圣贤极少，却一班无名的局董倒是振作。……

现在要讲一个算账民族（指西洋民族），什么仁义道德、孝悌忠信、吃饭睡觉，无一不较上三族的人较有作法，较有热心……讲他的总和，道德叫作高明……（一二九至一三二）

这几段议论，看上去像很平常，其实是很彻底的、很激烈的见解。

第一，吴先生根本排斥宗教，他指出那些产生宗教的民族（阿拉伯、印度）都是懒惰邋遢，道德最劣;他们不配讲人生观，只配讲人死观。这不过是据事直说，毫不足怪。但中国人向来认印度为"西天乐国"，如梁漱溟先生悬想印度文化将来可成为世界文化，如梁启超先生也曾说那产生大乘佛教的印度文化是世界最高的文化。在这种传统的眼光里，吴先生的一笔抹杀印度文化，自然是很惊人的议论了。

第二，吴先生很老实地指出中国人的总和是道德低浅，而西洋民族"什么仁义道德、孝悌忠信、吃饭睡觉，无一不较上三族的人较有作法，较有热心。……讲他们的总和，道德叫作高明"。这样不客气地"内夷狄而外诸夏"，是最不合时宜的。近年国内的论调又渐渐回到三四十年前的妄自尊大的神气；有先知先觉的使命的人如孙中山先生，有时也不免要敷衍一般夸大狂的中国人，说"中国从前的忠孝仁爱信义种种的旧道德"都是"驾乎外国人"。所以吴先生说的老实话是很不中听的。然而这种地方正可以表示吴先生的伟大，他说的话只是"实事求是，不作调人"。

第三，吴先生对于中国文化史有很透辟的见解，当代的一般学者都见不到，说不出。我现在把他这个见解的大意，略加说明如下：

（一）中国古代民族的最大特色是朴实勤苦，没有多大空想，不能建立宗教。他们也有不少的迷忌，却没有宗教。

（二）到了中国文化成熟的时期，一面有老庄一派的乡老思想，自己则乐天安命，逍遥自得，对政治则希望不干涉，无为而治；一面又出了孔孟一派的局董思想，爱谈谈什么治国平天下之道，逐渐成个国家的局面。晋唐以前，便是一个乡老（老庄）局董（周公孔子）配合成功的社会。

（三）但印度的宗教势力侵入之后，中国文化便起了绝大的变化。中国从此有宗教了；本来不知道天堂的，忽然有三十三层天了；本来没有地狱的，忽然有十八层地狱了；本来安分做人的，忽然妄想成佛成菩萨或往生净土了。

（四）宋明的理学只是晋唐以来的印度宗教被中国讲学家暗采过来，杂糅拎合成功的东西。在这一点上，吴先生见得最明白清楚。他说：

> 佛者，教人出世之道。徽州朱朝奉等倒暗把他来装点入世之道，弄得局董的规条上生出战栗的威权，真弄了一出悲剧。你看南宋以后社会多少干枯！（一四二）

他又说：

> 六朝人止（把红头阿三的宗教）去配合乡老的闲谈。所以止是柴积上、日黄中的话头。到配了（局董的）规条，便有了威权。

这两句话真是吴先生独到的历史眼光。他的意思是说，六朝人只用老庄（乡老）的思想来附会佛教思想，不过是一种新式的清谈而已。到了宋儒用佛教思想来解释儒家（局董）的思想，用出世

438

之道来做修己治人的规条，便有了威权了。所以吴先生说：

> 现在读起《十三经》来，虽孔圣人、孟贤人直接晤对，还是温温和和，教人自然。惟把朝奉先生等语录学案一看，便顿时入了黑洞洞的教堂大屋，毛骨悚然，左又不是，右又不是。

这种见解，从历史上看来，同戴震等人的反理学的主张完全相同。但戴震等人想推翻理学而回到《六经》，那便是不懂历史趋势的论调。吴先生看清了历史，所以他的反理学的结论要我们向前走，走上科学的路，创造物质文明。

吴先生承认这三百年的中国学术史是一个"文艺复兴时期"。他说：

> 南宋以后，社会多少干枯！经老靼子（元）、小和尚（明太祖）同他们缠夹二先生了一阵，空气里稍有一点生趣。不料他又要嘘冷气；幸亏所谓王阳明、顾宪成之类，也是粗粗粗；就被顾炎武等跑到前面去了。所以新靼子的世界便五光十色，大放光明。我们的经院黑暗时代，最冷酷的是南宋；文艺复兴是清朝。……今日社会尚有一种怪声，群谓我们还要从文艺复兴入手，又是骑马寻马，倒开火车的大谬误。我们今日文学美术自然也当整理改造，正是接连了令他光大的

时代；与欧洲今日去整理改造那三百年前复兴之草创物，其事正同。今之所谓国学，在顾、黄辈远接汉唐，推倒宋元之空疏黑暗，乃为复兴。于是戴、钱接顾、黄，段、阮接戴、钱，经洪、杨小顿挫，俞樾、张之洞、黄元同、王先谦等又接段、阮；接俞、张等者，如刘师培、章炳麟等，竟跑进民国，或尚生存。何时黑暗，而当复兴？即文学美术，但就中国言清朝至今，亦复兴了汉唐之盛，远过南宋元明。何时黑暗，而当复兴？难道把戊戌以后十余年之一短时，给梁启超的《西学书目表》打倒了张之洞的《书目答问》，又经陈颂平与吴稚晖私把线装书投入毛厕，便算黑暗么？然而其时恰又制造了中国培根、笛卡儿、亚丹·斯密等，如丁文江、张嘉森（君劢）、章士钊等一群怪物出来。乃是文艺复兴后的新气象，何能算黑暗？文艺不曾黑暗，复兴二字，真算无的放矢之谈。（一四二至一四三）

"文艺何时黑暗，而当复兴？"这也是吴先生独到的历史见解。欧洲的"文艺复兴"时期，在历史上固然重要，然而西洋文化之有今日，却并不靠这个时期的成绩。希腊、罗马的文艺之提倡，宗教的改革，也不过如清代汉学时期脱离中古宗教稍远，使社会稍有生趣而已。欧洲从文艺复兴与宗教改革，再进一步，做到工业革命，造成科学世界的物质文明，方有今日的世界。吴先生也只是要我们再进一步，抛开宋学、汉学之争，抛开洋八股，努力造成一个干燥无味的物质文明，然后这三百年的文化趋势才可算有了个交代也。

丁文江先生骂张君劢先生被"玄学鬼附在身上"，张先生也就居之不疑，极力代玄学辩护。吴老先生在旁边看得分明，忍不住大笑道：

> 张先生并不是撞见了玄学鬼，他乃不曾请教玄学鬼。他的人生观是误在他的宇宙观。（《箴洋八股》，页三）

这不是说笑话。吴先生的意思是说，现在我们若要讨论人生观的问题，不可不建立一种新的玄学。当日替科学作战的丁文江先生，也只到了英国式的"存疑主义"便停住了，不肯再向前进。只有吴老先生奋勇冲向前去，大胆地建立他的新玄学。当时我曾代他说明道：

> 我们在这个时候，既不能相信那没有充分证据的有神论，心灵不灭论，天人感应论……又不肯积极地主张那自然主义的宇宙观，唯物的人生观。……怪不得独秀要说"科学家站开！且让玄学家来解疑"了。吴稚晖先生便不然。他老先生宁可冒"玄学鬼"的恶名，偏要冲到那"不可知的区域"里去打一阵。他希望"那不可知区域里的假设，责成玄学鬼也带着论理色彩去假设着。"（《宇宙观及人生观》）这个态度是

对的。我们信仰科学的人，正不妨也做一番大规模的假设。只要我们的假设处处建筑在已知的事实之上，只要我们认我们的建筑不过是一种最满意的假设，可以跟着新证据修正的，——我们带着这种科学的态度，不妨冲进那不可知的区域里，正如姜子牙展开了杏黄旗，也不妨冲进十绝阵里去试试。

吴先生自己也说：

我敢说，附在我身上的玄学鬼，他是受过科学神的洗礼的。这种玄学鬼一定到世界末日可以存在，不受孔德排斥的。

新玄学要建筑在科学的基础之上，在现在看来，并不算很困难的事，因为：

有的东西，在从前圣人也糊涂的，到如今柴积上、日黄中的老头儿也知觉了。

吴先生的新宇宙观与人生观就建筑在那向来圣人不懂得而现在乡下老儿都可以懂得的科学常识之上。

先说他的新宇宙观。

他假定一个"一个"，做个起点。这"一个"是有质、有力、有感觉的活东西。他不耐烦同我们辩论，他只"劈头的假设着"：万"有"皆活，有质有力，并"无"亦活，有质有力。从这"一个"，生出宇宙：

> 在无始之始，有一个混沌得着实可笑，不能拿言语来形容的怪物，住在无何有之乡，自己对自己说道，"闷死我也！"……说时迟，那时快，自己不知不觉便破裂了。……顷刻变起了大千宇宙，换言之，便是说兆兆兆兆的"我"。他那变的方法也很简单。无非是具质力的"不思议"量，合成某某子；合若干某某子，成为电子；合若干电子，成为原子；合若干原子，成为星辰日月，山川草木，鸟兽昆虫鱼鳖。……终之他至今没有变好；并且似乎还没有一样东西值得他满意，留了永久不变 —— 这是我的宇宙观。（三五）

> 在这个自然的变化里，用不着什么上帝，也用不着什么灵魂，或"精神元素"等等。

他曾借用博格森同尼采的话头，作这样的假设：

> 宇宙是一个大生命，他的质同时含有力。在适用别的名词时，亦可称其力曰权力。由于权力，乃生意志。其意是欲"永远的流动"；及至流动而为人，分得机械式之生命（质与力），本乎生命之权力，首造意志。从而接触外物，则造感

觉。迎拒感觉，则造情感。恐怕情感有误，乃造思想而为理智。经理智再三审查，使特种情感恰像自然的常如适当，或更反纠理智之蔽，是造直觉。有些因为其适于心体，而且无需审检，故留遗而为本能。于是每一作用，皆于神经系增造机械，遂造成三斤二两的脑髓，又接上五千零四十八根脑筋。（常州俗语"头大九斤半"三分之一是"三斤二两"，又常州俗话说极多为"五千零四十八"，故吴先生戏用这两个数目字。）（三十）

他这样嘻嘻哈哈地胡诌，便轻轻地"开除了上帝的名额，放逐了精神元素的灵魂"，只剩一个纯粹自然的演变。他嫌西洋哲学家都不免带着"绅士气"，不能不应酬上帝，故终不敢排斥灵魂。我们东方人得罪上帝不算什么大罪过，正不妨老实承认干脆的自然主义，大不必向上帝灵魂献假殷勤也。

从这新宇宙观上生出他的新人生观：

什么叫作"人"？

人便是外面只剩两只脚，却得到了两只手，内面有三斤二两脑髓，五千零四十八根脑筋，比较占有多额神经系质的动物。（三九）

什么叫作"生"？生就是那两手两脚，戴着大脑的动物在宇宙的舞台上演他的戏。

生者，演之谓也，如是云尔。生的时节就是锣鼓登场，
清歌妙舞，使枪弄棒的时节。未出娘胎，是在后台。已进棺木，
是回老家。（四十）

这出戏不是儿戏，该当唱得认真。吴先生虽像是说戏话，却
是很严肃地演说他的人生观：

所谓人生，便是用手用脑的一种动物，轮到"宇宙大戏
场"的亿垓八京六兆五万七千幕，正在那里出台演唱。请作
如是观，便叫作人生观。

这个大剧场是我们自己建筑的。这一出两手动物的"文
明新戏"是我们自己编演的；并不是敷衍什么后台老板，贪图
趁几个工钱，乃是替自己尽着义务。倘若不卖力，不叫人"叫
好"，反叫人"叫倒好"，也不过反对了自己的初愿。因为照
这么随随便便的敷衍，或者简直踉踉跄跄的闹笑话，不如早
还守着漆黑的一团。何必轻易的变动，无聊的绵延，担任那
兆兆兆兆幕，更提出新花样，编这一幕的两手动物呢？

并且看客也就是自己的众兄弟们，他们也正自粉墨了登
场。演得好不好，都没有什么外行可欺。用得着自己骗自己
吗？

并且，卖钱的戏只要几个"台柱子"，便敷衍过去。其余
"跑龙套"的也便点缀点缀，只算做没有罢了。这唱的是义务

戏，自己要好看才唱的；谁便无端的自己扮做跑龙套的，辛苦的出台，只算做没有呢？

并且，真的戏，唱不来，下场了不再上场，就完了。这是叫作物质不灭，连带着变动，连带着绵延，永远下了场马上又要登台的呀！尽管轮到你唱，只是随随便便的敷衍，踉踉跄跄的闹笑话，叫人搜你的根脚，说道，"这到底是漆黑一团的子孙，终是那漆黑一团的性气！"不丢人吗？（四七至四八）

这是吴先生的人生观。他盼望"既有了人生，便要……把演唱的脚本做得好好的，然后不枉一登场"（九二）。

怎么样方能把这出义务戏唱得好好的呢？吴先生说：用你的两只手去做工，用你的脑力去帮助两只手制造器械，发明科学，制作文明，增进道德。

人是制器的动物。器械愈备，文明愈高。科学愈进步，道德越进步。

人之所以尤进于禽兽者，何在乎？即以其前之两足，发展为两手。所作之工愈备，其生事愈备，凡可以善生类之群，补自然之缺者，愈周也。《〈勤工俭学传〉书后》

这个思想常在他的口中。

446

人者，能以人工补天行，使精神上一切理想的道德无不可由之而达到又达到者也。(《杭育》十)

说得详细点，便成了他的"品物进步论"。

总括言之，世界的进步只随品物而进步。科学便是备物最有力的新法。

什么叫作世界的进步只随品物而进步呢？…… 人类或云已有三兆年，或云有了一兆年。姑取后说，认为只有一兆年，于是分：

七十四万年为原人时代，品物一无所有。

十五万年为老石器时代，器物只有不多几种的坚石卵，名曰石斧。

十万年为新石器时代，器物始有石斧、石箭、骨针、角锤，种种 —— 甚而至于有青铜器。

一万年至今为书契代了结绳，文明肇开时代。自琴瑟、耒耜、杵臼，至今轮船、火车、飞机、潜艇，无非极言其品物之多而已。

即论这书契以后的一万年：

五千年草昧初开时代 …… 那时的茹毛饮血，衣不蔽体的状态，东西不能讳。

三千五百年为专制时代。……

三百年为宪政时代，——西方哥白尼一声大喊，太阳居中而不动，金牛宪章成立。

一百五十年为共和时代，则华特的汽机出世之故。……（《杭育》十一）

吴先生对于物质文明的信仰是很可以叫我们这些信仰薄弱的后生小子奋发鼓舞的。他曾自己宣布他的几个信条：

1. 我是坚信精神离不了物质。

（《宇宙观及人生观》页一一二至一一三）

2. 我是坚信宇宙都是暂局，然兆兆兆兆境没有一境不该随境努力；兆兆兆兆时没有一时不该随时改进。

（页一一三至一一四）

3. 也许有少数古人胜过今人，但从大部分着想，可坚决的断定古人不及今人，今人又不及后人。

4. 善也古人不及今人，今人不及后人；恶也古人不及今人，今人不及后人。知识之能力可使善亦进，恶亦进。人每忽于此理，所以生出许多厌倦，弄成许多倒走。

5. 我信物质文明愈进步，品物愈备，人类的合一愈有倾向，复杂的疑难亦愈易解决。

（一一四至一二八）

最后这一项便是他的"品物进步论"。他说：

我们再讲物质文明帮助人类在地球上大同之进行。前年美总统有选举之说，无线德律风预备临时添置两百万具。那就人民普遍监察，运用愈周，共和可以愈真。如德国之工业教育，虽全厂工程师战死，工头能代行职务！工头又死，工人亦能勉强开工。于是劳工大学等之设备成为理论。工人智识愈高，合作工厂将代用资本工厂，业组之社会主义可不烦流血而成。铁柱日铸万枝，水泥日出万桶，试验仪器充积厂屋，精铁油木之桌椅满贮仓库；三十里而峨焕完备之大学已在面前，二十里而崇闳富丽之书库博览室又堪驻足；一动车而千亩云堆，一开机而万卷雪叠，人皆为适量之节育，亦各操两小时之工：如此而共产，庶几名实两符。你想，倘要如此"睡昏"的做梦，缚了理智之脚，要想请直觉先生去苦滴滴的进行，他高兴么？回头过去，向后要求，走最高等之一路，是其结果矣。

吴先生"开除了上帝的名额，放逐了精神元素的灵魂"，但是旧玄学鬼还有几件法宝可以拿出骗人，如"直觉""良知""良心""非量"等等。吴先生把这些有麻醉性的名词也都一笔勾销了，他很坚决地说：

直觉罢，良知罢，非量罢，良心罢，都明明是理智支配的东西；并不是什么灵机活动，麻醉得了不得的神物。(页一〇〇)

他本来说过(引见上文)：

…… 人 …… 接触外物，则造感觉；迎拒感觉，则造情感；恐怕情感有误，乃造思想而为理智；经理智再三审查，使特种情感恰像自然的常如适当，或更反纠理智之蔽，是造直觉；有些因其适于心体，而且无需审检，故留遗而为本能。如是每一作用，皆于神经系增造机械，遂成三斤二两脑髓，又接上五千零四十八根脑筋。(页三〇，又一〇一)

这里关于直觉与本能的起源，最不满一班旧玄学者之意。吴先生自己另有详细说明，(页一〇一至一〇三)大意是说：

本能便是情感要登台，经理智习练成的动作，作为不能候登台后再整备的应用品。直觉便是情感要盲进，经理智在恒河沙数时代，及恒河沙数环境，细细审查过，遗传了，经验了，留为情感一发不及思索时的救急扶持品。

他指出：

因为直觉（其中含有旧理智）并能纠新理智之失，故古来把直觉算灵机的玄学鬼就误把直觉放到理智之上，（哪里知道他不过是理智精神的产物？）以为理智是不能批评直觉。岂知直觉固然一定是一种救急宝药，却并非万应灵丹。他也要靠着情感理智更迭作用，做一个恒河沙数不断的演进。没有理智常川的助他演进，那直觉就可以显出无办法，无意味，闹起直觉的破产，那就"良心靠不住"，"良知包办不来"的怪声反聒耳的来了。（页一〇三）

旧玄学者最爱引用孟子说的"四端"来证明直觉出于先天。吴先生也就用"四端"来证明直觉不出于先天。四端之中，辞让之心与是非之心，"自己的面孔便不像天生，可以省却纠缠"，故吴先生只讨论恻隐与羞恶两端。他在讨论恻隐之心的一段（页一〇四至一一一）里，举了两件北京实事作例。一位中国陆军次长的汽车撞伤了两个学生。竟自开车走了，不顾那受伤流血的学生。一位瑞典使馆秘书的汽车撞伤了一个煤车夫也流血了，那位瑞典秘书立即停车，叫人把受伤的人扛上自己的汽车，送入医院，留下自己的住址，方回去。吴先生说：

这就是，瑞典秘书的祖宗已算了几十代账；陆军次长的祖宗只把恻隐之心（此四字原文作"孺子入井"，今以意改）

算做灵机活动，没有算账到少爷翻车上去，所以直觉便有程度差等的分别。

关于羞恶的直觉，他说：

激起羞恶，虽较锐利，然而要想解决他，却靠了理智更多，理智要替他用算账工夫筹备得更劳。

他试举男女的关系作例，举出了三件实事：

1. 后汉名士荀爽（八龙中的无双）之女荀采，嫁给阴氏，生一女而夫死。荀爽把她别许郭氏，他自己诈称病笃，把女儿骗回家，强载她送到郭家。她到郭家，自缢而死。《后汉书》记此事，但表荀采之节，而完全不责荀爽之迫女再嫁。

2. 一千七百年后，松江周女士在某校教书，因与校长互相惬意，就正式结了婚。她的父亲周举人以为他的女儿做出"不端"之事，把女儿骗回家，同船到中途，推她坠水而死。

3. 又过了十五年，日本文学家有岛武郎是个有妻之夫，同一位有夫的波多野夫人发生了极热烈的恋爱，遂相约自杀了。中国有位理学少年谢先生对于此事却居然大加赞叹，称他们俩有杀身成仁的直觉。

依这三件事看来，究竟谁的羞恶之心可算是先天的直觉呢？吴先生说：

> 所以理智审查了情感，预贮些直觉在脑子里，做个应急时的宝丹，是我们人动物（或不只人动物）的一种能耐。然而环境的变动，静稳舒缓，一代一代只把老方子使用，好像只是一个上帝钦定的御方……也就说得去。若环境变动剧烈，只十五年，便药不对症；一定发现或是前的直觉，（周举人的）或是后的直觉（谢世兄的），终有一个假冒仙传。

若要说彼此被环境改动，那就要问谁是改方先生呢。方晓得那改方先生姓理名智。于是理智先生在剧烈变动的环境中，便门诊出诊，应酬一个不了。

在这一方面，吴先生最接近戴震。戴震要人知道"理"只是事物的条理，并没有什么"得于天而具于心"的理。人心只有心知，可以扩充训练到圣智的地步；训练的法子只是"一事豁然使无余蕴，更一事而亦如是；久之心知之明进于圣智，虽未学之事，岂足以穷其智哉？"戴震要排斥那"得于天而具于心"的理，因为他深信"以理为如有物焉，得于天而具于心，未有不以意见当之者也"。

吴先生所以要排斥那些"把直觉算灵机活动的玄学鬼"，也只是因为认直觉为天理流行，或灵机活动，必至于把那些成见习俗"假冒仙传"的老方子认作良知直觉，其害正等于认理为得于天而具于心。戴震要人"致其心之明，权度事情无几微差失"，这种纯任理智的态度也和吴先生相同。吴先生并不完全否认直觉，他只要我们明白直觉到底"还是要经过理智不断的帮助，叫他进而愈进"。不受理智指导帮助的直觉，正和戴震所谓"意见"是同样的东西，同样的盲目，同样的武断专制。

戴震要人"致其心之明"，至于"无蔽"，方可以得理。吴先生更要进一步，要人平日运用理智，养成为善的能力，造成为善的设备。单有无蔽的理智，或单有直觉的好心，若没有可以为善的能力与设备，还不是空口讲白话？例如孟子讲恻隐之心，只敢说"今人乍见孺子将入于井"，吴先生便要追问，假使把"将"字换了个"已"字，又怎么办？（页一〇七至一一一）吴先生的人生观是把人看作两手一个大脑的动物在台上做义务戏。这出戏不是容易做的，须充分训练这两只手，充分运用这个大脑，增加能力，提高智慧，制造工具：品物越备，人的能力越大，然后"能以人工补天行，使精神上一切理想的道德无不可由之而达到又达到"。努力朝这路上走，"没有一境不该随境努力，没有一时不该随时改进"，这才算得"人生观"。

反乎此者，都只是"人死观"。"涅槃""寂灭""出世"，都是人死观，不用说了。就是那些什么"持中""调和""顺天理而待尽""物来而顺应"，也都只是懒惰人的半生半死观，——人也够不上整个的人，生也够不上活泼泼的生，只是苟延残喘而已。世间一班昏人，偏要赞叹这种半生半死的生活，自命为"精神生活"！吴先生喝道：

　　玄学美学先生，他的个体精神被自然物质屈服了，发起一种麻醉性的精神，被清风明月弄得穷愁潦倒，又把同类的臭皮囊害得风餐露宿，反自矜精神以外无长物，便叫作"精神生活"。

　　以被屈为和平，以被屠为牺牲；青山绿野，戴寝载哦，似乎神仙境界，特不免于刀俎上之宛转呼号而终，——这叫牛羊的精神生活。(《杭育》五）

这便是吴先生说的"无端的……辛苦的出台，只算做没有"。吴先生的人生观的结论是：

　　言生而至于有人，宇宙之戏幕自更精彩。至此而挟极度之创造冲动，及最高之克己义务，始可自责曰，人者庶几万物之灵！凡覆天载地之大责任，为宇宙间万有之朋友所不能招呼者，壹由吾人招呼之。如此，岂是"就生活而生活""顺天理而待尽"，可以胜彼艰巨？

　　是故人也者，吹个大法螺，即代表漆黑一团，而使处办宇宙，又以处办得极精彩的宇宙之一段双手交出，更以处办宇宙之责任付诸超人者也……

　　悠悠宇宙，将无穷极，
　　愿吾朋友勿草草人生！